大学生人际关系与沟通能力培养

主 编 卢冬明
副主编 赫兰兰 佟 欣 李 静

北京理工大学出版社
BEIJING INSTITUTE OF TECHNOLOGY PRESS

版权专有　侵权必究

图书在版编目（CIP）数据

大学生人际关系与沟通能力培养/卢冬明主编．—北京：北京理工大学出版社，2016.2（2021.8重印）

ISBN 978-7-5682-1866-5

Ⅰ.①大… Ⅱ.①卢… Ⅲ.①大学生-人际关系学-高等学校-教材 Ⅳ.①C912.1

中国版本图书馆CIP数据核字（2016）第025020号

出版发行 / 北京理工大学出版社有限责任公司
社　　址 / 北京市海淀区中关村南大街5号
邮　　编 / 100081
电　　话 / （010）68914775（总编室）
　　　　　　（010）82562903（教材售后服务热线）
　　　　　　（010）68944723（其他图书服务热线）
网　　址 / http：//www.bitpress.com.cn
经　　销 / 全国各地新华书店
印　　刷 / 唐山富达印务有限公司
开　　本 / 710毫米×1000毫米　1/16
印　　张 / 13　　　　　　　　　　　　　　　　责任编辑 / 张慧峰
字　　数 / 237千字　　　　　　　　　　　　　　文案编辑 / 张慧峰
版　　次 / 2016年2月第1版　2021年8月第4次印刷　责任校对 / 周瑞红
定　　价 / 38.00　　　　　　　　　　　　　　　责任印制 / 李志强

图书出现印装质量问题，请拨打售后服务热线，本社负责调换

前　言

　　学会与人沟通，建立良好的人际关系，是一个人心理健康、生活愉快、事业成功的重要条件。对即将开始社会生活的大学生进行人际沟通能力的培养，有助于他们的身心健康。帮助大学生学会建立良好人际关系的方法，无论对在校期间的学习，还是对毕业以后的工作，都是十分必要的。

　　本教材是从当代大学生的需要与兴趣出发，采取任务驱动、行动导向的设计模式，以活动设计、角色参与为手段，旨在帮助大学生提高与人交往和沟通的能力，提升大学生的形象，构建良好的人际关系以及和谐的校园氛围，为大学生成人、成才、就业、成功打下坚实的基础。

　　本教材分调整不良心态、塑造交际形象、遵循沟通原则、掌握沟通技巧、修炼交际品质五个部分。按照乐于交往、学会交往、善于交往、改善交往现状的顺序安排内容，既适应学生的心理需求，又符合由易到难、由简单到复杂的认识过程。全书由理论到实践，在每一个环节中都安排了大量的案例、活动设计和测试内容，学生的学习过程就是一种交际感受及交际实践过程。

　　本书编写中，除参考了列于书后的"参考文献"中的内容，还参考了其他书籍、报刊、网络文献等相关内容，由于篇幅有限，未能一一注明，在此，向已经注明和未注明的作者一并表示谢意。

　　编写中我们虽竭尽全力，但水平有限，错误与疏漏之处在所难免，恳请专家、同行及读者批评指正。

编　者

目 录

第一部分 调整不良心态 开启人际关系新起点 / 1
  任务一 了解自己与人交往的现状 / 1
  任务二 调整不良交际心态 / 17

第二部分 塑造交际形象 增强人际交往的自信 / 34
  任务三 塑造良好的外在形象 / 34
  任务四 培养高雅的举止神态 / 50

第三部分 遵循沟通原则 建立和谐的人际关系 / 67
  任务五 尊重他人 平等待人 / 67
  任务六 内省宽容 悦纳他人 / 71
  任务七 预先取之 必先予之 / 81
  任务八 诚实待人 守信做人 / 87

第四部分 掌握沟通技巧 提升人际交往的能力 / 93
  任务九 学会倾听 架起沟通的桥梁 / 93
  任务十 学会赞美 为沟通注入润滑剂 / 102
  任务十一 学会批评 让"忠言"不再"逆耳" / 113
  任务十二 学会拒绝 该说"不"时会说"不" / 122
  任务十三 学会示弱 给别人一个机会 / 130
  任务十四 学会应变 摆脱人际交往困境 / 139
  任务十五 学会电话沟通 拉近心与心的距离 / 150

第五部分 修炼交际品质 改善人际交往的现状 / 160
  任务十六 学会与身边的人和谐相处 / 160
  综合测试:了解你的交流与沟通能力 / 184

参考文献 / 196

第一部分

调整不良心态
开启人际关系新起点

学习目标

【知识目标】
(1) 认识与人交往的重要性。
(2) 了解不良交际心态的表现。
(3) 掌握调整不良交际心态的方法。

【能力目标】
(1) 分析自己与人交往的现状。
(2) 分析不良交际心态的原因。
(3) 调整不良交际心态。

【情感目标】
(1) 激发提高交际能力的热情。
(2) 树立提高交际能力的信心。
(3) 增强对自己的认识和对他人的理解。

任务一 了解自己与人交往的现状

任务提出：了解自己与人交往的现状。

任务目标：了解自己与人交往的现状，激发学习热情，明确努力方向。

任务分析：

(1) 通过人际沟通能力"自我检测"，发现自己的长处与不足，以便有针对性地改善和提升自己的人际交往与沟通能力。

(2) 认识人际沟通能力的重要性，激发学习的热情。

(3) 分析大学生人际关系中的困惑和不适，了解自己的交际现状。

(4) 分析影响大学生沟通能力的因素，找出克服自身不足的切入点。

基础知识

大学生的人际沟通能力

在社会生活中，人与人之间免不了彼此交往，人际关系泛指人们在社会交往过程中所形成的各种关系，即社会关系，具体包括经济关系、政治关系、法律关系、伦理关系及心理关系等。人际关系通常包括亲属关系、朋友关系、同学关系、师生关系、雇佣关系、战友关系、同事及领导与被领导关系等，妥善处理这些关系的能力就是人际交往的能力。人际关系的建立和维持，其目的绝不单单是交往，往往是要通过交往作用来影响对方的态度，改变对方的行为，以符合自己的意愿。人类已跨入了21世纪，人的社会交往范围越来越广，社会分工越来越细，社会竞争日趋激烈，人与人之间的相互依存也愈加紧密了。在复杂的社会形势下，人际交往能力成为决定一个人生存与发展的基本能力，学会与人共处、与人合作尤为重要。

> 人生离不开交往

美国著名的社会学家戴维斯曾发现，一个名叫伊莎贝拉的私生女，她一生下来就被其聋哑母亲隐藏起来，过着与世隔绝的非人生活。一次偶然的机会，人们发现了她，当时已六周岁的伊莎贝拉不会讲话，智力仅相当于刚出生的婴儿。

无独有偶，在我国，六朝古都南京城里也发现了轰动全城的"伊莎贝拉"事件。马铃姐弟三人十多年来几乎一直被他们的父亲锁在阴暗的家中，其父患有严重的强迫症，怕孩子外出受人欺负，故孩子们只能从正门中央一条宽1 cm、长5 cm的门缝里看外面的世界。经专家测试表明：19岁的姐姐马铃智力不如5岁的孩童，15岁的妹妹马萍智力低于3岁孩子，11岁的小弟马勤智力与1岁的婴儿差不多。

"伊莎贝拉"事件表明，人是社会性的动物，人离不开交往。人一旦被封闭起来不与外界发生联系，就不能成为社会的人，它不仅会极大地影响人的智力发展水平，而且也使人失去了作为一个人存在的价值。因此，交往是一个人的基本需要之一，它对人的生存与发展至关重要，一个健全的人必须学会交往。

▶ 第一部分 调整不良心态 开启人际关系新起点

中国有句关于搞好人际关系的形象比喻：生活就像一张网，每个人都是网上的一个点，要想自己不会变成配点，就只能和其他的点配合起来。每个人都渴望自己能够与他人和睦相处，拥有和谐的人际关系。良好的人际关系是建立在良好的人际沟通的基础上的。通过沟通，可以相互启迪、丰富彼此人生；人们相互接纳及彼此探索，可以促进个人的成长，满足其自我实现的需求。沟通是一个宽泛的概念，其外延在不断地扩展，因此，对于沟通的定义，学者们各抒己见。据不完全统计，沟通的定义迄今已有150多个。《大英百科全书》认为，沟通就是"用任何方法，彼此交换信息。即指一个人与另一个人之间用视觉、符号、电话、电报、收音机、电视或其他工具为媒介，所从事的交换信息的方法。"随着科学的发展，沟通的工具更加多样化，比如短信、彩信、微信、邮箱、QQ等，越来越多的沟通方式使人与人之间的沟通更方便快捷。在与人交往的过程中，利用各种各样的人际沟通手段，实现有效沟通的能力，就是人际沟通能力。

一、人际沟通能力对一个人的生存与发展至关重要

1. 人际沟通关乎身心健康

世界卫生组织把"人际关系和谐"作为心理健康的重要标准之一。美国加州大学洛杉矶分校医学院科学家进行了一项新研究，研究人员通过对122名健康的年轻人进行跟踪观察研究，并根据他们的日记来判断其心情状态和周边人际关系后发现，保持积极向上的心态、周围人能跟自己相处良好且没有竞争关系的状态，更容易让人保持身体健康，避免生病。研究报告指出，人际关系对身体健康的影响不容小视，特别是在心脏病、高血压、癌症的发病率上，其作用甚至不亚于饮食和休息。

英国的心理医生撒拉发现，一个人与外界交流的频率越高，身心的状况就越健康；与外界交流得越彻底，心胸就越豁达。许多小病与不适，都会在这种广泛的交流中治愈。人的疾病，有许多是由心绪造成的，郁闷、烦恼、痛苦，这些无法用药物治疗的情绪，却可以在交流中得到化解。人在许多时候，都有找人诉说的愿望。这就像吃饭喝水一样，如果达不到需求，人就会感觉恐慌、憋闷，进一步会产生身体的疾病。反之，把自己的感情对别人一吐为快，在交流和沟通中得到别人的理解和支持，能够获得心理的满足、精神的愉悦和身体的健康。与家人沟通，能享受天伦之乐；与恋人沟通，能品尝到爱情的甘甜；在孤独时，沟通会使人得到安慰；在忧愁时，沟通会使人得到快乐。

他为什么病倒了？

小张是大一新生，性格较内向，从来没有住过校，从小都住在属于自己的房间里，进大学后与7名同学同住，在条件优裕的环境中成长的他，看不惯的是同寝室同学"不良"的卫生习惯，更不喜欢他们随便的作息制度，尤其不喜欢他们的高谈阔论，总之，看谁都不顺眼。由于内向的他本来就不擅长与人沟通，再加之看不起那些同学，于是，就以独来独往来减少与同学们的交往。时间一长，小张发现寝室同学说说笑笑，进进出出都结伴而行，似乎视他不存在。他开始感到失落了，孤独感油然而生，曾经多次萌发过主动与他们交往的念头，可都事与愿违。小张回寝室时总觉得同学们都在议论他，对他评头品足，还窃窃私语，一副嘲笑、鄙视的模样，他觉得受不了了，想过换寝室，但没有得到批准。为了不和他们交往，他很少回寝室，只有睡觉时才回去，即使这样避开他们，小张觉得似乎还是没有减少他们对自己的议论与不满。他开始失眠，食欲下降，精神状态越来越差，身体急剧消瘦，在寝室，话越来越少，甚至连笑声都很少听见，他感觉听课的效率也越来越差，最后终于病倒了。

2. 职业工作需要沟通能力

2005年，美国著名的克莱恩咨询公司进行了一项调查，在谈到世界五百强企业家的成功的因素时，三百位较成功的企业管理人中有85%的人认为，他们之所以成功是因为沟通与人际关系的能力胜人一筹，他们善于沟通，善于协调，善于说服，善于把自己的一些理念、思维传达给别人，让人愿意来帮助他们。而只有15%的人将成功只归功于专业知识和运作技巧。

强大的沟通能力可以促成良好的团队合作，而合作即是生产力。石油大王洛克菲勒说："假如人际沟通能力也是同糖或咖啡一样的商品的话，我愿意付出比太阳底下任何东西都珍贵的价格购买这种能力。"高教学会前会长周远清指出："随着信息技术的发展和全球化的深入，各个行业和岗位的变动越来越频繁，知识和技术的更新越来越迅速，社会的发展对高校的人才培养工作提出了更高的要求。用人单位招聘时，不仅仅要求学生掌握岗位相关的专业知识和技能，而且对学生的人际沟通能力越来越重视。在现有的人才培养体系中加入对学生的职业素质、职业核心能力方面的培养，也成了教育改革的必然要求。"由此足见沟通对于职业工作的重要性。

面试中的沟通能力测试

在各式各样的应聘简历中，应聘者在介绍自己时把个人组织协调能力、沟通能力、语言表达能力、团队精神、处理人际关系的能力写进简历中已成为一种模式。但是面试官在面试

第一部分　调整不良心态　开启人际关系新起点

过程中，会针对所招聘岗位的要求，对应聘者的能力进行专项考查。

在一次招聘面试中，为了考查面试者的沟通能力，面试官特意将12位面试人员安排到一间会议室中，进行一项"我是记者"的小测试。规则是将面试人员分散开呈圆形就座，每一个人都可以去采访他身边的任何一个人，要求被采访的人除个人隐私（例如女性身材、月收入之类）外的所有问题都要回答，采访后要写出采访记录，被采访的人数不限。采访时间规定为10分钟，采访结束后，所有"记者"站起来，尽量以脱稿的形式去阐述被采访人员的情况。

测试规则讲清楚后开始采访，整个会议室中人声鼎沸，很热闹。测试结束后，采访了至少8位的有4个人；采访了5位的有6人；有1个人采访了3位；还有1个人只采访了1位。介绍被采访对象环节时，面试官发现，4个人（采访了至少8位者）中，有1个人能够非常准确和模式化地将所有采访对象介绍出来，其他3人不能够很完整准确地介绍所采访的对象；6个人（采访5位者）中，有2人能够很完整准确地介绍所采访的对象，其余的人员均不能完整准确地介绍被采访的对象。该测试后进入面试环节，最终通过面试的就是那3个能够完成任务的应聘者。

点评：沟通过程是双向的，即自己所讲的内容对方要能听明白，对方讲的话自己也要听懂，这才能称为有效沟通。在被测试者中未能完整表述其他人员信息的应聘者，多数是在采访过程中未能清楚了解并记录下被采访者情况的人。成功完成测试的那3位应聘者，沟通能力是很强的，尤其是那位能够说出8人以上情况的应聘者，目前就职于某知名企业的客服部，做客服部经理。

> 最先通过的那个人

一篇题为《缺乏与人沟通能力 毕业生高分低能不堪大用》的文章这样写道：

那天去企业采访，当谈到对当今大学毕业生的印象的时候，老板说，在来应聘的大学生中，有不少人成绩的确很优秀，可是在和人打交道时，却明显缺乏与人沟通的能力，这样的人是高分低能的人，不堪大用。

我接着问，"高分低能"意味着什么？老板的回答很干脆：缺乏沟通能力。

众所周知，专业知识是进入某个企业和某个行业的通行证，可是当大家都拥有这个通行证，都同时挤向一座桥、一道门的时候，谁才能成为最先通过的那个人？

5

显然，答案只有一个，要想做那个第一个冲过求职终点的人，你就得让对方发现你除了在专业知识上能拿高分之外，在社会工作中你一样能如鱼得水。

3. 社会活动需要沟通能力

人们在生活中每时每刻都离不开社会活动，衣、食、住、行、社交、娱乐、社会服务等，在社会活动中总不免要与他人沟通。但是，沟通本身也绝非易事。比如，要向他人表达一个意思，始终说不清楚；要为他人办一件好事，但有可能弄巧成拙；本来想与他人解除原有的隔阂，但可能弄得更僵。所以说，社会生活需要有一定的沟通能力。

租房失败的原因

曾经看过这样一个故事：一个高中生为了能在高考前好好地学习，决定去租房。他看中了一处距离学校很近出租房，于是去见房东看房子。房东是个老爷爷，由于儿女常年在外工作，自己用不了那么多房间，就有了租房出去的想法。高中生看完房子后觉得还不错，而且价格还便宜，就准备租下来。可是在他去交钱准备住下时，老人不租给他了。高中生失去了物美价廉的出租房，其原因是什么呢？请看看这位高中生看房的过程。

在高中生看房的时候，老人说："其实钱不是问题，收你这么便宜也就是表示一下意思，关键是你得将房子保护好，不能把里面的家具什么的给弄花。"其实老人是希望能有个人住在这里，免得自己无聊。可是在谈话的过程中，高中生始终都在问一些无关紧要的问题："这房子修了多久啊？花了多少钱啊？""老人家一个人住没意思啊，还不如把房子卖了搬去和自己的儿女一起住啊"等等。在谈价格的时候，高中生明知老人要的价格不高，可是他还总想能压一点儿是一点儿。最后老人批评他不应该这样，要知足常乐。他却理直气壮不想认错。在老人给他强调住在这里要注意些什么的时候，他总是爱理不理的，总是将老人的话打断，对老人说的话他还要争论。比如，老人说这房子刚修没几年。可是他却说看着不像，只不过是里面装修得还不错。并且在最后他还跟老人说，自己学习需要安静，不喜欢唠叨等这样那样的事情。

有人说：大学生的主要任务，一是要学会做事，二是要学会做人。无论做事还是做人，都离不开社会的交往。有研究表明，良好的人际关系是大学生心理正常发展、人格保持健康及充满安全感和幸福感的重要条件之一。在21世纪的今天，市场经济意识和竞争意识深入人心，大学生期望成才，渴望成功，希望交往环境和谐。大学生在学习、生活的过程中，必然要面对和建立各种各样复杂的人际关系，学会建立良好的人际关系，无论是对大学生形成良好的学习环境,还是对今后自身的发展都是有益的。

二、大学生人际关系现状

每一名刚刚步入大学校园的学生,都会对即将开始的大学生活充满美好的盼望:老师的青睐,学长的关心,老乡的温暖,同学的友情,甜蜜的爱情;温馨且永远充满笑声的宿舍,还有"睡在我上铺的兄弟(姐妹)"。然而,对于涉世未深的大学生来说,要在最短的时间里适应既新鲜又陌生的大学生活,无疑是对心理素质和人际沟通能力的考验。经过几个月的集体生活,有的同学人际关系和谐,精神振奋;而有的同学人际关系糟糕,心情非常郁闷,影响学习和生活。在这一时期,很多大学新生感到迷茫、困惑,这种心态常常被人们称为"大一现象"或"大一的迷茫"。

大学生人际关系中的困惑和不适集中表现为以下几个方面:

1. 交不到知心朋友

一些学生能够与老师和同学进行正常交往,甚至人际关系还相当不错,但是总感觉缺乏能互吐衷肠的知心朋友,有一种心灵的孤独。

> 他们的苦恼

- 个人认为自己性格还可以,绝对不是那种习钻的人,不是没朋友,也没有被孤立,但就是没有愿意和我分享一切的知心朋友。
- 大学期间,与同宿舍关系不太好。我自认为我是一个热情、真诚的人,但还是无法融入他们。那时候太孤独了,一个人上课、吃饭,孤独到我都觉得羞耻。有一段时间想着我怎么这么失败啊,都两年了,没有知心朋友,遇上个事连谈心的人都没有,什么都闷在心里。甚至都不敢跟家人说我在这边很不好,一个知心朋友都没有。

2. 与个别人难以相处

一些学生能够与多数人保持良好的关系,但与个别人交往不良。因此,常会影响情绪,如鲠在喉。

> 他们的苦恼

- 小志生长在农村,家庭生活较为困难,性格较内向,学习刻苦,成绩在班中名列前茅,立志要考上研究生。小锐是和小志同一班级、同一宿舍的学生,生长在城市家庭,性格开朗,喜欢和同学交往,学习成绩一般,进入大三下学期时,也准备考取研究生。两人进入大学以来一直在同一宿舍居住,关系比较好,但因为一些小的事情两人之间产生了矛盾。

一天，小志要到学校8号教学楼自习室学习，小锐对小志说："帮我占个座位，我一会儿也去学习。"小志应声而去。小志到自习室后，用课本占了一前一后两个座位，自己坐在后面的座位上学习。小锐到达自习室后，看到两个座位不挨在一起。小志马上解释说："来时已经有很多人了，没有挨在一起的座位，就占了这两个。"小锐对小志说："我们一起到图书馆学习吧。"小志说："在这学习挺好的，我不去了，要去你去吧。"小锐到了图书馆后，占到了两个挨在一起的座位，打电话叫小志过去一起学习，小志坚持说自己想在教室里学习，不去图书馆了。小锐说："你是不是不愿意和我一起学习？"小志说："我还是觉得自己学自己的比较好。"这事引起了小锐心里对小志的不满，小志心里也很不舒服。

到了晚上，在宿舍里，小锐又找小志借手机充电器用一下。小志正在学习，就把充电器顺手扔给小锐。可事情不巧的是，小锐没思想准备，充电器正好打在小锐的脸上。小锐的脸被充电器划破了，而且出了血，同宿舍的同学马上拿出了创可贴给小锐贴上。小锐认为小志是故意的，勃然大怒，冲着小志大骂，并要求小志给经济赔偿。小志解释说自己不是故意的，就是破点皮，不需要赔偿。这事在同宿舍舍友的劝说下，暂时结束了。

到了第二天，两人又开始了手机短信息交战，来来往往十几条，小锐坚持要经济补偿；小志说这点伤不值得赔偿，而且自己已经道歉了。小锐说不赔偿今后没朋友可做。小志说不做朋友更好，接着又说，自己算了算大学三年交往中，一起吃饭大概欠小锐80多元，给他100元两清了。于是马上给了小锐100元，小锐也接受了。但小锐还是对小志不满，说要小志等着，要灭了他。小锐身材魁梧，小志身材瘦弱，这让小志心里很害怕、很紧张。夜里睡觉时，小志想先下手杀了他，可又害怕，所以整夜未眠，也没动手。第二天找老师出主意。

● 我是一名女生，今年20岁。上高中的时候我学习很刻苦，除了学习没有其他的爱好，也没什么朋友。因高考成绩不理想，补习了一年。考入大学后，班主任安排我当寝室长，我也想好好与寝室同学相处。但时间一长，我发现自己真的无法和室友们相处。我习惯早睡，她们却喜欢聊到深夜；我比较爱干净，她们却喜欢乱丢乱搭，把寝室搞得乱七八糟。我以寝室长的身份给她们提出一些建议和要求。她们不但不听，反而恶言相骂。就这样，我与室友经常因为一些琐事发生争执。我认为自己是对的，但她们并不理睬，几乎没人跟我说话。现在我和室友的关系很糟糕，已经到了孤立无援的地步。

3. 与他人交往平淡

一些学生虽然能与他人交往，但多属点头之交，没有关系近的朋友。尤其遇到事情的时候，没有人想着他。比如，几个同学一起去食堂吃饭，谁也不会主动喊上他，让人倍感孤独和失落。大学生中不乏因同学关系冷淡而抑郁的例子。

记者调查

曾经有记者对10所高校150名大学生进行心理现状抽样调查，发现过半学生认为同学、室友关系很一般甚至很差，像熟悉的陌生人。而造成冷淡的原因在于"生活习惯不一样""争奖学金""班干部选举"等。

记者调查发现，大学生面对激烈的竞争和日益强大的社会心理压力，比起中学生，他们的人际交往更为复杂，更为广泛，独立性更强，更具社会性。由于学习、工作压力或性格不合等因素，大学生之间情感变得冷漠，同学与同学之间交流不够，使得校园生活这个关系网越来越脆弱。

"同一个宿舍的可能会了解多一点，仅是同班的就了解很少。"某大学大三学生小余从事助理班主任工作有一年时间，平时经常要将学校的管理信息上传下达，与学生联系也较多。对于记者的提问，她的回答是："班里27个人，彼此间比较了解的也就两三个吧。"某大三女生小何说："班里50多个同学，比较了解的大概也就一成左右而已。""大学里大家都各自有忙的事，连舍友也很难常常在一起了。"某大学小尹如是说。

"如果有学生情绪低落，会有多少人知道呢？"同学们的回答大多是："根本没人知道，除非是他最好的朋友"。记者调查发现，在一些高校中，小班通常30人左右，大班多的能有60多人。但多数学生表示"95%不知道，宿舍的人有一半的可能性会知道。"

"如果班里有同学碰到一些事情，无法处理而想做出极端行为，通常会有多少人知道？""那更少，一般不是特别要好的不会讲自己家里的事情，特别是经济情况。"记者采访时，多数学生这样回答。

记者调查发现，多数在校同学彼此了解的信息仅限于学习情况、兼职情况、学院八卦、逛街、课程、老师等，恋爱问题、家庭问题或其他一些敏感话题则很少问及。

一位大学生向记者抱怨："我至少花了一年的时间才可以慢慢适应大学的文化氛围，很早就听说到了大学很难交到好朋友，可是心里还是希望像以前那样，有人一起好好玩，一起学习，一起去旅游。不过到了大学，还是受到了那种气氛的影响，除了两三个比较好的，大家都保持一种很淡的关系，表面上很客气，事实上可以算得上交流的东西很少很少。有时候同班的一个同学突然退学了都不知道，也很少有人真正会去过问。"

一名学生说道:"同学之间很少交流,同宿舍的也会有很多小矛盾,有些人很压抑,没多少人可以一起谈生活、谈理想、谈计划。这是一个和家庭很不同的世界,所以新学期很多人很难适应。我的舍友半夜说梦话都说不想回学校。"

经常夜不归宿 室友无一过问

采访中记者发现,由于大学城大部分学生宿舍管理较松,导致很多学生夜不归宿,而对室友夜不归宿其他人也多不过问。

一位大学生因为太过恋家,大一的大部分时间他天天都会奔走于从学校到家的路上。很长一段时间,同宿舍的人都见不到他,也没有人会问他去做什么。同学的淡漠让他更加对宿舍失望。"不想在学校住,跟宿舍的同学没什么好谈的。"他说。

同一宿舍的同学都很少跟大家说话。"一回来就对着电脑找自己的乐子。"这就是大学生眼中的宿舍关系。

"进入大学三年了,除了大一时碰到过一个谈得来的室友,之后同住的室友,感情都很淡漠。""我觉得自己还不善于和别人交往,跟同学在一起,我感觉精神上很累,有点无所适从。有时对于冷场和尴尬不知怎么去把握。"

大学生眼中的室友

熟悉的陌生人;

大学同学就像远房亲戚;

总体来说就是朋友,不过只知其面,不知其心;

相互认识,深交甚少;

宿舍关系复杂,各顾各的;

室友如邻;

战略伙伴和密友;

爱我的人和对我有用的人;

表面和谐。

是什么让人变得如此脆弱?对于我们周围的每一个人,本来我们都可以给予力所能及的一些关心,然而我们却不知从何时起却变得如此吝啬。一句关心的话语,一个小小的善举,虽然不能帮助那些处于水深火热中的人马上脱离困境,但却完全可能让他觉得世界还有关怀。然而,我们冷漠得很少去理会,甚至无意中做着落井下石的事,理由是我们也正烦着呢,哪有时间去管别人。

4. 与他人交往困难

一些学生虽然内心深处渴望拥有良好的人际关系,但由于交往能力有限,

◆ 第一部分　调整不良心态　开启人际关系新起点

或者有个性缺陷、交往心理障碍等原因，致使因无法与人正常交往而倍感苦恼。

他们的苦恼

● 大三学生小刘从小性格内向，不善言辞甚至是笨嘴拙舌。家中有一个弟弟却非常外向灵活，特别能说，小刘很羡慕弟弟。小刘平时几乎不开口说话，怕自己说错话得罪人，甚至有时候别人问他话也经常不回答。在大学期间朋友特别少，只跟自己同宿舍的两个同学接触较多。自己班上到现在还有几个同学不认识，与女生更是没有接触。内心感到非常孤独、苦闷，觉得自己就像是行尸走肉，不知道自己活的有什么意义。

● 一位21岁的大学生向老师倾诉她的苦恼：我一直以来和同学的关系都不好，我不会与人相处，同学都不大喜欢我。我常常是一个人独来独往，形单影只。为此我也觉得很难堪，觉得同学都带着怪异的、嘲笑的目光看我。所以我感到返校是一件压力很大的事情，很不开心。由于常常受着这种心情的折磨，我读书很难集中精神，成绩很差，每个学期都要补考。人际关系的紧张让我前途尽毁，我怎么办呢？

● 大二男生小林性格十分内向、孤僻，不善言谈，不会处事，很少与人交往。入大学一年多来，他和班上同学很不融洽，跟同宿舍人曾经发生过几次不小的冲突，关系相当紧张。后来他竟擅自搬出宿舍，与外班的同学住在一起。从此，他基本上不和班上同学来往，集体活动也很少参加，与同学的感情淡漠，隔阂加深。他认为自己没有一个能相互了解、相互信任，能够谈得来的知心朋友，常常感到特别的孤独和自卑，情绪烦躁，痛苦之极。而巨大精神痛苦无处倾诉，长期的苦恼和焦虑使他患上了神经衰弱症。

5. 惧怕与他人交往

一些学生回避与人接触，不得不交往时则紧张、恐怖、心跳加快、面红耳赤，难以自制，总是处于焦虑状态。他们害怕自己成了别人注意的中心，害怕自己在别人面前出洋相，害怕被别人观察。总担心自己会出现错误而被别人嘲笑，总处于一种莫名的心理压力之下。与人交往，甚至在公共场所出现，对他们来说都是一件极其恐怖的任务。这叫作社交恐惧症，是一种心理障碍，会严重影响生活、学习和今后的工作。

他们的苦恼

● 大一男生小黄，小时候父母的同事、朋友或亲戚到家里来，不敢打招呼，总是想办法躲起来。高中以后稍微好一点，但在集体场合还是不敢讲话。除非大部分人都很熟悉，一般

11

的聚会、集体活动都不参加。尤其不敢和女孩子讲话，不敢看女孩子的眼睛，一讲话就脸红。读大学后，大部分时间都用在学习上，虽然成绩很好，但内心很痛苦，别人无法理解。

- **害怕交往的他，开学第二天他得了社交恐惧症**

"你快回来吧，你儿子心理出问题了。"送儿子去外地读大学的第二天，李先生就接到了学校辅导员的电话。

李先生忐忑不安赶到学校，打量着眼前的儿子小光：低着头，眼神恍惚紧张。他关切地拉起儿子的手，手心潮潮的，小光在出汗。"我觉得别人都在看我，周围人都在威胁我……"小光声音颤抖。

回想起儿子离家的情景，李先生才意识到，小光的心理问题早有先兆。十几个小时的火车旅途中，儿子总是低着头不看人，总趴在火车茶几上。坐出租车时，连司机都不敢看。

辅导员告诉李先生，报到第二天，小光就哭着说自己心理出了问题。

在学校心理咨询中心，小光被诊断为社交恐惧症。李先生想不明白，从初中起就住校的儿子怎么会怕和人交往？

从心理辅导老师那里，他了解了儿子的心理历程。小光早在高中时就产生了自卑情绪，见到陌生人就会紧张，负面情绪在他心里慢慢堆积。

"初中时一个月、高中时一学期，儿子才回家一次。可每次他回来，我只知道买东西，鼓励他好好学习，很少问问他心里的想法。"李先生后悔不迭。

和同学吃饭，他"浑身不自在"

按心理老师介绍的"暴露疗法"，李先生想方设法"逼迫"小光多和同学接触，尽快摆脱拘束和恐惧。

新生体检，在人头攒动的医院大厅，小光低头不语。每项检查，李先生都要好说歹说才能把小光"推"进诊室。

一次吃午饭，李先生瞒着小光约了他一位同学在餐厅碰面。看到了早已在等待的同学，小光转脸就想走。勉强吃完了饭，李先生问："感觉怎么样？""难受，浑身不自在。"小光抱怨。

几天的"陪读"过后，小光的状态没有好转。"爸，我在这儿待不下去了，咱回家吧。"小光央求着。

新生报到后的第五天，小光休学了，和爸爸一起回了河南老家。

从那以后，小光大门不出二门不迈，上网聊天和看电视成了他生活中最主要的组成部分。

- **厌恶交往的她，暴饮暴食支撑她的大学生活**

苍白瘦小的小雪，手臂上挂着渗着血的牙印。大二开学不到一个月，

第一部分 调整不良心态 开启人际关系新起点

她多次咬着手臂，告诉妈妈："在学校的每一天都是煎熬，我不要再上学了。"

上大学前，小雪每晚都有妈妈睡在身旁。从到外地上大学的那天起，她的生活就坠入了无休止的噩梦。

"我不擅长言谈，而同学们八面玲珑、油腔滑调。我不擅长交际，就连装也装不成他们那样。"在冷眼旁观中，她愈发怀念单纯美好的中学时光，感觉大学同学都那么的"虚伪"。

无法忍受的大学生活，一有机会，她就逃回家去。

到大一下学期，她找到了另一种填补内心空白的做法——吃饭。就好像能一口一口吃掉忧愁，她的饭量猛然间暴增了两三倍，甚至能和一些男生的饭量"匹敌"。

"小雪，你胖了。"大二一开学，同学不经意的一句话改变了她的生活轨迹。小雪开始疯狂地节食。

"我尽量只是吃水果"，可节食后，她发现，自己对食物的渴望却越来越强烈。总是会忍不住吃两口，但负罪感就会立即涌上来。她要么钻进洗手间，抠着嗓子眼把饭吐出来，要么就吃泻药，频繁上厕所。

暴饮暴食和节食呕吐，占据了她的大学生活，也发展成了一种病——摄食障碍。

【案例分析】

小光的社交恐惧症和小雪的摄食障碍都是人际交往障碍的极端反映。

进入大学后，不少新生一时难以适应，心理矛盾加剧，学习缺乏动力，人际关系紧张。而过度依赖手机和电脑的沟通，使得他们相对封闭，缺乏现实社会的交往能力。据调查，"大约一半的大学新生都存在过不同程度的人际交往障碍。"性格内向、不懂得灵活变通的学生是人际交往障碍的"高发群体"，而且他们症状也较难缓解。

三、影响大学生沟通能力的因素

每个新生进入大学后，都希望有丰富的人际交往，拥有令人感到友善、温暖、和谐的人际关系。然而，一段时间过后，有的同学人际关系和谐，精神振奋，而有的同学人际关系糟糕，心情非常郁闷，影响学习和生活。出现问题的学生要以积极的态度去了解自身出现人际交往障碍的原因，从而提升自信，尽快走出人际交往困局。

造成大学生人际沟通能力参差不齐，大部分学生人际沟通能力较差的因素有哪些呢？

1. 家庭因素

当代大学生大部分是独生子女,他们在家中都是说一不二的小皇帝、小公主,父母和长辈对他们极其宠爱,养成一切以我为中心的性格和自私自利的品性。长大以后,家长们望子成龙,对孩子百般呵护,使孩子形成很强的优越感,从而缺少宽容、谦让、合作的品质。他们一旦踏入大学过集体生活,其弱点就暴露出来。在与别人交往时,只顾自己的需要和利益,强调自己的感受,不考虑别人,受这种因素影响,大学生之间的沟通有很多困难。如果大学生之间不能成功沟通,会导致两种情况:一种情况是遇到烦恼无处申诉和发泄,产生孤独和绝望,严重的甚至自杀;另一种情况是同学之间发生纠纷时头脑不冷静,故意激化矛盾,甚至出现伤害事件。

2. 环境因素

当代大学生生活在一个社会转型的时代环境里,在中学阶段,由于一切为了应试,学生、家长、教师、学校都要追求高分数。只要分数上去,其他都不顾及,没有认识到沟通的重要性,更缺乏沟通能力的训练。进入大学以后,部分大学生忙于钻研专业课和技术训练,只关心个人成绩,部分学生则忙于社会活动,同学之间缺乏互相关心。因此,沟通是在很有限的条件下进行的,沟通能力的训练明显不足。

3. 社会因素

在市场经济的负面效应影响下,部分大学生从实用主义出发,以个人利益为处世原则,结交对自己有用的同学,部分大学生看不起农村同学,看不起困难家庭的同学,巴结父母有权势的同学、父母是大老板的同学。因此,形成大学生之间沟通的障碍,加剧了大学生之间的隔阂。

4. 心理因素

由于社会转型和生活方式的变化,部分大学生受学习、社交、工作、经济、家庭等方面压力的影响,有强烈的失落感,可能会产生一些心理疾病:

(1) 自卑心理。部分大学生认为自己处处不如别人,总感觉别人瞧不起自己,总是极力回避与人接触。不得不交往时,表现出紧张恐惧,形成沟通的障碍。

(2) 孤独心理。部分大学生表现为不合群,不愿与他人往来,喜欢独来独往。

(3) 嫉妒心理。部分大学生不能正确对待别人的长处和优点,看到别人冒尖心里嫉妒,对比自己水平高的同学采取讽刺、挖苦、打击、嘲笑等不当方式,给别人造成伤害,严重影响了同学之间的沟通。

第一部分　调整不良心态　开启人际关系新起点

拓展知识

一辈子的学分

德勤管理顾问公司总经理指出,提升人脉竞争力是一辈子的功课。不过,若将一个人30年的事业生涯分成3个阶段,第一个10年,重点应在于培养专业。年轻人在这个时间,并不需要刻意把重心花在建立关系上,而是利用每一次把事做好的机会,附带建立自己的人脉圈子。第二个10年,是专业与人脉并重的阶段。这时,除了靠工作上的往来建立人脉,也可以发展出私人的社交圈,利用这个圈子学习与不同专长的人互动。在事业生涯的最后10年,人脉关系将优于专业能力,因为专业的事情会由你的下属帮你完成,而你的人脉关系也就是能为这些专业增值的地方。(摘自:全球品牌网《人脉存折》)

任务训练

(1) 请大家做一个自我检测,了解自己的交往能力。

根据自己的实际情况,认真考虑下列问题,从所给备选答案中选出最符合自己的一项。

1. 每到一个新的场合,你对那里原来不认识的人,总是:
A. 能很快记住他们的姓名,并成为朋友。
B. 尽管也想记住他们的姓名并成为朋友,但很难做到。
C. 喜欢一个人消磨时光,不大想结交朋友,因此不注意他们的姓名。

2. 你之所以打算结识人、交朋友的动机是:
A. 认为朋友能使你生活愉快。
B. 朋友们喜欢你。
C. 能帮助你解决问题。

3. 你和朋友交往时持续的时间多是:
A. 很久,时有来往
B. 有长有短。
C. 根据情况变化,不断弃旧更新。

4. 你对曾在精神上、物质上诸多方面帮助过你的朋友总是:
A. 感激在心,永世不忘,并时常向朋友提及此事。

15

B. 认为朋友间互相帮助是应该的，不必客气。

C. 事过境迁，抛在脑后。

5. 在生活中发生困难或发生不幸的时候：

A. 了解你情况的朋友，几乎都曾安慰帮助你。

B. 只是那些很知己的朋友来安慰、帮助你。

C. 几乎没有朋友登门。

6. 你和那些气质、性格、生活方式不同的人相处的时候总是：

A. 适应比较慢。

B. 几乎很难或不能适应。

C. 能很快适应。

7. 对那些异性朋友、同事，你：

A. 只是在十分必要的情况下才会接近他们。

B. 几乎和他们没有交往。

C. 能同他们接近，并正常交往。

8. 你对朋友、同事们的劝告、批评总是：

A. 能接受一部分。

B. 难以接受。

C. 很乐意接受。

9. 在对待朋友的生活、工作诸多方面你喜欢：

A. 只赞扬他的优点。

B. 只批评他的缺点。

C. 因为是朋友所以既要赞扬他的优点，也要指出不足或批评他的缺点。

10. 在你情绪不好、工作很忙的时候，朋友请求你帮他，你：

A. 找个借口推辞。

B. 表现不耐烦断然拒绝。

C. 表示有兴趣，尽力而为。

11. 在穿针引线编制自己的人际网络时，只希望把这些人编入：

A. 上司、有权势者。

B. 只要诚实，心地善良。

C. 与自己社会地位相同或低于自己的人。

12. 当生活、工作遇到困难的时候，你：

A. 向来不求助于人，即使无能为力也是如此。

B. 很少求助于人，只是确实无能为力时，才请朋友帮助。

C. 事无巨细，都喜欢向朋友求助。

▶ 第一部分　调整不良心态　开启人际关系新起点

13. 你结交朋友的途径通常是：

A. 通过朋友介绍。

B. 在各种场合接触中。

C. 只是经过较长时间相处了解而结交。

14. 如果你的朋友做了一件使你不愉快的事，你：

A. 以牙还牙也回敬一下。

B. 宽容，原谅。

C. 敬而远之。

15. 你对朋友们的隐私总是：

A. 很感兴趣，热心传播。

B. 从不关心此类事情，甚至想都没想过，即使了解也不告诉旁人。

C. 有时感兴趣，传播。

题号	A	B	C	题号	A	B	C
1	1	3	5	9	3	5	1
2	1	3	5	10	3	5	1
3	1	3	5	11	5	1	3
4	1	3	5	12	5	1	3
5	1	3	5	13	5	1	3
6	3	5	1	14	5	1	3
7	3	5	1	15	5	1	3
8	3	5	1				

得分在 15～29 分，交往能力强。

得分在 30～57 分，交往能力一般。

得分在 58～75 分，交往能力较差。

(2) 写出你在大学里人际交往的状况。

◆ 是否有知心朋友。

◆ 是否觉得周围有很难相处的人。

◆ 下课时是否有同学等你一起走。

◆ 是否觉得与同学相处很难。

◆ 是否愿意和同学一起走。

任务二　调整不良交际心态

任务提出：调整不良交际心态。

任务目标：养成健康的交际心态，建立和谐的人际关系。

任务分析：

（1）不良交际心态的表现。

（2）不良交际心态的危害。

（3）调整不良交际心态的策略。

（4）调整不良交际心态，以健康的交际心态，建立和谐的人际关系。

基础知识

调整人际交往中的不良心态

人类的交往是人的一种本能行为，任何人都需要与他人进行交往以获得心理上的满足。德国学者斯普兰格说："在人的一生中，再也没有像青年时期有那样强烈地渴望被理解的愿望。没有任何人像青年那样处在孤独之中，渴望着被人接受和理解。处于青年期的大学生，思想活跃，精力充沛，兴趣广泛，人际交往的需要极为强烈，希望被人接受和理解的心情尤为迫切。和谐的人际交往能帮助大学生更好地认识世界，了解和丰富自我，促进身心健康，是他们个体心理正常发展的必要条件。但是，大学生在实际交往中，经常会有交往不畅、交往受挫，甚至交往困难的体验，这些体验常常会给大学生带来心情郁闷、身心受损等各种不良后果。据某咨询中心统计，在影响大学生与人有效沟通、建立良好人际关系的各种因素中，不良的交际心态表现最为突出，如不加以调整，将直接影响他们正常的学习和生活，甚至影响身心健康。普遍存在的影响大学生人际交往和与人沟通的不良心态有：自卑心态、自负心态、嫉妒心态、猜疑心态和自私心态。

一、大学生人际交往中的自卑心态

杭州师范学院法学院大四学生李志烽曾经对大学生的自卑情绪做了随机调查，写成题为《构建和谐校园聚焦大学生自卑心理》的调查报告。报告中说，他以调查问卷、谈心等方式调查了147位同学。"我不会打篮球""我踢球的姿势没他那么帅""她一上台这么能说，轮到我怎么就乱了神了"……42.5%的同学为自己没有一技之长等能力上的缺陷而感到自卑，女生小燕甚至因为自己不会打扮，"怎么都不像个女生"而抬不起头来。36.7%的同学渴望拥有优越的家庭环境，因为"家里条件差，没钱，跟别人不在同一个档次"产生了心理落差。男生小陆说："我不是不爱我的父母，可是看到别人父母得体的衣着打扮，再想到我的爸爸，心里就不舒服。去年爸爸来学校看我，站在教室门口只会叼着烟一个劲地抽，我感到极其局促，真想换一个有知识、有教养的家庭。"29.2%的学生觉得自己相貌不好或是身材矮小而不愿和人交往。化学专业的男生小沈说："许多场合我都不想表现自己，因为我个子太小，总怕跟高个子站在一起，那些女生肯定会看轻我。"因为成绩不如人，或因性格问题（比如胆怯）而导致自卑的学生所占比例分别为22.5%和15.8%。调查的结果让人触目惊心，大学生在人际交往中存在自卑心态的情况相当普遍。

自卑心理是指由于不适当的自我评价和自我认识所引起的自我否定、自我拒绝的心理状态。自卑，并不是客观上看来自己不如别人，而是主观上认为自己不如别人，认为自己不够好，别人都比自己好。简单说就是还没开始做某事就已经断定自己不行的情绪。自卑是一种不能自助的、软弱的复杂情感。有自卑感的人轻视自己，认为无法赶上别人。这种心态表现为对自己缺乏一种正确的认识，在交往中缺乏自信，办事无胆量，畏首畏尾，随声附和，没有自己的主见，一遇到有错误的事情就以为是自己不好，最终导致大学生失去交往的勇气和信心。

（一）自卑心态的表现

自卑的人悲观、忧郁、孤僻、性格内向，不敢与人交往，认为自己处处不如别人，总觉得别人瞧不起自己。这类人的自卑心态主要是由以下几种原因引起：过多的自我否定、消极的自我暗示、挫折的影响和心理或生理等方面的不足。例如，有的学生身材矮小、相貌丑陋、出身低微、学习差等。自卑就是低估自己的能力，觉得自己各方面不如人。自卑的人在人际交往中表现为：

1. 紧张害羞

担心因为出错被别人耻笑，在人际交往中谨小慎微，见了人总是退缩回避，不敢也不愿意主动同别人交往，总是担心由于自己的某些缺点和不如人之处招来别人的非议，宁愿把自己封闭在一个尽可能少与人交往的环境中。

她为什么自卑？

莉莉从小生活在一个家教严厉的家庭中，特别是母亲对莉莉事事要求严格，不允许她出任何差错。每当莉莉犯点小错，她母亲就会数落她："你怎么这么笨呢，这么一点小事都做不好，长大以后能有什么出息？"所以，在这种早期家庭教育方式的影响下，莉莉逐渐开始形成了自己的核心信念："我很笨，很胆小，很多小事都做不好。"与此同时，她的生活规则也随之形成：她做事总是小心翼翼，生怕出一点差错。她从不在课堂上或谈论会上发表自己的观点或想法，因为她怕说出来别人会笑她的想法太幼稚、太愚蠢。

有一天，老师要求每位同学第二天上台竞选班委。当这件突发事件降临时，莉莉害怕极了，她想："我这么笨，这么胆小，怎么有能力上台竞选？"于是，在她的脑子里产生了各种消极的预期：我在台上讲，下面的同学肯定在笑我；站到台上，我肯定一句话都说不出来；同学们可能会在我讲到一半时就把我哄下来……她越想越紧张，越想越焦虑，感到手足无措。突然一个念头冒了出来，明天我能不能在家装病不去，以逃避此次活动？但她知道她父母绝对不会同意的。无奈之余，她只好花上一个晚上的时间，好好准备这次竞选。她先把所有要讲的内容都写下来，然后努力地背诵，直到熟练为止。但即使是这样，她这一晚上还是紧张得没有睡好觉。第二天，一上台，看着台下那么多熟悉的同学，她手发抖了，脸一下子涨得通红，脑子里一片空白，什么都想不起来了。于是她低下头，一句话都说不出来，台下顿时也乱成一团，同学们纷纷议论起来。最后，她都不知道自己是怎样走下讲台的。

这一天她十分沮丧，不断地自责："我就是这么笨，就是这么没用！没有一件事我做得好。"她极度悲伤、压抑、情绪低落到最低谷。她进一步认识到：自己真是很笨，很胆小。做不好事情。

于是，这类突发事件每发生一次，她就加强一次这种信念，逐渐走入自卑的状态。

2. 敏感多疑

过分在意别人对自己的评价，别人不经意的一句话，都可能引起他的曲解，让他寝食不安。甚至别人真诚的夸奖，也会被他理解为挖苦；也常常把别人的不快归为自己的不当。跟他交往时，必须谨小慎微，非常累人。久而久之，大家会渐渐远离他。

名人名言

一个内心自卑的人，外在表现一般体现在两个方面，一是对别人的语言行为过分敏感，总觉得别人话中有话矛头指向自己。二是外在行为常常表现为过激反应，为一件小事或一句话大发雷霆，因为内心的虚弱需要用外表的强悍来保护。克服自卑最好的办法是某件事做到极好，赢得别人的赞美，这样胸怀自然就开朗了。——俞敏洪

跟内心太自卑的人相处很辛苦，他们敏感如水晶，一碰就有裂痕，风吹过都要着凉。——张德芬

3. 过分自尊

不能容忍别人的一点不敬，为了保护自己，常表现得非常强硬，莫名其

第一部分 调整不良心态 开启人际关系新起点

妙地情绪失控，让人难以接近。

导致自卑心理的原因有很多种，有思想认识方面、社会环境方面、生理素质方面、性格气质方面、社会生活经历等。一个自卑、不自信的人在人际交往过程中往往不会得到他人的认可，而这种不认可的态度又会反作用于有自卑心理的一方，进而会加重该人的自卑感，从而形成一种恶性循环，发展到最后就会厌恶与人交往，形成孤僻的性格，更有甚者会发展成为自闭症。

过分自尊

李某和小况是大学同窗好友，毕业后来往密切，经常在一起聚餐。小况家境、工作都比李某好，每次吃饭都抢着付钱。谁能想到，李某会在意这件事，竟认为小况是在故意炫富，并由此心生嫉妒、心理失衡。最终，李某残忍地杀害了小况，被法院以故意杀人罪判处死刑。

1989年，李某出生在重庆市梁平县的一个乡镇。父母都是农民，靠务农维系一家四口的生计。李某性格内向，不爱说话。但他从小就很懂事，读书时学习成绩很好。由于是家中长子，父母把全部希望都寄托在他身上。为减轻家庭负担，李某的妹妹读完初中就外出打工挣钱，补贴家用和支付哥哥的学费。长得一表人才、对人彬彬有礼的李某，因自尊心很强，除了几个好朋友外，很少也不愿提起自己的家庭情况。

小况也是1989年出生，和李某就读于重庆某高校的同一个专业，是李某大学时最要好的同学。小况的家在重庆市主城区，父母都是工薪阶层，家庭条件还算不错。读大学时，小况就经常请李某吃饭。

2010年6月，李某与小况大学毕业。毕业后，李某在重庆市的一家企业找到了一份普通的工作，并在单位附近租了房子。小况在一家事业单位找了一份有正式编制的工作，薪资比李某要高一些。第一次发工资，小况就打电话约李某吃饭。在饭桌上，小况向李某讲述了自己的工作情况，并提到了自己的薪水和待遇。李某则向小况抱怨自己的工作并不如想象中的好。饭后，李某主动提出埋单，却被小况拦住了："你不要跟我争，听同事说，三个月试用期过后，我还要涨工资，这顿我请你。"就这样，那回吃饭还是小况埋单，而且之后每次吃饭，他都抢着埋单。小况的热情让李某的心里越来越不是滋味。

据李某后来交代，其实，他也想埋单，但总被小况拒绝。而且每次吃饭时，小况都会讲自己最近工作如何、单位又发了什么福利。"我一直自愧不如，看着自己工作一般、待遇一般、还租房住，就逐渐产生了自卑心理。"李某说。更为严重的是，李某认为小况每次抢着埋单是在炫富、故意刺激他。

21

于是，原本就深感自卑的李某在这不良心态的驱使下，走向了极端……

（二）调整自卑心态的策略

1. 正确认识自己和他人

只要正确认识自己，能客观地看待自己和他人，就会感觉自己没那么差，而是自己可能感觉状态不是最佳或太在乎他人的看法或想法。而他人的看法或想法往往存在片面性，引起不必要的自卑感。

因为人与人性格差异很大，一个人要正确认识自己，了解自己的性格优势与不足，要学会扬长避短，有助于形成自己独特的自信心。人是不断变化发展的，我们需要不断更新、不断完善对自己的认识，才能使自己变得更好和更完美。

强者不是天生的

一代球王贝利初到巴西最有名气的桑托斯足球队时，他害怕那些大球星瞧不起自己，竟紧张得一夜未眠。他本是球场上的佼佼者，但却无端地怀疑自己，恐惧他人。后来他设法在球场上忘掉自我，专注踢球，保持一种泰然自若的心态，从此便以锐不可当之势进了一千多个球。

球王贝利战胜自卑的过程告诉我们：不要怀疑自己、贬低自己，只要勇往直前，付诸行动，就一定能走向成功。久而久之，就会从紧张、恐惧、自卑的中解脱出来。因此，不甘自卑、发奋图强、积极补偿是医治自卑的良药。

2. 确立自信心

相信通过自己的努力，一定能达到目标。从心灵上确认自己能行，自己给自己鼓劲。

自助者自强

解放黑奴的美国总统林肯，不仅是私生子，出生微贱，且面貌丑陋，言谈举止缺乏风度，他对自己的这些缺陷十分敏感。为了补偿这些缺陷，他力求从教育方面来汲取力量，拼命自修以克服早期的知识贫乏和孤陋寡闻。他在烛光、灯光、水光前读书，尽管眼眶越陷越深，但知识的营养却对自身的缺陷做了全面补偿。他最终摆脱了自卑，并成为有杰出贡献的美国总统。

贝多芬从小听觉有缺陷，耳朵全聋后还克服困难写出了优美的《第九交响曲》，他的名言——"人啊，你当自助！"成为许多自强不息者的座右铭。

3. 要学会广交朋友

在朋友们推心置腹的话语中能给你一种安慰，一种大胆说话的机会，一

▶ 第一部分　调整不良心态　开启人际关系新起点

种锻炼你的场合，让你不怕任何人，敢于表示自己的意见或建议，发表自己的见解。因为朋友能让你远离孤独，融入社会而获得快乐。没有友情的人生是暗淡的，就像大地失去了太阳的照耀，没有光彩。没有友情的人生是枯燥的，就像受了潮的火柴，任你怎样摩擦，也点燃不起生活的希望之火。没有友情的人生是不完整的人生。一个人活在世上，如果没有朋友、没有朋友的关怀，又怎能理解人生的真正乐趣呢？

二、大学生人际交往中的自负心态

人不能没有自负。尤其是对青少年来说，在适当的范围内，自负可以激发他们的斗志，树立信心，使他们勇往直前。不过，自负必须建立在客观现实的基础上，脱离现实的自负不但不能使人变得自信，反而影响人的生活、学习和人际交往，严重的还会影响心理健康。

> 自命不凡

陈某是个非常优秀的学生，人长得漂亮，有一双会说话的大眼睛，能歌善舞，素质发展比较全面。在学校里，她是个受欢迎的学生，学校领导看着喜欢，班主任老师更是视她为左膀右臂；回到家里，爸爸妈妈又把她视为掌上明珠，宠爱有加。

有个这样能干的学生，班主任当然十分高兴，一直都很重用她，凡事都让她管，可渐渐地老师发现她越来越自命不凡，和同学之间的矛盾也越来越大了。这学期开学初重新成立班委会时，老师征求她的意见，她说这个"太笨"，那个"不会说话"，不是摇头就是撇嘴，意思十分露骨：全班除了她没人能当班干部了！也许正是她的这种态度，引起了同学们的不满，班干部竞选时，她以11票之差落选了。当时，她就急哭了，中午拒绝吃饭以表示对竞选的不满。

陈某从小就成绩好，能力强，倍受家长老师的宠爱，在顺境中成长，所以渐渐养成了自负心理。竞选失败后没有从自身找原因，而是以不吃饭等偏激行为来表达自己的不满，受挫能力极差。

很多像陈某这样优秀的学生长期生活在"糖水"中，很少受挫折，缺乏心理承受能力，形成了外表光亮坚硬、实则不堪一击的"蛋壳心理"。只是一次班干部评选的落选，她就急得掉眼泪。甚至生活中的一点点不如意都会让她难受，这对将来的人生道路是很有影响的，谁能保证她将来永远一帆风顺？如果生活中遇到更大的挫折又将如何？

在这种情况下，老师应该及时地进行教育，引导她正确地面对挫折，这对她今后的人生会有更大的意义。

23

（一）自负心态的表现

自负就是盲目高估自己的能力，觉得谁也不如自己。自负的人在人际交往中表现为：

1. 孤芳自赏

孤芳自赏，自以为了不起。不屑于主动与人交往。在交往中态度傲慢无礼，以自己为中心，只关心自己个人的需要，从不顾及别人的感受。不求于人时，对人不理不睬，没有丝毫的热情；有求于人时，对人不尊不敬，似乎人人都应为他服务。这样不仅伤害了别人的自尊心，也破坏了自己与别人之间团结友好的相互关系。

2. 目中无人

目中无人，认为别人都不如自己。这种人固执己见，唯我独尊，总是将自己的观点强加于人。在明知别人正确时，也不愿意改变自己的态度或接受别人的观点。总爱抬高自己贬低别人，把别人看得一无是处。

大二女生小谢，身高1.65 m，是学校舞蹈队队员，认为自己长得非常漂亮、才能超群。参加活动积极、踊跃，喜欢卖弄自己，认为自己什么都行。她穿着鲜艳、时尚，常常对同学不屑一顾，看不起周围同学，认为女生穿衣没品位，男生就知道献殷勤。小谢担任班上文娱委员，什么工作都喜欢插一手，喜欢指使、支配别人做事，而对别人提的意见却总不能接受，认为自己做的都是对的、好的，别人没有资格评论。

3. 嫉妒心强

嫉妒心强，容不得别人强于自己。当别人取得一些成绩时，其妒忌之心油然而生，极力去打击别人，排斥别人。当别人失败时，幸灾乐祸，不向别人提供任何有益的信息。同时，在别人成功时，这种人常用"酸葡萄心理"来维持自己的心理平衡。

自负的人存在着过于浓厚的自我中心观念，凡事都只需要满足自己的愿望，要求人人为己，却置别人的事于度外，不愿为别人做半点牺牲，不关心他人痛痒。表现为自私自利、损人利己。要求所有的人都以他为中心，恨不得让地球都围绕他转，这种人强烈希望他人尊重自己，却不知道自己也得去尊重别人。心中充满了自我，唯独没有他人。过于自负的人会影响一个人的自我形象及良好思想品德的形成，以致被人厌恶、瞧不起，谁也不愿与之交往。

（二）调整自负心态的策略

自负就是过高地估计自己。人的自我意识主要包括三个方面：自我认知、自我意志、自我情感体验。评价自己，靠的就是自我认知。人过低地评价自

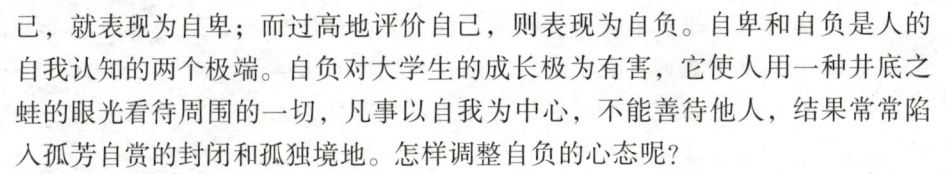

第一部分　调整不良心态　开启人际关系新起点

己，就表现为自卑；而过高地评价自己，则表现为自负。自卑和自负是人的自我认知的两个极端。自负对大学生的成长极为有害，它使人用一种井底之蛙的眼光看待周围的一切，凡事以自我为中心，不能善待他人，结果常常陷入孤芳自赏的封闭和孤独境地。怎样调整自负的心态呢？

1. 认识你自己

在古希腊德尔菲神庙前的柱子上，赫然刻着这样的一句话："认识你自己"。

首先，自负的人要承认一个事实："金无足赤，人无完人。"必须承认，每个人都有自己的优点与缺点，长处与短处。觉得自己无比完美，别人一无是处，就是不认识自己的表现。

其次，自负的人要明白这样的道理："人贵有自知之明。""自知是睿智的灵动，是心智的飞升。自知之明表现为能够比较清醒地认识自己，评价自己，准确地把握自己，严格地反省自己。"人应该正确认识自己的优点，更要正视自己的不足。只看到自己的优点与长处，而忽略其不足，也是不认识自己的表现。

最后，自负的人要有意识地去了解自己的缺点。"不识庐山真面目，只缘身在此山中。"自我感觉良好不一定是真好，多听听别人对自己的评价，更好地认识自己；多参加活动，扩大人际交往面，体会"人上有人，天外有天"的箴言；在与他人比较的时候，看一看自己与他人的差距，并通过取人之长，补己之短，使自己不断完善。

著名心理学家皮亚杰指出，2~7岁的幼儿属于前运算时期，这时期幼儿的思维有一个特征是自我中心。所谓自我中心就是指儿童往往只注意主观的观点，不能向客观事物集中，只考虑自己的观点，无法接受别人的观点，也不能将自己的观点与别人的观点协调。由此可见，自负者的行为实际上退化到了幼儿期。朱迪斯·维尔斯特在他的《必要的丧失》一书中就说道："一个迷恋于摇篮的人不愿丧失童年，也就不能适应成人的世界。"因此，自负的超越，必须了解自己那些婴儿化的行为，请参考下面A、B两项的对照，然后尝试找找看现在的行为特征在童年时有没有其原型。

A. 有些同学渴望获得别人持久的关注和赞美，一旦不被注意便采用偏激的行为。

B. 小时候他们很可能总是渴望父母关注与赞美，每当父母忽视时，便要赖、捣蛋、哭闹以吸引父母的注意。

A. 喜欢指使别人，把自己看成是太上皇。

B. 小时候在家中衣来伸手、饭来张口，父母是仆人。

A. 对别人的好东西垂涎欲滴，对别人的成功无比嫉妒。

B. 小时候总想占有一切，别的小朋友有的，自己也想有。

2. 在失败中找回自己

太高估自己就等于迷失了自己。古今中外，因为自负导致失败的例子不胜枚举：项羽因自负而垓下惨败；关羽自负失荆州；拿破仑因自负而被囚爱尔巴岛等。但是，自负的人总是认识不到自己的不足，面对失败，总是找出种种借口，或把责任推在别人身上。克服自负心理，就要调整心态，遭遇挫折和失败的时候，敢于承认，勇于担当，接受批评，以积极的态度改正错误。在失败和挫折中明白自己并非完人，不再愚蠢地抬高自己，要认识到失败在所难免，不用逃避。"失败，更能让一个人认识自己，认识自己的不足，认识自己的差距，认识自己的片面，认识自己的无知，认识自己的局限。"要从失败中找回真正的自己，不断完善自我。

3. 为他人着想，懂得付出，学会分享

自负的人过高估计自己，认为自己了不起，因而看不起别人，在交往中态度傲慢礼，只关心自己个人的需要，从不尊重别人的感受。要想克服自负的心态，必须学会换位思考，设身处地多为他人着想，学会尊重、关心、帮助他人。生活中最简单的爱的行为便是关心别人。俗话说：要想获得爱，首先必须付出爱，我们要遵循成熟的爱的原则——"我被爱因为我爱"，而摒弃幼稚不成熟的爱的原则——"我爱因为我被爱"。学会分享爱，体会为他人着想的快乐。

分享的快乐

"如果你有5个苹果，你会怎么做呢？"一位老人问一位前来拜师学艺的后生一个奇怪的题目。后生不假思索地回答道："我会自己吃掉一个，另外四个分给朋友。"老人来了兴趣，"为什么？"后生回到道："我吃一个苹果，能品尝出苹果的味道，吃5个苹果照样还是品尝出苹果的味道，不如与别人分享，让别人也品尝苹果的味道。5份苹果的味道变成1份苹果的味道与4份快乐，何乐而不为呢？"老人似乎对这答案很满意。就这样，这位后生被这位艺术精湛的大师留下了。

4. 感受与人平等相处的快乐

由于自负者在与人相处时以自我为中心，无论在观念上还是行动上都无理地要求别人服从自己，所以他们不受欢迎，没有朋友，因而处处碰壁。平等相处就是要求自负者在与人相处时不仅考虑自己，更要顾及他人，不能高高在上，要以一个普通社会成员的身份与别人平等交往。只有克服自私、自大的毛病，与人平等相处，甚至学会吃必要的亏，才能融入集体之中，被他人理解、接受和支持，感受真正与人相处快乐。

三、大学生人际交往中的嫉妒心态

她为什么这样？

小 A 与小 B 是某艺术院校的学生，同在一个宿舍生活。入学不久，两个人成了形影不离的好朋友。小 A 性格活泼开朗，受人喜欢；小 B 性格内向，沉默寡言。慢慢地，小 B 觉得自己越来越像一只丑小鸭，而小 A 却像一位美丽的公主，心里很不是滋味。她认为小 A 处处都比自己强，把风头占尽，因此时常以冷眼对小 A。大学三年级，小 A 参加了学院组织的服装设计大赛，并得了一等奖。小 B 得知这一消息以后妒火中烧，趁小 A 不在宿舍之际，将小 A 的参赛作品撕成碎片并扔在小 A 的床上。小 A 发现后，不知道怎样对待小 B，更想不通为什么她要遭受这样的对待。

小 A 与小 B 从形影不离到反目成仇的变化令人十分惋惜。引起这场悲剧的根源，关键是两个字——嫉妒。

《心理学大词典》中对嫉妒的定义是："与他人比较，发现自己在才能、名誉、地位或境遇等方面不如别人而产生的一种由羞愧、愤怒、怨恨等组成的复杂情绪状态。"从本质上说，嫉妒是一种消极的、不健康的心理。

（一）嫉妒心态的表现

嫉妒是一种非常常见的心理状态，在每个人的生活过程中都会产生这样或那样的嫉妒心理。学习不好的人会嫉妒学习好的人，工作差的人会嫉妒工作优秀的人，这是一种很正常的心理反应。但是，在我们的日常工作、生活中，如果将嫉妒心理表现出来，让别人有所察觉，就会严重影响我们的人际关系。一个经常产生并表现出嫉妒心理的人，绝对不会在人际交往中付出真诚的行为，不会给予别人温暖，自然也就不会讨人喜欢。在某种程度上说，嫉妒心理严重了，就会产生一种"恨"的情绪，而这种情绪或早或晚肯定会被人察觉，对方自然会认为这种人不值得相处，没必要与做更深层次的交流、交往。

1. 来自学业方面的嫉妒

学习活动是大学生的主导活动。学习活动强烈地影响着大学生的心理过程和心理特征。考试、评优等许多新问题、新情况需要大学生去面对、适应。如果处理不好，就会产生嫉妒心理。它不仅表现在差生对优等生的嫉妒，而且也产生在优等生群体之中。特别是优等生在学业上得到的赞誉比较多，伴随的总是鲜花和掌声，已经习惯了自己的"优越"地位。一旦成绩下滑，成为"一般者"或是"较差者"，就会产生心理落差，感到紧张，进而产生嫉妒心理。

2. 来自人际方面的嫉妒

青年期还面临着认同的危机。由于缺乏基本的人际交往知识和技巧，表现为交际圈子窄，容易造成严重的自傲心理、敌对情绪和攻击行为，引发人际冲突。部分大学生在班级中地位偏低，没有竞选上班干部、没有评上"三好学生"，或在评优、评先进中没排上名次，在集体中长期受到忽视和排斥，看到其他同学学习成绩优秀、工作出色，且人缘好，总是受到教师的好评和校领导的赞扬，心里就会产生苦恼，甚至妒火中烧，从而产生莫名其妙的怨恨之情。同时有被抛弃感和愤怒感，可能导致交往障碍，与同学关系紧张，出现自卑、焦虑等不良情绪。成绩优异、人际交往能力强、工作出色的人往往成为他们嫉妒的对象。

3. 来自感情方面的嫉妒

嫉妒也是大学生恋爱中较常出现的一种心理状态。爱情中的嫉妒心理是由于爱情的排他性、占有心理、过度关注、自卑、猜疑心、缺乏安全感等原因引起。处于恋爱中的青年男女，常常把对方看作是属于自己的。一旦发现自己的恋人同其他异性接触，就感觉浑身不自在，心里顿生无名之火，陷于痛苦之中。更有甚者，就连自己的恋人讲异性朋友的优点，也会引发猜疑，产生嫉妒心理。失恋者带着羞愧和愤怒的心理对抛弃自己的负心者进行的报复心理与报复行为，也是嫉妒心理的一种表现。

4. 来自容貌方面的嫉妒

爱美之心，人皆有之。但同处一个集体，有的大学生英俊、天生丽质，可有的却相貌平平。这时，那些相貌漂亮的大学生就特别容易成为被嫉妒的对象（在女大学生身上表现尤为突出）。特别是因自己的容貌、身材、生理缺陷成为前进的绊脚石时，这些大学生就对自己的相貌和魅力缺乏信心，认为是别人给自己制造并带来痛苦，对相貌出众者产生无名的嫉妒之火，采取贬低、冷落，甚至恶意中伤他人的行为来消除内心的不平。

5. 来自经济方面的嫉妒

大学生是经济不独立或不完全独立的群体，日用开支和求学、求职费用尚需家庭的支付。但来自贫困地区的大学生不得不靠勤工俭学、贷款和领取贫困补助支付高昂的学费和生活费。部分大学生认为申请贷款、贫困补助会在同学面前丢面子，担心被人看不起。部分大学生在贪图享受、追求高消费的同时，物质上的要求经常受到阻抑，看到经济条件好的同学花钱大方，而自己却囊中羞涩，产生了"学好数理化，不如有个好爸爸"的自卑心理，并对家境条件优越者产生一种包含着憎恨与羡慕、愤怒与怨恨、屈辱与虚荣的复杂心态。

6. 来自求职择业方面的嫉妒

择业方面的嫉妒心理常出现在即将毕业的大学生身上。由于当前就业机制的不健全、不规范，靠拉关系、走后门、凭人情、靠钞票找到待遇优厚、工作清闲职位的就业者大有人在，这也在一定程度上给即将就业的大学生的心理造成巨大的打击，排斥、挖苦、疏远、为难比自己职位优越的人，以此宣泄自己的不满情绪，求得心理平衡。

心理学的研究成果表明：一个人是否产生嫉妒心同他的理解力、判断力、抑制力、信念、社会良知、教养与性格等方面的因素有关，是诸多因素相互作用的结果。当这些因素不能达到一种平衡状态或出现偏差时，势必会对人的心理和行为产生影响。嫉妒既有积极作用，也有消极作用，但更多的表现出消极作用。嫉妒是一把双刃剑，只有承认它并正确地适应它才能对大学生自己起到积极的作用。

其实嫉妒心理每个人都会有，关键是如何处理这种心态。正确的做法就是化嫉妒心理为动力，不如别人的地方就要努力赶上，而不是要被这种心理所左右，进而影响自身的人际关系。

（二）调整嫉妒心态的策略

既然嫉妒心理是一种损人损己的病态心理，严重影响自己的身心健康，那么如何克服呢？

1. 认清嫉妒的危害

嫉妒心强可能使我们结交不到知心朋友。嫉妒心强的人往往事事好胜，常想方设法阻止别人的发展，总想压倒别人。这可能使大家想躲开你，不愿与你交往，从而给自己造成一个不良的人际关系氛围，会感到孤独、寂寞。如前所述，嫉妒的危害一是打击了别人，二是伤害了自己、贻误了自己。遭到别人嫉妒的人自然是痛苦的，嫉妒别人的人一方面影响了自己的身心健康，另一方面由于整日沉溺于对别人的嫉妒之中，没有充沛的精力去思考如何提高自己，也延误了自己的前途。认清这些是走出嫉妒误区的第一步。

2. 克服自私心理

嫉妒是个人心理结构中"我"的位置过于膨胀的具体表现。总怕别人比自己强，对自己不利。因此，要根除嫉妒心理，首先要根除这种心态的"营养基"——自私。只有驱除私心杂念、拓宽自己的心胸，才能正确地看待别人，悦纳自己，即常说的"心底无私天地宽"。

3. 正确认知

客观公正地评价别人，也要客观公正地评价自己。别人取得了成绩并不等于自己的失败。"人贵有自知之明"。强烈的进取心是人们成功的巨大动力，但冠军只有一个，尺有所短，寸有所长，一个人不可能事事都走在人前，争强好胜不一定能超越别人。一个人只要客观地认识自己的优势和劣势，现实地衡量自己的才能，为自己找到一个恰当的位置，就可以避免嫉妒心理的产生。

4. 将心比心

将心比心是老百姓常说的一句俗语，在心理学上叫"感情移入"。当嫉妒之火燃烧时，不妨设身处地地为对方着想，扪心自问，"假如我是对方又该如何呢？"运用心理移位法，可以让自己体验对方的情感，有利于理解别人，有利于抑制不良的心理状态的蔓延，这是避免嫉妒心理行为之有效的办法之一。

5. 提高自己

既然嫉妒心理是一种损人损己的病态心理，严重影响自己的身心健康，那么如何克服呢？嫉妒的起因就是看不惯别人比自己强。如果能集中精力，不断地学习、探索，使自己的知识、技能、身心素质不断得到提高，那么，也可以减少嫉妒的诱因。而且，丰富多彩的课余生活将自己的闲暇时间填得满满的，自然也就减少了"无事生非"的机会，这是克服嫉妒心理最根本的方法之一。

6. 完善个性因素

但凡嫉妒心理极强的人，都是心胸狭窄、多疑多虑、自卑、内向、心理失衡、个性心理素质不良的人。这类人要努力完善自己的个性因素，提高自己的心理素质，以健康的心态面对生活。

7. 树立正确的竞争意识

公平、合理的竞争是向上的动力，对手之间可以互相取之所长，共同进步；还必须建立正确的竞争意识。嫉妒是人类心灵的一大误区，所有的大学生都应该自觉克服嫉妒心理，走出心灵误区，成为身心健康的栋梁之材。

四、大学生人际交往中的猜疑心态

邻人疑斧

有一个人遗失了一把斧头，怀疑是邻居的小孩偷走的。于是观察这个小孩，不论是神态举止，还是言语动作，怎么看都觉得像偷斧头的人。隔了不久，他在后山掘地找到了自己的

▶ **第一部分　调整不良心态　开启人际关系新起点**

斧头。回去之后再观察邻居小孩，动作神态怎么看也不像是偷斧头的人了。变的不是邻居的儿子，而是自己的心态。变的原因也没有其他，是被偏见所蒙蔽。

这个寓言告诉我们，主观成见是认识客观真理的障碍。当带着成见去观察世界时，必然会歪曲客观事物的原貌。对任何人或事物，切忌先入为主，不要戴着有色眼镜看人，避免错误与偏差，避免陷入认知的误区。

（一）猜疑心态的表现

大学生活中不少同学比较好猜疑，他们对人、对事十分敏感。比如看到同学们围在一起说话，总疑心是在议论自己；看到某个同学从身边走过没跟自己打招呼，便怀疑人家一定是对自己有意见；买来东西后总要反复检查，看是否有质量问题，生怕卖东西的人坑了自己；平时很注意把自己的物品小心存放，对人很难产生信任。

从心理角度分析，青少年对他人不能完全信任、怕被人在背后议论等，在某种程度上是正常的。因为青少年时期是从儿童到成人的重要过渡时期，在此时期，青少年的自我意识增强，特别珍视自我形象，渴望外界的评价，希望得到社会承认的要求很强烈。因此，一旦发生伤害自尊心的事，就会被一种不安的情绪所笼罩，产生恐惧心理。害怕别人背后议论，正是受到不安情绪笼罩时所产生的一种恐惧的具体表现。

相识的同学擦肩而过却没打招呼，好猜疑者会迅速陷入不安："为什么对我视而不见呢？肯定是瞧不起我。"这些反应都与青少年迅猛发展的自我意识密不可分。另外，青少年的社会阅历比较少、情绪紧张度高、内心波动大，容易对较小的刺激也发生强烈的反响，所以经常表现为疑神疑鬼、对自身以外的人或事抱有不信任心理。

在猜疑心理作用下，人会陷入作茧自缚、自圆其说的封闭性思路中，即以某一假想目标为出发点，最后又回到假想目标上，把假想当作根据，又据此得出结论，在猜疑心理的笼罩下，被猜疑者的一言一行都会带上可疑的色彩。

"疑人偷斧"就是生动的说明。猜疑会导致人际关系紧张，既伤害他人的感情，同时也使自己处于不良的心态当中。培根在《论猜疑》一文中指出，猜疑心是"迷陷人的、乱人心智的。它能使你陷入迷惘、混淆敌友，从而破坏人的事业。"猜疑是一种不健康的人格品质。

他怎么了？

小李从北方来到南方一所省城大学读书，临行前在一家企业做人事主管的父亲反复告诫儿子，在大学里首先要和寝室的同学搞好关系，这样生活环境才会愉快，大学四年心理才有归属感。进校后，小李时刻告诉自己，父亲的话肯定有一定的道理。但是由于和同寝室的一名南方同学在对爱情的看法上相差甚远，经常斗嘴，导致彼此不服气，互相看不起，矛盾时有发生。而那位南方同学比小李更会处理人际关系，到最后同寝室的其他同学都站到了小李的对立面。小李和寝室同学关系开始变得紧张起来，其他人都不理解他、信任他，少数同学甚至奚落他。小李对他们也充满怨恨和不信任，进而猜疑和反感，只要有两位同学当着自己的面嘀咕几句，他就认为他们是在说自己的坏话，心里十分苦闷。而那位南方同学却好像整天都过得很开心、很快乐，看到这一切，小李感到无能为力的同时又十分伤心，心胸开始变得狭窄，一度产生了退学的念头。

从小李和南方同学的对比来看，人际交往对大学生心理健康有重要影响。小李因人际交往的紧张，使自己的心里充满了猜忌、嫉妒和对他人的不信任。经过对小李人际交往技巧和艺术的辅导，小李对南方同学开始变得更加宽容，并试着改变和寝室其他同学的关系。慢慢地，在小李的脸上又看到了灿烂的笑容。

（二）调整猜疑心态的策略

1. 优化个人的心理品质

也就是说要加强个人道德情操和心理品质的修养，净化心灵，拓宽胸怀，提高精神境界，以此来增大对别人的信任度和排除不良心理的干扰。

2. 摆脱错误思维方法的束缚

猜疑一般总是从某一假想目标开始，最后又回到假想目标。只有摆脱错误思维方法的束缚，扩展思路，走出"先入为主""按图索骥"的死胡同，才能促使猜疑之心在得不到自我证实和不能自圆其说的情况下自行消失。

3. 敞开心扉，增加心灵的透明度

猜疑往往是心灵闭锁者人为设置的心理屏障。只有敞开心扉，将心灵深处的猜测和疑虑公之于众，或者面对面地与被猜疑者推心置腹地交谈，让深藏在心底的疑虑来个"曝光"，增加心灵的透明度，才能求得彼此之间的了解沟通、增加相互信任、消除隔阂、排释误会、获得最大限度的消解。

4. 无视"长舌人"传播的流言

猜疑之火往往在"长舌人"的煽动下会越烧越旺，致使人失去理智，甚至酿成恶剧。因此，当人们听到"长舌人"传播流言时，千万要冷静，谨防受骗上当，必要时还可以当面给予揭露。

5. 识破各种离间计

要综合分析被猜疑对象的长期表现，识破各种离间计。当我们开始猜疑某个人时，最好能先综合分析一下他平时的为人、经历以及与自己多年共事交往的表现，这样有助于将错误的猜疑消灭在萌芽状态。

拓展知识

《欣赏自己》

也许你想成为太阳，可你却只是一颗星辰；

也许你想成为大树，可你却只是一棵小草；

也许你想成为大河，可你却只是一泓山泉；

于是，你很自卑。

很自卑的你总以为命运在捉弄自己。

其实，你不必这样：欣赏别人的时候，一切都好；审视自己的时候，却总是很糟。和别人一样，你也是一片风景，也有阳光，也有空气，也有寒来暑往，甚至有别人未曾见过的一棵春草，甚至有别人未曾听过的一阵虫鸣……

做不了太阳，就做星辰，在自己的星座发热发光；

做不了大树，就做小草，以自己的绿色装点希望；

做不了伟大，就做实在的自我，平凡并不可卑，关键的是必须做最好的自己。

不必总是欣赏别人，也欣赏一下自己吧，你会发现，天空一样高远。大地一样广大，自己与别人一样的活法。

走向超越的只有靠你自己。

任务训练

克服自卑心理训练

A. 两人对坐，微笑，目光对视一分钟，然后大声说出自己的一个优点，态度要肯定，大声说三遍。

B. 再换一个人，重复刚才的内容，要求优点不能重复。

C. 找两个同学到前面来，看谁的自信心比较强，主动申请，把握机会。

D. 全体大声说："我自信、我很棒、我能行"。

第二部分

塑造交际形象 增强人际交往的自信

> 学习目标

【知识目标】

(1) 掌握穿衣打扮的原则和技巧。

(2) 掌握良好举止神态的基本规范。

【能力目标】

(1) 能够在不同的场合得体打扮自己。

(2) 与人交往时展示良好的举止神态。

【情感目标】

(1) 认识外在形象在与人交往中的重要性。

(2) 增强人际交往的自信。

任务三　塑造良好的外在形象

任务提出：塑造良好的外在交际形象。

任务目标：能够在不同的场合塑造良好的外在交际形象。

任务分析：

(1) 个人形象塑造中的妆容：根据不同场合的需要适当化妆和设计发型。

(2) 个人形象塑造中的服饰：各种社交场合的着装要求及服饰搭配技巧。

▶ 第二部分　塑造交际形象　增强人际交往的自信

基础知识

塑造良好的外在形象

有人说：沟通能力是一种能证明和让对方发现你具有社会工作能力的能力。表面上看来，它只是一种能说会道的能力，可实际上它却包罗了一个人从穿衣打扮到言谈举止等一切行为的能力。一个具有沟通能力的人，可以将自己所拥有的专业知识及专业能力进行百分之百的发挥，并能很迅速地给对方留下"我最棒""我能行"的印象。

法国时装设计师夏奈尔曾经说过："当你穿得邋邋遢遢时，人们注意的是你的衣服；当你穿着无懈可击时，人们注意的是你。"莎士比亚也说过："外表显示人的内涵。"在人际交往与沟通中，每个人都希望给人留下好的印象。通常，与人交往的第一印象非常重要，我们把它叫作第一印象效应。第一印象效应是指最先的印象对人的认知具有强烈的影响。当第一次与人接触时，留下了良好的印象，这种印象就会左右人们对他以后一系列特征做出解释，反之亦然。第一印象影响深远，在以后的交往中起到心理定势的作用。有数据表明：在人的第一印象中，行为占38％，真才实学占7％，外表占55％。因此，塑造良好的个人形象对人际交往与沟通的成败影响巨大。

塑造良好的个人形象包括宜人的外表、优雅的仪态和打开心之门的面部表情。如今，个人形象的设计已经发展成为热门行业，如形象设计师、形象代言师、礼仪培训师、形体教练、导购师、衣橱顾问等，门类众多。足见人们对个人形象的重视。在这里我们一起来学习着装的基础知识，希望在学习结束后，每个同学都能够塑造出适合自己的良好的个人形象。

一、人际交往中的着装

俗话说：人如其貌，字如其人。人际交往中，着装具有传递信息的功能。刚一见面，你的穿着打扮就已经把你的职业、爱好、社会等级、性情气质、文化修养、信仰观念、生活习惯以及民族地域等信息传递给别人了。如在一般场合，穿运动装的人多喜欢体育运动；公交车上穿校服、背书包的是学生；商场里穿着比季节超前的时装，而且商标牌还没摘的，就一定是服装销售员了。

《红楼梦》中王熙凤出场时："头上戴着金丝八宝攒珠髻，绾着朝阳五凤挂珠钗；顶上带着赤金盘螭璎珞圈；裙边豆绿宫绦；双衡比目玫瑰佩；身上

35

穿着缕金白蝶穿花大洋袄，外罩五彩克丝石青银鼠褂；下着翡翠撒花洋绉裙。"王熙凤的这套行头尽显这位二奶奶奢华的生活状态，盛气凌人个性品质和其在府中举足轻重的特殊身份地位。

着装，指服装的穿着及饰物的搭配。严格地说，它既是一门技巧，更是一门艺术。站在礼仪的角度上来看，着装是一门系统工程，它不仅仅指穿衣戴帽，更多的还映射着人们的教养与品位。着装实际上是一个人基于自身的阅历、修养或审美品位，在对服装搭配技巧、流行时尚、所处场合、自身特点进行综合考虑的基础上，在力所能及的前提下，对服装所进行的精心选择、搭配和组合。在各种正式场合，不注意个人着装者往往会遭人非议，而注意个人着装的人则会给他人留下良好的印象。

1. 人际交往中着装的基本要求

塑造良好的外在交际形象，首先要兼顾着装的五个基本要求。即个体性、整体性、整洁性、文明性和技巧性。

（1）个体性。正如世间每一片树叶都不会完全相同一样，每一个人都具有自己的个性。在人际交往中，个性会增加人的社交魅力，帮助你赢得交际的成功。在着装时，既要认同共性，又绝不能因此而泯灭自己的个性。着装要坚持个体性，具体来讲有两层含义：第一，着装应当考虑自身的年龄、身材、气质、职业等特点，要做到"量体裁衣"、扬长避短，因为适合自己的才是最美的。第二，着装应创造并保持自己独有的风格。在允许的前提下，着装在某些方面应当与众不同。切勿穷追时髦、随波逐流，使个人着装千人一面，这样毫无特色可言。

（2）整体性。正确的着装，应当基于统筹考虑和精心搭配。其各个部分不仅要"自成一体"，而且要相互呼应、配合，在整体上尽可能地显得完美、和谐。若是着装的各个部分之间缺乏联系，"各自为政"，哪怕再完美也毫无意义。着装要保持整体性，重点是要注意两点：其一，要恪守服装本身约定俗成的搭配。例如，穿西装时，应配皮鞋，而不能穿布鞋、凉鞋、拖鞋、运动鞋。其二，是要使服装各个部分相互适应，局部服从于整体，力求展现着装的整体美。

（3）整洁性。在任何情况之下，着装都要力求整洁，避免肮脏或邋遢。着装的整洁性表现为：第一，完好。不应又残又破，乱打补丁。至于成心自残的"乞丐装"，在正式场合应禁穿。第二，整齐。不应该又折又皱，不熨不烫。第三，干净。着装应当卫生，对于各类服装，都要勤于换洗，不应存在明显的污渍、油迹、汗味与体臭。以任何理由搪塞应付而穿脏衣，都没有道理，也是令人生厌的，会严重影响一个人的交际形象。

(4) 文明性。着装除了是御寒取暖的基本需要外,更重要的是社会文明生活的要求。着装是否文明,不仅是遵守社会行为规范、重视公共文明、尊重他人的体现,而且也是关心自我、尊重自我、重视自我,追求个人生活品位的体现。所以,着装着装要符合社会的道德传统和常规做法。它的具体要求是:第一,忌穿过露的服装。在正式场合,袒胸露背,暴露大腿、脚部和腋窝的服装,都应忌穿。第二,忌穿过透的服装。内衣、内裤"透视"在外,让人一目了然,当然有失检点。若不穿内衣、内裤,则更要禁止。第三,忌穿过短的服装。不要在正式场合穿短裤、小背心、超短裙等过短的服装。它们不仅会使自己行动不便,频频"走光""亮相",而且也失敬于人,使他人多有不便。第四,忌穿过紧的服装。不要为了展示自己的线条而有意选择过于紧身的服装,把自己打扮得像"性感女郎",更不要不修边幅,使自己内衣、内裤的轮廓在过紧的服装之外隐隐约约。

(5) 技巧性。不同的服装,有不同的搭配和约定俗成的穿法。例如,穿单排扣西装上衣时,两粒纽扣的要系上面一粒,三粒纽扣的要系中间一粒或是上面两粒。穿西装不打领带时,内穿的衬衫应当不系领扣。女士穿裙子时,所穿丝袜的袜口应被裙子下摆所遮掩,而不宜露于裙摆之外,等等。这些都属于着装的技巧。

2. 职场着装的基本原则

曾有人这样说:为了你的人生和事业而穿着。在办公室里,别人在判断你时,不光看你的才华,还看你的衣着。这说明着装是多么重要。在办公室,着装打扮不仅可以作为协调同事关系的润滑剂,也是你升职提薪的秘密武器。着装代表着个人的品位,暗示着个人的能力,也是上司或老板脸面上的一道光彩。着装是人们职业生涯的一种道具。备好一套行头,成功也就多了一份希望。

她穿对了吗?

小张是一位热情活泼的女孩,在工作上干劲十足,很卖力气,取得的成绩令人另眼相看,可她在公司的发展却不如其他同事。小张觉得很委屈,却找不出原因。最近又遇到了很大的烦心事,公司里有一个部门经理的空缺,小张认为自己是第一个候选人。无论是讲工作业绩还是办事能力,她都是很有信心,可结果却不尽人意。小张怎么都想不明白,问题到底出在哪里。便向自己的好朋友小李吐露了自己的烦恼。小李决定第二天到小张的公司去找她。

第二天,小李来到小张的办公室。这是个宽敞明亮的大写字间,职员们都在各自的座位上忙碌，电话声此起彼伏，一切显得井然有序。可是在窗户边上的工作间里的一个人吸引了小李的注意力。这个女孩上身穿着一件时髦的吊带小背心，下身穿着一件露脐牛仔裤。这身装扮在大街上应该是很时髦的，可是在这紧张的工作间中，却让人感觉不协调。等那个人转过身来一看，正是小张，她脸上还带着很浓的彩妆，整个人显得非常靓丽时髦。

小张见小李来了，急忙将她拉到会客室坐下，问她看出什么原因没有。小李笑笑说："你呀，就坏在这身打扮上，你知道我刚才看到你的感觉吗？没法让人托付重任的感觉，他们怎么会信任你呢？"小李直言不讳地说道："你看看其他人，男士都穿着整齐的、颜色单一的衬衫、西裤，女士们都穿着颜色优雅的套裙，他们给人的感觉就是精明、能干，而你呢？"

你觉得小张的吊带背心和牛仔裤为什么抹杀了她的竞争力？

这个案例告诉我们，一个人的外在形象的确会影响到别人对自己的看法，小张确实应该学一点儿穿衣打扮的学问了。

初入职场要把握职场着装的基本原则：

（1）了解企业文化。企业的着装文化经常以企业性质来划分，国企要求职员踏实工作，对职员的要求简洁大方即可，如果衣着过于正式或者华丽都将令领导及同事产生紧张感，突兀的风格或色彩将令井然有序的工作流程无形中陷入混乱，这应该是每一个新人不想遭遇的吧？其实外企对着装的要求也各有不同，日企较严谨，套装是必不可少的职场配置，而美国、德国的企业则较随意，你的上司也许会天天穿着T恤，甚至老是排在你后面等咖啡等等，这些都没有什么可惊讶的。

> 一位记者的调查

大学生应聘着装很讲究 要符合企业文化

每年10月份，正是大学应届毕业生开始找工作的时间。为了在面试时给招聘企业留下好印象，一些大学生花费几百元甚至上千元购买西装、衬衣、领带等行头。但是记者在调查中发现，由于大学生对不同的企业文化不够了解，有人因为着装过于正式，反而被招聘单位拒绝。

学生：买正装是必要投资

在清河附近的一个服装批发市场里，记者遇到了两名北京信息工程学院的大四学生。他们正在选购西服。据了解，两名学生家里都并不富裕，两三百元的西装对于他们而言算得上奢侈品了。"还要买衬衫、领带、袜子、皮鞋，这样算下来要四五百元了。"但他们表示，西服是面试所需，这部分花销是必要的。

▶ 第二部分 塑造交际形象 增强人际交往的自信

记者在北京几所高校走访时，发现不同专业的学生对于是否购买西服的问题表现出了不同的态度。经济管理类专业的学生表示正装是面试必备，可以接受的价格在600元左右。而不少计算机等工科专业的学生则认为，对于技术类的职位，面试时着装可以稍微随便一些。"不过，应聘与人打交道的工作，还是应该穿西服或者套装。"一名信息工程专业的学生告诉记者。

企业：要符合企业文化

记者从丰田公司了解到，参加日资公司面试，男生穿西装、女生穿套装是一种约定俗成。不论应聘什么职位，只要参加面试就一定要穿正装。智联招聘的一位工作人员告诉记者，欧美企业对于应聘时的着装要求相对而言就要宽松一些。

一名广告公司的人事部工作人员则告诉记者，不同企业、行业有不同的文化，千篇一律着正装有可能坏了事。他说，由于广告公司整体风格较为轻松，所以员工着装比较随意。一次，来面试的一名女大学生穿了一身职业套装。"当时我和同事都穿着T恤和休闲裤，那个女孩看起来就像在面试我们。因为发现自己的着装和公司格格不入，女孩表现得十分拘谨。最后，这名女大学生没有被录取。其实，她是一所名牌大学的毕业生，条件很好，但是着装为她减了不少分。"

专家：不能一身衣服"走天下"

对于这些现象，北京高校就业指导中心专家分析，大学生参加面试衣着的基本要求是简洁大方，同时还要考虑到不同企业的需要。"对于银行等企业，最好着正装。但是国企对于员工的要求是踏实做事，所以着装过于正式或者华丽会给企业留下不好的印象。"专家给出的建议是，在面试前应该从网上或者实地探访应聘企业的整体氛围，不应该认为正装是最保险的，而到哪里应聘都穿。"不应该让衣服掩盖了大学生身上的朝气和活力。"

（2）不要过度张扬。"木秀于林，风必摧之；堆出于岸，流必湍之；行高于人，众必非之。"过分张扬而不懂收敛的个性，常会使你在职场中错失许多机会，甚至可能会处于孤立的地位。因此你应学会适时地低调。初入职场，就穿得招蜂引蝶，只能给同事留下来头不小、性格嚣张、有可能不专注于工作而别有用心的不良印象。即使你品性温顺单纯，在"识得庐山真面目"之前，你的同事可能要排斥你，上司会有被威胁的感觉，你的工作将很难打开局面。所以，应该用温和不刺激的方法，使他人渐渐感觉到你的与众不同，而不是穿得剑拔弩张，一眼就让人看穿你求表现、爱出风头。

39

大学生人际关系与沟通能力培养

> **她为什么应聘失败**

个性已经成为独特、怪异的代名词，时下的种种媒体，包括图书、杂志、电视等也都在宣扬个性的重要性。殊不知，过度张扬个性有时候在不知不觉间伤害了别人，也会毁灭自己的前途。

佳宜是一个个性张扬的前卫女孩，她热爱无拘无束的生活方式，把平凡、规矩、条条框框视为死敌。

大学毕业后，她获得了一家合资企业的面试机会。当天，她的举止打扮令所有面试官目瞪口呆：露脐装、超短裙、冲天辫，手腕上一串数十个银手链。出门时母亲一再让她穿得"正常"点，但她依然我行我素。

佳宜的专业能力和外语口语能力确实不俗，面试官最后和颜悦色地说："你的条件很优秀，可以胜任这项工作。不过，我想提醒你，我们公司有着自己的企业文化。单说着装方面，就有一定的要求，不能太随便，更不允许暴露……"

佳宜立刻打断了他："我的能力与我的衣着没有任何关系，这么穿我觉得最舒服。如果非要穿正装上班，我会连气都喘不上来！"

面试官被这么抢白还真是头一遭，他表情严肃起来，冷冷地说："那么好吧，请你去能让你随心所欲的地方发展，我们公司不欢迎像你这么有个性的天才。"

（3）不抢领导风头。有一定档次的服饰是一个人地位、经济能力的体现，如果穿得比领导还好，必然引起领导的反感，感觉被下属抢了风头。下属穿衣打扮尽量与自己所处的地位相符，低调一些更容易获得上司的认可。尤其注意不能与领导撞衫。

> **无法容忍的撞衫**

谢女士是一家知名网站的中层管理人员。她说有一次有个下属跟她撞衫，她一整天都觉得不舒服，后来干脆不穿这件衣服了。"这不是歧视下属，如果我跟上司无意间穿了一样的衣服，我也不会穿了，至少上班时间不会。对于女人来说，撞衫是无法容忍的。"她建议，不要轻易模仿女上司，没准升职不成，还会遭到无端排挤。

刘小姐和闺蜜意趣相投，有时候会买同款不同色，甚至完全一样的衣服，但会约定不同时间穿，"每个人都不喜欢跟别人一样，闺蜜也不想撞衫"。

（4）不比同级别的同事穿得好得多。你穿衣的档次尽量与同阶位的同事类似，可以在穿衣品位上突出个性。比如，同是套装，你的剪裁更合体、颜色更柔和；必须穿素色工装，你可以选择色彩夺目的衬衫当装点，或者以艳丽的丝巾提色。同样的衣服，穿出不一样的效果，不会打击别人自尊心，不会引起他人嫉妒，还让人觉得你会穿。如果有人主动向你请教穿衣的技巧，你还可以成为办公室里的"形象设计师"，也不失为融洽同事关系的好办法。

此外，职场着装还要注意：准备多套职业装，不要每天都穿同一样的服装，即使每天必须穿工装，也尽量在衬衣等细节上有变化；职场服饰应整齐简单；不落伍，以免给别人留下保守的印象。

3. 分场合着装

人在职场，有各色事务必须应酬，得体着装必不可少，这是人际交往常识。在商业界等社交场合，着装都有约定俗成的规范。违背这些规范，会给人留下不拘小节或缺乏社交经验的印象。根据不同的场合选择合适的服饰，这样才会塑造良好的外在交际形象。

（1）出席高规格的宴会。人际交往与沟通过程中，出席高规格的宴会，要穿职业宴会装。职业宴会装分中、西风格两种。中式风格服饰可包括袍装类和组合式宴装。袍装类很受一般职业女性的喜爱，袍装一般都是真丝面料或者丝绸面料，垂性很好，更能展示出女性特有的曲线美，非常适合具有修长身材特质的女性。通常的情况下，女性穿着旗袍出席宴会，是一种代表隆重的礼仪。中国的职业女性在参加商务宴会时还是比较习惯穿面料较好的、剪裁得体的旗袍或改良旗袍。西式风格宴服有小礼服和大礼服之分，西式的宴装多为开放型，强调美艳、性感、光彩夺目，款式俏丽、素材精致的小礼服是职业女性在选择西式礼服的原则；大礼服一般情况下表现得更尊贵、更有气质。穿西式宴服搭配不同的饰品是最大的亮点，饰品可以使服饰风格翻新，呈现出多变的特点。

（2）参加同事聚会。在公司内部的聚餐上，职业女性要通过着装来表现自信的风采和内敛的涵养，而不是利用这个机会在其他员工和同事面前炫耀自己。参加聚餐也不能像平日那样穿得过于简单、保守。在这个场合中，一款闪亮的服饰可以展示出高贵优雅、雍容华贵的风采，突出女性特有的美艳和性感。再配上简单的彩妆，可以增加晚装的效果，但彩妆不可太浓。与服饰相符的头型也可以让人为之眼前一亮。

（3）参加会议。对于职业女性来说，会议服饰讲求端庄稳重。给人以很有工作能力、工作作风干练、有敬业精神和很好的工作状态的印象。简单的套装是不错的选择。但是应避免穿得过分时髦、暴露或者是过分潇洒，比如说T恤或罩衫、牛仔裤等，穿着过分可爱也会给人不稳重的感觉。

（4）宴请客户。对于客户来说，公司里的每一个员工代表的是公司的形象，因此根据宴会的地点的不同，应选择不同的穿衣风格。在比较正式的商务场合或公司里，公司的职业装应该是首选。这样显得专业，不失身份又能让领导拿得出手。如果是比较宽松的酒店或者礼堂，选择裙装和宴会正装。当然还要考虑客户的着装档次和品味，千万不能抢了客户的风头。

（5）业务公关。业务公关时的场合一般都选择在比较高档的大饭店、会议中心、写字楼或是茶楼，参加这样的会议着装要与环境相映生辉。如果可能的话，可以事先了解宴会的层次和参加宴会的客人，尽可能了解赴宴客人的穿着要求，尤其是公关主角的衣着层次品味。决定是穿正式的晚礼服还是小礼服参加。如果对方是女性，就要在服饰上表现出你对主人的尊敬，着装和饰品的佩戴上要比客户的简单。总之，要做好根据参加宴会客户的服饰来调整自己的服饰的准备。

（6）社交舞会。社交舞会上的着装要符合以下着装原则：

第一，服饰要与将参加的场合环境相适宜。无论是在宾馆、海滩、舞厅等，你的服饰一定要和周围环境保持和谐相称，否则在相应的环境里会显得格格不入而滑稽可笑，比如职业装不可穿到舞会上。

第二，服饰要符合时间原则。这里的时间原则不仅包括季节上的差别，同时也要与年龄相适应。衣服或成熟性感，或清纯婉约，切不可年纪轻轻穿得老气横秋去参加社交活动，否则有被笑的尴尬。

第三，与你的圈子相适宜原则。你的社交圈里的朋友们都是年轻活力型的，那么你切不可弄得另类，穿着太过格格不入，日积月累便容易不自觉的形成排斥感，会被圈子所拒绝。注重社交时候的着装原则，很多时候直接影响到你的社交质量。无论你是进行商务谈判，还是舞会、宴会，讲究的着装会使你显得端庄大气，对于一个良好的社交结果会有不错的帮助。

在符合以上这些原则的前提下，还要体现职业性质，凸显个人的着装风格。比如，政府机关、银行、金融、证券、企业中的行政人员的舞会着装要体现庄重，选择高雅大气的服装款式；高新企业的工程师和技术员的舞会着装要体现智慧；房地产、服装业、咨询业等公关行业人士的着装要有很强的职业性，恰如其分地反映企业形象；而在媒介、广告业等一些时尚界工作人士则可以大胆彰显自己的个性。

4. 职场着装技巧

（1）女士职场着装技巧。

① 套装颜色：黑色、藏青色、深蓝色、宝蓝色、棕色、茶褐色为最优；粉蓝色、粉红色亦可，但仅限于部分岗位。

② 套装花色：以纯色为佳，大方的条纹亦可，不宜有其他图案。如果显得单调，可以自己戴一个胸花来弥补。

▶ 第二部分　塑造交际形象　增强人际交往的自信

③ 布料质地：以优质毛料为优，面料不可太过轻薄或太过光滑，不可以亮闪闪。

④ 套装式样：长袖衬衣＋长袖西装外套＋半截过膝西装裙（或西裤）。裤优于裙，一是因为写字楼冷气大，常年穿裙易得关节炎；二是穿裙就必须穿长筒丝袜，给着装造成麻烦，并且长筒丝袜易勾丝，消耗量比较大；三是上下车或者出差在外等很多场合裤比裙方便。

⑤ 衬衫搭配：西装一定要与衬衣搭配，并且衬衣不能是有很多蕾丝的另类衬衣，必须是翻领的正常衬衣。有人会穿短袖套裙，但这样看起来不太庄重，只适合很炎热的夏天在户外开展工作，并且很难与衬衣搭配（因为标准的衬衣应是长袖）。如果是在常年空调的室内工作，绝对是以长袖为佳。

⑥ 纽扣搭配：除了较长的上装以外，一般女性职业装宜选择单排扣的（当然长上装可用双排扣的，那样会显得比较有气势）。纽扣本身不能太花哨太闪，最好与西装颜色统一。

怎样才能挑选到适合自己的套装呢？

教你选套装

第一，选择上衣长度。有人适合穿较短的西装上衣，在腰线以上，显得精干衬身材；有人刚好到腰部即可；有人绝对不能够穿短上衣，那样就要挑选下摆到胯骨位置的西装上衣；还有人可能要穿到臀围以下的西装上衣才好看，在上衣下摆下方露出下半身裙子的下摆，显得很大气。一般而言，脸大的人不适合穿短上衣（而长衣服会反衬脸短小一些），身材矮小的人不适合穿长上衣（这样会显得下身短，当然也和身材比例有关，也有身材虽然矮小但比例很好的人，穿各类衣服都不错）。

第二，选择领口类型。不同的脸型与气质着装的关键点就在于领口形状，圆脸的人搭配高领衣服就不好看。套装有不同的领型选择，如立领、小圆领、小方领、西装小翻领、西装大翻领，领子本身也有翼宽、翼窄之分，一定要仔细试穿才知道哪种更适合你。

第三，选择合适的三围。尤其是腰身。很多人穿套装显得臃肿滑稽或者木讷黯淡就是因为收腰不好，很多人觉得自己的身材撑不起套装是因为没有挑到合适自己身材的套装。在试不同腰身套装时既要看正面也要看侧面和背面，三围处要特别注意收得合不合适，三围处的布料要适度偏紧，但也不宜太紧身（比如胸前扣子要爆开那种就不行），因为太过凹凸有致就有违"庄重"这一核心法则。很多优质的套装厂家在腰部特别加上一些线条美化，在视觉上有一种收紧的感觉，这些细节都应该留意。

第四，挑选搭配的衬衫。一般而言要根据自己购买的套装选择与之相匹配的衬衫，即先买外套后买衬衫，或者一起搭配着试穿，不然可能不搭。选择的重点是领子和花色。比如衬衣领子大、外套领口小之类（这样连衬衣的领子都翻不出来）。在颜色上，衬衣以白色为主流，但黑色外套也可以搭配红色衬衣，有时候淡淡的米黄色、粉红色衬衣亦可搭配很多衣服。条纹衬衣亦可，只是条纹衬衣只能够搭配纯色外套，绝对不能以条纹衬衣搭配条纹外套。如果外套是某种颜色，衬衣是白色与外套颜色相间的条纹衫，里外呼应，也是上佳的选择。

第五，挑选裤子的长度。要特别注意为高跟鞋留下余地，带上你上班时最常穿的高跟皮鞋而非你逛街时常穿的舒服平跟鞋去试长裤。不然在办公室里面你的裤脚下方露着你长长的鞋后跟，总觉得裤子短了一截。

第六，挑选裙子的长度和宽窄。首先就是上面已经提过的过膝，但在膝部及膝部以下的分寸还是要靠自己的腿型拿捏。另外，裙摆不可太宽也不可太窄，太宽太过休闲，太窄不方便工作。我们一般应该通过走路来试，大踏步往前走而不受裙身妨碍的直筒裙就可以。毕竟穿衣服是为了更好地工作，而不是为了受罪。

（2）男士职场着装技巧。

穿西装是最为稳妥和安全的。在颜色选择方面，最好穿深色的西装，比如灰色、暗绿色和深蓝色，它们给人以稳重、忠诚、干练的感觉。在面料选择方面，最好选择天然织物做的西装，因为人造织物的光泽和质地给人一种廉价的感觉，缺乏垂感。在款式选择方面，体瘦的人适宜穿米色、鼠灰色等暖色调，图案为格子或人字斜纹的西装，这样会显得较为丰满、强壮。体胖的人则可穿深蓝、深灰、深咖啡色等西装，款型可选用直线型的美国式，这会显得廓形锐利且苗条。

男士穿西装要注意的细节：

①西装颜色：西装应保持同色配套，并且面料最好以深色或深蓝色为主。穿西装要注意"三色原理"，露在外面的颜色不超过三种。新西装袖口的商标一定要剪掉。

②衬衫搭配：衬衫白色调为佳，而蓝色衬衫是 IT 行业男士的最佳选择，能体现出智慧、沉稳的气质。衬衫不可放在西裤外；衬衫领子不可太松或太紧，领脖间的空隙应正好可以插入两指，衬衫领子应高出西服上衣领子 1 cm 左右；衬衫的袖子应长于西服上衣袖子 1 cm 左右。

③领带搭配：正式场合穿西装必须系上领带。领带最好在材质和风格上与已有的西装、衬衫是相同的。领带的长度以至皮带扣处为宜。领带的颜色

第二部分　塑造交际形象　增强人际交往的自信

应与场合氛围协调，比如，面试时尽量选择颜色明亮的领带，以带给他人明朗的良好印象。忌领带颜色刺目；忌不扣衬衫扣就佩戴领带；不要夹领带夹，因为领带夹只有VIP与公安等企事业单位的工作人员用，一般人不使用。

④皮鞋搭配：尽量选择系带的皮鞋，黑色和棕色是百搭颜色，其他颜色的皮鞋要尽量与西装颜色搭配。

⑤袜子搭配：袜子颜色最好和鞋、裤子的颜色一致，保持足够的长度，以坐下不露出袜口为准。穿西装绝对不能穿白色袜子和花色袜子。袜子的质地最好是棉、毛，忌穿丝袜。

⑥纽扣系法：如果穿双排扣西装，纽扣要全部扣上；穿单排扣的西装，两粒扣的扣上不扣下，三粒扣的扣中间一粒或上面两粒。穿单排扣的西装坐下时最好将所有的西装纽扣打开，站起身后再扣上相应的扣子。

⑦口袋用法：西装上衣左胸位置的口袋只可以放装饰手帕，其他露在表面的口袋，不放任何东西。上衣的内插袋可以适当放东西，以不影响穿着效果为准。

⑧眼镜，镜框的佩戴最好能使人感觉稳重。

⑨发型要得体，头发不能过长，不能染发烫发，尽量不要戴首饰。

⑩不佩戴帽子。

设计你的职业装衣橱

职业装衣橱

四套职业装，可以满足一年内每个工作日所需。从厚度上，一套较薄、一套较厚，分别用于特别热、特别冷需外出公干时，还有两套适中。从颜色上一套藏青、一套深蓝、一套粉蓝、一套黑色，常穿的是藏青和黑色。从式样上看，其实都很类似，因为适合脸型、身材、气质的大多是同一个类型。只是女士有裙、有裤，如果买的是套裙就会在同一家品牌另外配一条裤子，使得每一套都可以既配裙又配裤。

在工作时，就穿这四套了。另外还有四五件与套装相配的衬衣，以白色为主，只要找到适合自己的职业装就是省心，每天不用为上班穿什么衣服犯愁。当然过几年，可以再随着体型的变化更新一下。有很多公司是有制服的。有制服的朋友们，不管你们的制服是否合适你们，你们只能穿。如果你们公司有制服，别的同事都穿而你嫌难看不穿，想要在一群人中鹤立鸡群，那你肯定在职场上受人白眼和排挤，很难顺心，这是金玉良言。

一个人一定要爱自己的制服，就如同爱自己的公司一样，因为这是公司的形象，况且如果你不爱，但又必须要穿，只能让自己每天没有自信，情绪低落。其实，制服也有很多优点。一般而言，给员工制作制服的公司都会请服装公司来为

45

每个人量身，如果想让自己穿得好看，在量身时要与裁缝师傅充分沟通，比如哪儿想收紧点之类。并且，制服的面料一般都不错，毕竟是公司形象。

二、人际交往中的妆容

1. 选择合适的发型

发型对于一个人的外在形象来说有着很强的视觉冲击力，一个完美精致的职业妆得不到好的发型搭配，也只是半途而废。发型与年龄、职业的相称是个人形象设计中体现和谐的中心点。例如，斜刘海和不对称的BOB头相结合的直短发造型，给人幽雅优雅的气质感，还能表现出工作干练大方的风范。如果你是个走在时尚前沿的女性，还可以做适当的染色。但是发型不可以一成不变，有人说，"换发型换心情。"简洁利落的剪裁发型最适合公务员、会计等，这种发型会体现平稳的性格，给人感觉十分踏实。从事产品销售等职业的人，发型可以适当地跟潮流，让人觉得很时尚。

男士在发型上也有自己独特的一面。都是短发，可是有的人给人的印象很邋遢。所以男士也要找到适合自己脸型和性格的发型，而且要时常打理头发，展现干净、干练和自信的一面。

2. 学会适当地化妆

化妆能增添人的魅力，维护自己的形象，不仅可以让别人对你产生好感，同时能表达你对别人的尊重。在交际场合中必须保持精神焕发、神采奕奕。疲倦、憔悴的面容会使你的交际以失败告终。化妆既能掩盖疲倦的神色，又能为你增添魅力。许多大公司都要求职员化淡妆上岗，因为职员的风貌代表着公司的风貌，同时为公司塑造良好的形象。选择适当的化妆品和与自己气质、脸型、年龄等特点相符的化妆方法可以增添魅力。

不要认为只要自己有能力，再加上外表不是很邋遢，别人就会喜欢你。也不要认为拥有一身质地很好的合体套装，配合显得清爽利落的发型，就可以塑造出或妩媚或干练的形象。如果仅仅是抽出一点时间随便抹抹唇膏，画一画眉毛，甚至素面朝天地和别人交往，就很难让你在别人心目中留下印象或是很好的一个印象。而一个适合你的妆容能塑造出干练、典雅和稳重的形象，给人以信任感，同时也在增加自己的自信心。

指甲说出你的敬业

某家大公司要招聘一位打字员，学历要求大专，打字速度在每分钟120字以上。这对于职业学院的学生来说无疑是一个进入大公司的好机会。在招聘公司的桌子前挤满了来应聘的大学生，可是负责招聘的老王却不慌不忙，大

▶ 第二部分　塑造交际形象　增强人际交往的自信

声喊着："别挤，别挤，请大家从左边排队，把填好的表格依次交上来，站在右边的排里等面试通知。"等同学们组织好了，老王就开始坐下来收应聘表。只见他在有的表上画圈儿，有的表上画三角。等表格提交完毕后，他立即站起来，通知表上画了圈的同学明天去公司面试。有些条件优越的同学就感到很不服气，就问老王："您是凭借什么这么快就定下了面试人员的名单了呢？"老王笑呵呵地说："我只看你们的指甲。"

初入职场要怎样化妆？

从俏皮可爱的学生妹转型到干练爽朗的职场先锋，仿佛从阳光四射的夏日到爽朗的秋日。在为人生的崭新路途做好所有的准备时，想好了以怎样的面目来面对你的客户、上司和同事了么？合适的妆容，不仅能让你赢得别人的好感，甚至可以帮助你得到"专业""能干"的认可。扔掉那些花花绿绿的眼影和夸张的唇彩吧，职业新人需要庄重、亲和、干练。

办公化妆受到办公室环境的制约，它必须给人一种责任性、知识性的感觉。不妨保持本色、淡妆出场。

职业女性除了妆容上的洁净优雅，也要注意与化妆相关的礼貌礼仪。应当避免过量地使用芳香型化妆品。工作岗位上应当避免当众化妆或补妆，女士们千万不要当着一般关系的异性的面，为自己化妆或补妆。尽量不要与他人探讨化妆问题。

你知道吗？

① 能在公共场所化妆。
② 不能在男士面前化妆。
③ 不能非议他人的化妆。
④ 不能借用他人的化妆品。
⑤ 男士不能过分化妆。

拓展知识

1. 量体穿衣

俗话说，人无完人。人类真正的标准体型是不存在的，它仅仅是人们心目中的一种理想状态，是大多数人体数据的平均值。环视我们周围的人群，体形一般而多少有一两处缺点和不足的人随处可见。由此看来，我们大可不必为自己体形上某些不足而遗憾，正视这种人类的普遍现象，不断研究服装与体形的互补关系，通过服装来改善和调节人体外在形象，才是解决问题的根本所在。

不同体型的女性选择服装应注意的问题：

（1）正三角形。体形特点为肩部较窄或溜肩，而臀部和腿部却较胖，投影显示正三角形。此种体形在着装上要着重强调肩部，加强肩部和宽度，应该采用带垫肩的较为宽松的款式。

（2）倒三角形。体形特点为上躯干较厚，臂粗，颈、背处肉较多，投影显示为倒三角形。此种体形在着装时应注意多选择插肩式样的服装，下身选用宽松大摆的裙子或裙裤，使整个体形在视觉上得以平衡。

（3）椭圆形。体形特点为臀部、腹部较粗胖，四肢相对细小。此种体形在着装上要避免设计烦琐的款式及过多装饰品，特别注意腰部和设计，避免使用过宽的时装腰带。

（4）长方形。体形特点为平胸、瘪臀，纤细、瘦小。此体形在着装上可以利用小巧玲珑的特点，充分发挥服饰的作用，如泡肩袖、蝴蝶领等，并采用色彩鲜艳或有大花图案的服装，款式上应尽量突出女性特征。

人们的体形千差万别，服装的款式也多种多样，选择服装的关键应掌握一个原则——扬长避短，就是要利用服装的款式、色彩及饰品，改善自己体形的不足或缺陷，以达到一个最佳状态。

2. 选择化妆品的技巧

（1）粉底。长期待在空调房里，照明也是冷调的光源，因此，底妆要选择有保湿效果的粉底。尽量选用接近自己肤色的自然色彩，即使肤色偏黑，也不要去挑选颜色低于2号的粉底，以免显得不自然。倘若肤色偏白或黄，则在粉底外，再扑上些粉红、粉紫色的蜜粉，营造白里透红的光彩。

（2）胭脂。办公妆的颜色应以暖调为主，为使肤色更明快，应选择粉红或橙红。腮红不可强过于唇彩，重点是在于利用柔和的色彩使得整个妆容更加靓丽，以缓和办公室的紧张气氛。晕染的方法一般在颧骨的下方，外轮廓用修容饼修饰。

（3）唇彩。有透明感的唇彩，可以不用勾勒唇线，选择接近或比自己唇色略深的色泽，轻而薄涂于唇上。切记唇线不要太明显，否则会显得品位很差。同时，在选择口红颜色的时候，一定要掌握分寸，以不抢眼为好。

（4）眼影。以搭配服装色彩为选择依据，整体端庄的造型，重在体现个人的气质与个性。刚劲有力的眼线可以提升眼神。以最容易展现出色泽感的珠光银色眼影为重点。

（5）睫毛膏。睫毛膏能使睫毛显得浓密而富有光泽，是塑造"明眸善睐"的秘密武器。以睫毛液强调眼睛中央的睫毛，会令人感到聪明、机灵而有知识性；强调眼睛尾部睫毛，则可营造深邃有质感的眼神。

3. 与不同脸型相匹配的眉形

（1）标准脸型：根据人物特点选择适合的眉形。

▶ 第二部分　塑造交际形象　增强人际交往的自信

（2）圆形脸：适合长扬的眉形，使脸部相应地拉长。眉毛可以描画出眉峰来。眉峰如果在眉中的话，会使眉形显得太圆。所以眉峰的位置可以是靠外侧1/3处，眉峰形状不要太锐利，这样会和脸型差异太大，画出的眉形略微有上扬感即可。眉间距可以近一些，眉形不宜太长。

（3）方形脸：适合短眉形。可以是略微上扬的，不可以太细太短，眉间距不要过窄，在眉毛1/2处起眉峰，眉峰圆润、眉头略粗即可。

（4）长形脸：适合长眉形。如果画上扬眉会显得脸更长，描平眉会使脸型显得短一些。眉形可以是粗粗的、方方的卧蚕眉，这样会使眉毛在眼上显的有分量。在眉毛2/3处起眉峰，眉峰应平一些，眉间距可略宽。

（5）三角形脸（由字型脸）：适合长形眉，不适合描画有角度的眉形。眉形要大方，小气的眉毛会更加强调下半部分宽大的分量。眉毛不宜太粗，眉间距不要太窄。在眉毛2/3处起眉峰，眉头略粗。

（6）逆三角脸型（甲字形脸型）：适合描画较为柔和、稍粗的平眉，这样可以使额头显得窄一些，以缩短脸的长度。眉形要有一些曲线感，可略细一些，不要太粗厚，眉间距不宜太宽。在1/2处起眉峰，细一些，眉形不宜太长，眉峰要圆润。

（7）菱形脸（申字型脸）：适合长眉形。眉形应该显得轻松自然。在眉毛1/2略外一点点处起眉峰，眉峰的角度要圆润、柔和。

任务训练

（1）每个学生对自己的整体形象打造进行练习：
1 根据自己的脸型和皮肤性质化职业妆。
2 根据自己的体形和性格来选择服饰。
3 根据自己的脸型和身高来选择发型。
在这一训练中要求女同学构建自己的化妆包。
（2）将班级同学分为几个团队，团队中的男女生比例相同，每个团队设计一个出席如下场合之一的外在形象设计方案，团队分别出男、女模特各一名，到前边展示设计方案。
场合一：设计一个办公室文员（初级职员）的职业形象。
场合二：设计一个周末参加同事聚会的形象方案。
场合三：设计代表本公司到其他公司联系业务的形象。
场合四：设计大学毕业生应聘面试形象。

49

任务四　培养高雅的举止神态

任务提出：培养高雅的举止神态。
任务目标：举止得体、体现个人修养。
任务分析：
（1）良好的面部表情。
（2）面部表情的控制和调整。
（3）正确的站、坐、走姿。
（4）不同场合高雅的举止神态。

基础知识

培养高雅的举止神态

一、良好的面部表情

表情泄露秘密

在一次面试中，一位男性面试者向面试官解释了他放弃之前那份工作的原因。他告诉面试官，他觉得之前的公司没能给他提供足够的发展机会，但是由于他和所有的同事都相处得十分融洽，所以在是否离开原来那家公司的问题上，他一直有些犹豫，觉得很难抉择，直到最近才做出了这个艰难的决定。

听完他的陈述后，一位女面试官说，她的"直觉"告诉自己，这位求职者在说谎，而且尽管他对自己的前任老板赞美不已，但是事实上，他却并不认可这位上司。为了证实她的判断，大家对面试录像进行慢动作回放。果然，每当提到前任老板，这位求职者的左脸上便会闪现出一种转瞬即逝的嘲笑的表情。

表情，是一个人在交际场合中的必修功课，能否拥有良好的表情对成功会有很大的影响。因为表情是一个人心理状态的真实反映，是一个人的性格、情绪和态度的外在表现。比如，喜形于色的人，给人的印象是性格外向，控制力差，缺乏社交经验等。在人际交往与沟通中，人们会通过观察你的脸色来探测内心，所以你要时刻注意控制自己的表情。热情温和的表情会吸引别人与你交往；面无表情或表情冷淡，会让人产生距离感；城府很深的神情，让人产生恐惧或防范的心理。在人际交往过程中，善于控制与调节自己的情绪、神态，不让表情神态成为我们交往的障碍，培养好的表情，使之成为良好人际关系的润滑剂。

我们要学会避免人际交往中不受欢迎的神态。第一，避免表情过于死板。即使你的外在形象吸引人，让人喜欢，但若是配上单调的表情，也会让人觉得没有生气。国学大师翟鸿燊在讲座中说过："与人交往，切忌一脸死相。"说的也是这个道理。第二，防止表情错位。表情错位就指一个人的表情与交际的环境和多数人的情态相矛盾，会引起别人的误解甚至反感。比如在欢庆的场合独自悲伤；别人在慷慨激昂地说话，你却露出一副无动于衷的表情；与同学或同事商讨学习或工作上的事情时，你却表现出心不在焉的表情。总之，不合时宜的表情都属于表情的错位，会影响你的人际交往。

1. 良好的面部表情

良好的面部表情要生动得体，与交际场合相适应。日常生活中，你需要面对各种各样的场合，在各种不同的场合你所表现出来的神情一定要和对方的身份、交往情境相协调。无论在什么场合都要表现得自然、从容，该严肃的时候严肃，该活泼的时候活泼，该沉默的时候沉默，该笑的时候笑，这样才能在交际场合中如鱼得水。

张小姐是一位娇小玲珑的温柔淑女，与她共同工作的同事李先生高大魁梧，性情急躁，经常与人发生冲突。但他们两个人却很少发生激烈的争执，究其原因，张小姐说："我从不会在他生气的时候火上浇油，不管他当时多么气愤，我都会微笑地面对他，只有这样他才会很快平静下来。他是个急脾气的人，有时气得手都发抖，我只会轻声劝他，然后用温和的语气告诉他做一件事情的目标，提醒他发怒不仅对办事毫无益处，还会带来一些不良后果。有时他嘴上还是显得那么不服气，但最终还是听我的劝解，面对他的急躁，我选择用微笑去告诉他事情并没有他想象的那么糟糕。这样让他的心理压力减轻。由此我发现以微笑面对事情是一个很好的办法，尤其是面对一个脾气暴躁的男人时。但当微笑没有效果时，我也会用严肃的语气警告他。不过我不会选择和他吵架，这是不明智的，当我偶尔拉下脸时，他会感到很意外，然后三思而后行。"

有一次两个人刚做完市场调研回到公司，李先生希望张小姐在一个小时内做完分析报告。可是报告还没有做完，他就不停地催促，张小姐总是微笑着说:"别着急!李先生,很快就好了。"终于,李先生失去了耐性发起脾气,责备张小姐做事总是那么慢。张小姐不急不躁微笑着说:"你需要的是一份真实反映市场的以数据为依据的报告,还是一份没有根据的报告?如果是后者我可以立即给你,如果是前者可能还需要耐心等待,对数据的计算分析需要时间,而且为了保证分析的正确性,希望你不要总是打搅我,谢谢你的合作。"听了这番话,李先生只好默不作声,面对张小姐的微笑他还能说什么呢?

2. 学会察言观色

我们在学习调整自己的表情的同时,还要会察言观色。人都是有感情的,一举一动都是感情的真实流露,因此,在人际交往过程中注意自己表情的同时要注意别人的表情,只有做到这些,才能够达到最佳的交往效果。在人际交往中,要学会从别人的表情中敏锐地观察到他们内心的情绪和心理活动,从而使自己的表情、言行同对方相协调。当别人已经听得厌烦的时候,你还在滔滔不绝地说个不停,就会招致更大的厌烦;当别人非常焦急的时候,你却嘻嘻哈哈,同样会让人觉得很失望;如果别人希望听到一些高兴的事情,而你却讲一些让人不开心的事情,也会引起他人的反感。因此,时刻带着良好的面部表情出席,并懂得察言观色是每个人不可或缺的基本素质。

3. 学会微笑

(1)用微笑打开交际之门。

人们有一个非常动人的表情,这就是笑容。在笑容中,微笑最自然大方,最真诚友善。在工作生活中,时常保持微笑,将带给你意想不到的收获。一位著名的企业家说:"在经常需要商务交往的职位上,我宁愿雇用一个没上完小学却有愉快笑容的人,也不会雇用一个神情忧郁的博士。"足见微笑的魅力。

微笑的表情表现良好的心境。面露平和欢愉的微笑,说明心情愉快,充实满足,乐观向上,善待人生,这样的人才会产生吸引别人的魅力。

微笑的表情表现自信。面带微笑,表明对自己的能力有充分的信心,以不卑不亢的态度与人交往,使人产生信任感,容易被别人真正地接受。

微笑的表情表现真诚友善。微笑反映自己心底坦荡,善良友好,使人在与其交往中自然放松,不知不觉地缩短了心理距离。

微笑的表情表现乐业敬业。在工作岗位上保持微笑,说明热爱本职工作,乐于克尽职守。

(2)微笑的技巧。

在现代职场,微笑是有效沟通的法宝,是人际关系的磁石。没有亲和力

▶ 第二部分 塑造交际形象 增强人际交往的自信

的微笑，无疑是重大的遗憾，甚至会给工作带来不便。

练习微笑的方法：

①放松面部肌肉，然后使嘴角微微向上翘起，让嘴唇略呈弧形。最后，在不牵动鼻子、不发出笑声、不露出牙齿，尤其是不露出牙龈的前提下，轻轻一笑。

②闭上眼睛，调动感情，并发挥想象力，或回忆美好的过去或展望美好的未来，使微笑源自内心，有感而发。

③对着镜子练习。使眉、眼、面部肌肉、口形在笑时和谐统一。

④当众练习法。按照要求当众练习，使微笑规范、自然、大方，克服羞涩和胆怯的心理。也可以请观众评议后再对不足进行纠正。

⑤咬筷子法。把筷子横着含在嘴里咬住，嘴角斜着往两边走，发"一"的声音。

⑥运用微笑的技巧。

⑦把握微笑的时机。在与对方交谈中，最好的微笑时机是在与对方目光接触的瞬间展现微笑，这样能够促进心灵的友好互动。

⑧把握微笑的层次变化。微笑有很多层次，有浅浅一笑，眼中含笑，也有哈哈大笑。在整个交谈过程中，微笑要有收有放，在不同时候使用不同的笑，如果一直保持同一层次的笑，表情会显得僵硬、呆板，被对方认为是傻笑。

⑨注意微笑维持的长度。微笑的最佳时间长度以不超过3秒钟为宜，时间过长会给人假笑或不礼貌的感觉，过短则会给人皮笑肉不笑的感觉。

⑩微笑的表情更有讲究，不同的场合适合不同深度的微笑。不同的笑，也可以显示着不同的思想态度和感情色彩，产生不同的影响。在与别人交谈中，放声大笑或傻笑，都是非常失礼的，工作中要把握好微笑的尺度，更能显示你的内在修养。

> 泰国——微笑之邦

泰国自称是"微笑之邦"，它的一切服务都是在微笑中进行的。泰国航空公司则更把微笑写进了它的广告词："请乘坐平软如纱的泰航飞机，到泰国来享受温暖的阳光和难忘的微笑吧！"

坐泰航飞机，从曼谷到清迈，飞行时间不过1小时。飞机升到巡航高度时，空中小姐便送来湿手巾，先让你擦把脸，然后给你送杂志，接着是饮料、点心，然后收去盘子，又送来咖啡，再送来毛巾，真是一刻不停。每次送东西到你这里，都是笑容可掬。一小时航程，

53

空中小姐忙个不停。

　　这种微笑服务在地面上也随处可遇。到曼谷下榻皇宫大酒店，车刚到酒店门口，一位身穿米色制服的门卫立即上前来打开车门，立正敬礼，表示欢迎客人的到来。待客人下车后，他便帮助搬运行李，然后指挥汽车停在适当地方。进得店来，侍者便把客人引到大堂休息。住宿按规定要填写登记卡，一位小姐微笑着把客人请进接待室，很有礼貌地送来一份饮料，问客人希望住什么样的房间，有没有因宗教或其他习惯上的不便等。不要以为只是这家酒店的服务态度特别好，在清迈、帕塔亚等地住店时，碰到的接待几乎一模一样。即便是住宿登记，也从未站在柜台边填过一次表。站着填表，在泰国人看来是对客人的不敬。

　　不仅是酒店，你要是上街逛商店，营业员总是随着你的视线转，倘若你用手偶然指一下某种商品，她便立即取出来给你看，并告诉你价格和质量。无论你买与不买，她都是笑脸相迎。

　　泰国有一本供外国人阅读的旅行指南中有这么一段话："当你尽兴离开泰国时，你带走的将是这块充满微笑土地的最美好的记忆！"这句话从另一个侧面也可以这样理解：微笑公关的魅力在于它最能征服人心，最能赢得友谊！

　　"什么是世博礼仪人员？是饭店门口站着的礼仪小姐吗？"训练官潘玲问道。台下的女孩默不作声，只有一两个小声嘀咕着"是吧。"

　　这可不是潘玲想要的答案，接下来的课程，她就是要让女生们明白，要成为合格的世博礼仪人员并不简单。

　　练功房里，一身统一的粉红练功服，脚穿高跟鞋的女孩们按组排开。潘玲正带领她们练习最基本的"站功"。虽说是基本动作，要领却有十多个。"头伸直，两眼平视前方，嘴角找耳朵去（微笑），下巴放平，肩膀往下放，挺胸，收腹，立腰，胯部夹紧，膝盖并拢，脚跟收紧。"潘玲一边念着要领，一边演示，女孩们则不断调整自己的姿势。有时候，训练官还让她们每人头顶一本本子，要求长时间不让本子掉下来。这样既能矫正形体，也能锻炼耐力。

　　"为了练习笑，我们却都哭了"

　　"也许我说自己为的是给世博会做贡献，会显得有些假，但这是我真实的想法。"谈起为何报名参加世博礼仪人员选拔，王哲这样说道。这两天，因为感冒她正发着烧，虽然前一天晚上还去吊盐水，不过昨天她却没有为此请假。

第二部分　塑造交际形象　增强人际交往的自信

"这里规定只能请两天假，超过两天就只能退出了。我不想放弃参与世博的这个机会。而且我也想要让别人看看，上海小姑娘并不是那么娇气的。"这些青春可爱的"微笑天使"登上世博会舞台，向全世界展现"透着春光"的笑容。

微笑是一种令人感觉愉快的面部表情，它可以缩短人与人之间的心理距离。为给深入沟通与交往创造温馨和谐的氛围，在社交场合，谁都喜欢遇到一张张热情、真诚的笑脸。它是人际交往中最美丽的语言，微笑成了社交礼仪操守中闪亮的点。

二、高雅的举止

俗话说："坐有坐相，站有站相。"优雅的举止可以透露出一个人良好教养和风度，还能传递出他的友好、热情，并给别人留下美好的印象。在日常生活中要注意规范自己的举止，养成良好的行为习惯，这样可以赢得对方的好感和尊重，有利于提高个在人际交往中的自信。

她错在哪里？

小珊是一家外资企业的客户服务人员，是家里的独生女，由于长得非常漂亮，看到她就让人有眼前一亮的感觉。小珊的学历和能力在公司里都是一流的，但进公司两年多了，还只是一个普通的员工，没有得到晋升的机会。

小珊自己也很苦恼，她知道都是自己的行为举止拖了自己的后腿，可一时半会儿改不掉这些毛病。比如，开会的时候，小珊总是无意识地趴在桌子上，让在座的领导和同事冷眼看她；和同事聚餐时，她动不动就拿出小镜子和木梳来梳理她的头发，有时还会有几丝乱发不听话地飘到餐桌上，让其他人很厌烦；最要命的是，小珊对自己的美丽非常自信，所以走路的时候总是扭着屁股，让人看着很另类。小珊还有很多类似的不好的举止习惯，有时候和客户在一起的时候，让客户很不满意，从而影响了公司的形象。

1. 良好的站姿

（1）正确的站姿。

站立是静态造型的姿态，是优美仪态的起点，因此，站姿不仅要挺拔，还要优美。站姿的基本要求是"站如松"，基本要领头平正，双肩平，两眼平视，下颌微收，面带微笑，收腹，立腰，双肩放松，双臂自然下垂，双手在背后交叉或体前交叉，双腿直立。双脚脚跟靠拢，身体重心主要落于双脚脚掌、脚弓上。脚尖开度为45°～60°，两腿并拢立直，髋部上提。双肩放松，

55

气下沉，自然呼吸。双手臂放松，自然下垂于体侧，虎口向前，手指自然弯曲。腹肌、臀大肌微收缩并向上挺，臀部、腹部前后相夹，髋部两侧略向中间用力。脊椎、后背挺直，胸略向前上方挺起。脖颈挺直，头顶上悬。下颌微收，双目平视前方。

（2）不同场合的站姿。

①在升国旗、接受奖品、致悼词等庄严的仪式场合，应采取严格的标准姿态，而且神情要严肃。

②主持文艺活动、联欢会时，可以将双腿并拢站立，女士可以站成丁字步，让站姿显得更加优美。

③礼仪小姐的站姿，一般采取丁字步或立正的姿势。双手端物品时，上手臂应靠近身体两侧，但不必夹紧，下颌微收。

④侍应人员因站立时间长，因此双腿可以分开站立，双腿分开不宜超过肩宽，双手可以交叉或前握垂放于胸前，但要注意收腹。

（3）影响社交形象的站姿。

东倚西靠，身躯歪斜，低头、弓背、弯腰，晃动身体，两臂抱在胸前，两脚交叉站立，把手插在兜里等，这些不良站姿会给人留下缺乏教养和不自信的印象。

站姿反应情绪

姿势反映的是你对自己和对他人的看法。很自信的站姿往往是后背挺直，双肩向后打开，脑袋挺直，臀部收紧。姿势看上去很自信的人往往和朋友们在商业街闲逛的时候和出席社交场合一样觉得很自在。他们会很生动地用双手和手臂来帮助表达自己的观点。从另一方面来说，不同的姿势代表不同的情绪。

1. 弯腰驼背的不振姿态

如果某人很伤心的话，他们往往会弯腰驼背，萎靡不振。收拢的双肩是顺从的表现，也是缺乏自信或者很沮丧的标志。据说这种人肩上的担子都很重。如果某人一直都保持这种姿势的话，那么就代表着逃避某种情况或者整个生活。也可能意味着此人对你或者你说的话不感兴趣。如果身体不朝前倾，而是往后退——这是对争吵的一种逃避行为。

2. 身体前倾的姿态

如果某人身体朝前倾，脖子往前伸的话，可以肯定的是这个人在生气。下颌也可能朝前撅着，双拳紧握着，甚至肌肉都会很紧张，这是一种要进攻的姿势。如果某人走起路来匆匆忙忙，身体朝前俯冲，那么你就可以很快做出判断——此人在生气。

3. 僵硬的姿势

有着军人一样呆板姿势的人经常在决策观点上很保守、很顽固。他们往往认为一件事情非黑即白，非此即彼，这种人天生就很霸道。他们的神情常常很势利，态度也是那种"我比你强"式的。他们的脖子挺着，是典型的瞧不起人的姿势。他们欣赏整洁和秩序，很难在自己熟悉的环境以外表现得很自如。

4. 装腔作势的姿势

这样的人很做作，就像在摆造型，而且始终很在意别人是否在注意自己。他们在你的脸颊上亲上一口，或者在你的双颊上各亲一口，目的只是想知道有谁在看他们表演。尽管他们看上去是一副很势利、很傲慢的样子，其实他们很缺少安全感，很害羞，很自私。他们也很自恋，认为生活就是以他们为中心而进行的。

5. 内敛的姿势

别人不喜欢你或者跟你持不同意见的时候会有很多表现，身体也会这样。首先他们的姿态就会比较内敛，比如：脑袋和上身挺得直直的，同时，双手抱着膀子。如果他们是坐姿的话，双腿可能交叉在膝盖处。

6. 中立的姿势

人们如果对你还没有什么看法，或者对某事还没有做出最后的决定的话，他们就会在站立的时候把双手交叠放在自己前面。如果是坐着的话，他们会把双手交叉着放在膝盖上，双腿会交叉在膝盖以上，以采取一种观望的态度。他们身体的一部分采取很坦诚的姿势，如脑袋和躯干挺得笔直，双臂打开；而身体的另一部分却很收敛，如双手放在膝盖上，十指不交叉，双腿紧紧地交叉在膝盖上方。

7. 无聊的姿势

当人们感到很无聊或者对什么事情都无动于衷的时候，他们会先把脑袋转开，然后最终把整个身体转开。十指会交叉在一起，而双手会安放在膝盖上。如果他们越来越觉得乏味的话，脑袋会偏着，而且常常要用双手来支撑。很无聊的身体姿势通常会朝后仰，而双腿会伸得很直。如果此人是站着的话，双手会放在前面，十指交叉，脑袋偏向一边。

2. 良好的坐姿

（1）正确的坐姿。

入座时，走到座位前，转身后把右脚向后撤半步，轻稳坐下。然后把右脚与左脚并齐，坐在椅上，上体自然挺直，头正，表情自然亲切，目光柔和平视，嘴微闭，双肩平正放松，双臂自然弯曲放在膝上，也可以放在椅子或沙发扶手上，掌心向下，两脚平落地面，两腿自然弯曲，两脚平落地面，不宜前伸。起立时，右脚先收半步，然后站起。

（2）不同场合的坐姿。

①最正规的场合可采用正襟危坐的坐姿。上身与大腿、大腿与小腿、小腿与地面都应当呈直角，双膝双脚完全并拢，这种坐姿是最基本的坐姿。

②男士在非正式场合可采用大腿叠放的坐姿。双腿的大腿部分叠放在一起。叠放之后位于下方的一条腿垂直于地面，脚掌着地；位于上方的另一条腿的小腿则向内收，同时脚尖向下。

③男士在正规场合还可以采用垂腿开膝的坐姿。上身与大腿、大腿与小腿都呈直角，小腿垂直于地面，双膝分开，但不能超过肩宽。

④女士在规格较高的场合，或穿短裙子的情况下可采用双腿叠放的坐姿。将双腿完全一上一下交叠在一起，交叠后的两腿之间没有任何缝隙，犹如一条直线。双腿斜放于身体一侧，斜放后的腿部与此同时地面呈45°，叠放在上的脚尖指向地面。

⑤各种场合，男女都可选用双脚交叉的坐姿。双膝首先并拢，然后双脚在踝部交叉。交叉后的双脚可内收，也可以斜放，但不宜向前方远远地直伸出去。

⑥穿裙子的女士在较低处就座时可采用双腿斜放的坐姿。双膝先并拢，然后双脚向左或向右斜放，力求使斜放后的腿部与地面呈45°。

⑦女性任何场合都可以采取前伸后屈的优美坐姿。大腿并拢之后，向前伸出一条腿，并将另一条腿后屈，双脚脚掌着地，双脚前后要保持在同一条直线上。

（3）影响个人形象的坐姿。

坐着时，两腿抖动；一条腿放在另一条腿上，跷着二郎腿；仰靠在靠背上，露出懒散的样子；女士双腿不并拢；男士双腿分得过开。

3. 良好的走姿

（1）正确的走姿。

行走时，上身应保持挺拔的身姿，双肩保持平稳，双臂自然摆动，幅度手臂距离身体30~40 cm为宜；腿部应是大腿带动小腿，脚跟先着地，保持步态平稳；步伐均匀、节奏流畅；步幅的大小应根据身高、着装与场合的不同而有所调整；女性在穿裙装、旗袍或高跟鞋时，步幅适当小一些；穿高跟鞋时尤其要注意膝关节的挺直。

（2）影响个人形象的走姿。

弯腰驼背；左摇右晃；左顾右盼；双手插兜；步伐混乱，时快时慢；步幅不均，时大时小；脚蹭地面，拖拖拉拉。

4. 大方的眼神

眼睛最能有效地传递信息和表情达意。社交活动中，眼神运用要符合一定的礼仪规范，若不了解它，可能会被人视为无礼，从而给人留下不好的印象。

在与人交谈时，目光应该注视着对方，但应使目光局限于上至对方额头，下至对方衬衣的第二粒纽扣以上，左右以两肩为准的方框中。如果对对方的讲话感兴趣，就要用友善的目光正视对方的眼区。另外，不能将目光长时间地集中在对方的脸或身体的某一部位，特别是初次见面或异性之间。在不太亲密的交谈对象之间，长时间地直盯着对方，是一种失礼行为。

若想要中断自己的话，可以有意识地将目光稍微转向他处。当对方说了错误的话显得拘谨时，不要马上转移自己的视线，相反，要继续用柔和、理解的目光注视对方，否则，会被别人误解为嘲笑他。当双方缄默不语时，不要再看着对方，以免加剧尴尬局面。谈得很投入时，不要东张西望，否则别人会误认为你已经不耐烦了。

当你被介绍与人认识时，眼睛要看着对方的脸部，但不能上下打量对方。有求于对方或者等待对方回答时，眼睛略朝下看，以示谦恭和恳请。

在上台讲话，要先用目光环顾四周，以表示对到会人的尊重。在社交场合，最忌讳和别人眉来眼去和使用满不在乎的眼神，这是没有礼貌和修养的表现。

进入上级的办公室时，不要把目光落在桌上的文件上。走进别人的居室，也不要东张西望。

5. 不同场合的举止神态

（1）与人握手。

握手是一种礼仪，人与人之间、团体之间、国家之间的交往都赋予这个动作丰富的内涵。一般说来，握手表示友好，是一种交流。握手可以沟通原本有隔膜的情感；可以加深双方的理解、信任；可以表示一方的尊敬、景仰、祝贺、鼓励。团体、领袖、国家元首之间的握手则往往象征着合作、和解、和平。第一次见面的激动，离别之际的不舍，久别重逢的欣喜，误会消除、恩怨化解的释然等情绪，都可以通过握手的动作淋漓尽致地表达出来。然而不同的握手姿态也能传达出一些人的淡漠、敷衍、逢迎、虚假和傲慢。在人际沟通中，高雅的握手神态对于塑造良好的社交形象，增强与人交往的自信会产生重要的作用。

①握手的距离：握手时，双方相距1 m，面对面站立，这个距离方便双方

伸手，而且动作舒展美观。

②握手的身姿：握手时，站姿端正，上身要微微前倾，以示主动热情，谦恭礼貌。

③握手的神态：握手时，要面带微笑，大方地看着对方；握手时不看对方是不礼貌的。

④用右手握手：按照国际惯例，用左手握手是不礼貌的。

⑤握手的手型：手掌伸展，四指并拢，拇指自然分开；双方手掌相对，双手紧握在一起。在职场中，男女都采用这样的握手姿态。而在社交场合，男女间握手时，男士可以握住女士的手指部分。

⑥握手的力度：握手的力度应该适当。一般根据需表达的情感而定。表达强烈的感情时，可以适当加大力度。需要注意的是，男女之间握手，男士不可以力度太大，否则就不礼貌了。

⑦握手的时间：常规情况下，三秒即可。根据具体情况，可适当延长。时间过长，或一边握手一边滔滔不绝是不礼貌的，让人厌烦。

⑧握手分单手握和双手握：一般的握手都是单手握，双手握表达的感情更强烈，人际交往中应根据具体情况做出恰当的选择。

握手十忌：

①忌不讲先后顺序，抢先出手。

②忌目光游移，漫不经心。

③忌不脱手套，自视高傲。

④忌掌心向下，目中无人。

⑤忌用力不当，敷衍鲁莽。

⑥忌左手相握，有悖习俗。

⑦忌"乞讨式"握手，过分谦恭。

⑧忌握时过长，让人无所适从。

⑨忌滥用"双握式"，令人尴尬。

⑩忌"死鱼式"握手，轻慢冷漠。

（2）递接名片。

递送名片时，应起身或欠身，面带微笑，正视对方，将名片的正面朝着对方，恭敬地用双手的拇指和食指分别捏住名片上端的两角送到对方胸前。递送时可以说一些"我叫×××，这是我的名片，请笑纳"或"请多关照"之类的客气话。

接受名片时，应起身或欠身，面带微笑，看着名片，恭敬地用双手的拇指和食指接住名片的下方两角，并轻声说"谢谢""能得到您的名片十分荣幸"。如对方是地位较高或有一定知名度的，则可道一句"久仰大名"之类的赞美之辞。接过名片后，应十分珍惜，并当着对方的面，仔细把对方的名片"读"一遍，并注意语音轻重，有抑扬顿挫，重音应放在对方的职务、学衔、职称上；不懂之处应当即请教："尊号怎么念?"随后当着对方的面郑重其事地将他的名片放入自己携带的名片盒或名片夹之中，千万不要随意乱放，以防污损。如果接过他人名片后一眼不看，或漫不经心地随手向衣袋或手袋里一塞，是对人失敬的表现。倘若一次同许多人交换名片，又都是初交，那么最好依照座次来交换，并记好对方的姓名，以防搞错。

（3）为他人作介绍。

为他人作介绍时，保持挺拔的站姿，尽量用右手，指向被介绍一方，注意要用手掌（不能用手指头），五指并拢，手掌伸开，抬至肩以下、腰以上的位置；介绍时眼睛看着被告知一方，面带微笑。

（4）面试。

在面试中，正确的站姿是站得端正、稳重、自然、亲切。做到上身正直，头正目平，面带微笑，微收下颌，肩平挺胸，直腰收腹，两臂自然垂，两腿相靠直立，两脚靠拢，脚尖呈"V"形。女子两脚可并拢。

站立时，如有全身不够端正、双脚叉开过大、双脚随意乱动、无精打采、自由散漫的姿势，都会被看作不雅或失礼。

坐姿包括就座的姿势和坐定的姿势。入座时要轻而缓，走到座位面前转身，轻稳地坐下，不应发出嘈杂的声音。女士应用手把裙子向前拢一下。坐下后，上身保持挺直，头部端正，目光平视前方或交谈的面试官。坐稳后，身子一般只占座位的2/3。两手掌心向下，叠放在两腿之上，两腿自然弯曲，小腿与地面基本垂直，两脚平落地面。两膝间的距离，男子以松开一拳或两拳为宜，女子两膝两脚并拢为好。无论哪一种坐姿，都要自然放松，面带微笑。面试过程中，不可仰头靠在座位背上或低着头注视地面；身体不可前仰后仰，或歪向一侧；双手不应有多余的动作。双腿不宜敞开过大，也不要把小腿搁在大腿上，更不要把两腿直伸开去，或反复不断地抖动。这些都是缺乏教养和傲慢的表现。

面试中的注意事项：实际上，面试在你说第一句话之前就已经开始了。面试官会通过你的外表、姿势、神情对你进行判断。以下是一些需要提防的非语言陷阱：

①握手。这是你与面试官的初次见面，如果面试官伸出手，却握到了一只软弱无力、湿乎乎的手，那么这不是一个好的开端。你的手应该是干暖的，握起手来坚实有力，但不要太使劲。可以在刚到面试现场时用水冲一冲。

61

②姿势。应该站如松、坐如钟，要表现出精力和热忱。没精打采的姿势看上去显得疲惫不堪或漫不经心。

③眼睛。看着面试官时不要瞪视，因为这样显得太有进攻性。如果说话时不停地环视房间，则显得缺乏信心或对所谈话题感觉不舒服。

④手。说话时做些手势是很自然的，但太专注于手势，可能会分散人的注意力。另外，避免说话时触摸自己的嘴。

细节决定成败

生活中不能忽视的细节

（1）在社交场合行走，脚步要轻，不要惊动众人。

（2）遇有急事，可以加快步伐，但不要慌张奔跑，更不要冲撞别人。

（3）别人正在交谈时，不要从中间穿行而过。

（4）在剧场或电影院，如必须从别人的座位前穿过，必须说声"对不起"，侧身弯腰而过，力求不挡住别人的视线。

（5）数人同行，应依次行进，不要逾越。

（6）遇有年长者或妇女，要注意礼让，进门时，为他们打开门，并让他们先通过。

（7）遇有会反弹回转的门，走在前面的人在走出时，应随手按住反弹门以免打着随后跟进的人。

（8）遇有赶着上电梯的人，要为他按一下"开"键，以免他被门夹住或关在门外。

拓展知识

表情传递信息

一、面试中微笑传递的信息

1. 表现心境良好

面露平和欢愉的微笑，说明心理愉快，充实满足，乐观向上，善待人生，这样的人才会产生吸引别人的魅力。

2. 表现充满自信

面带微笑，表明对自己的能力有充分的信心，以不卑不亢的态度与人交往，使人产生信任感，容易被别人真正地接受。

3. 表现真诚友善

微笑反映自己心底坦荡，善良友好，待人真心实意，而非虚假意，使人在与其交往中自然放松，不知不觉地缩短了心理距离。

4. 表现乐业敬业

主考官会认为你能在工作岗位上保持微笑，说明热爱本职工作，乐于恪尽职守。如在服务岗位，微笑更是可以创造一种和谐融洽的气氛，让服务对象倍感愉快和温暖。真正的微笑应发自内心，渗透着自己的情感，表里如一，毫无做作或娇饰的微笑才有感染力，才能被视作"参与社交的通行证"。

二、五官传递的信息

1. 眉毛

①双眉平展：表示内心的平和。

②眉头紧皱：表示内心的不满、为难、厌烦或者思索、考虑。

③眉梢微挑：对眼前的事物表示询问和怀疑。

④双眉向上斜立：表示非常生气、愤怒或仇恨。

⑤眉梢耷拉：代表无奈、遗憾或毫无兴趣。

2. 嘴

①噘嘴：表示轻微的不高兴或不满。

②微露牙齿的双唇：表示对对方友善。

③努嘴：表示怂恿或支持、撺掇、嘲讽。

④咂嘴：表示赞叹或惋惜。

⑤撇嘴：表示轻蔑或讨厌。

⑥紧闭双唇：表示严肃认真思考和对待，或者对某人某物不感兴趣。

3. 鼻子

①皱鼻：多表示好奇或吃惊。

②挺鼻：多表示倔强或自大。

③摸鼻：多表示亲切或重视。

④缩鼻：多表示好奇或吃惊。

⑤抬鼻：多表示歧视或轻视。

三、关于名片（与本部分内容无关）

名片是人际沟通的工具。我们应该了解名片的功能和相关礼仪。

1. 名片的功能

（1）自我介绍。初次会见他人，以名片作辅助性自我介绍，效果最好。

它不但可以说明自己的身份，强化效果，使对方难以忘怀，而且还可以节省时间，避免啰里啰嗦，含糊不清。

（2）结交朋友。没有必要每逢遇见陌生人，便上前递上自己的名片。换言之，主动把名片递给别人，便意味着对对方的友好、信任和希望深交之意。也就是说，巧用名片，可以为结交朋友"铺路架桥"。

（3）维持联系。名片犹如"袖珍通信录"，利用它所提供的资料，即可与名片的提供者保持联系。正因为有了名片上所提供的各种联络方式，人们的常来常往才变得更加现实和方便。

（4）业务介绍。公务式名片上列有归属单位等内容，因此利用名片亦可为本人及所在单位进行业务宣传、扩大交际面，争取潜在的合作伙伴。

（5）通知变更。利用名片，可以及时地向老朋友通报本人的最新情况。如晋升职务、乔迁新居、变换单位、电话改号之后，可以用印有变更信息的新名片向老朋友打招呼，以使彼此联系畅通无阻，对方对自己的有关情况也能了解得更加充分。

（6）拜会他人。初次前往他人居所或工作单位进行拜访时，可将本人名片交由对方的门卫、秘书或家人，转交给被拜访者，以便对方确认"来系何人"，并决定见与不见。这种做法比较正规，可避免冒昧造访。

（7）简短留言。拜访他人不遇，或者需要请人转达某件事情时，可在名片上写下几行字，或一字不写，然后将它留下，或托人转交。这样做，会使对方"如闻其声，如见其人"，不至于误事。

（8）用作短信。在名片的左下角，以铅笔写下几行字或短语，寄交或转交他人，如同一封长信一样正式。若内容较多，也可写在名片背面。

（9）用作礼单。向他人赠送礼品时，可将本人名片放入其中，或将其装入一个不封口的信封中，再将该信封固定于礼品外包装的上方。后者是说明"此乃何人所赠"的标准做法。

（10）替人介绍。介绍某人去见另外一人时，可用回形针将本人名片（居上）与被介绍人名片（居下）固定在一起，必要时还可在本人名片左下角写上"p.p."，即"介绍"的法文缩写，然后将其装入信封，再交予被介绍人。这是一封非常正规的介绍信，是会受到高度重视的。

2. 名片的携带

凡参加正式的交际活动之前，均应该提前预备好自己的名片，并认真携带。

（1）足量适用。随身携带的名片一定要数量充足，确保够用。

（2）完好无损。正式对外使用的名片，切忌出现折痕、破损、无损、涂改等情况，并且不要使用与你现实身份不符的名片。

（3）放置到位。名片要有名片夹，放在随身携带的小包里。穿西装时，名片夹放在西装左前胸内侧衬衣口袋里。切忌将名片放在裤子口袋里，或和其他名片混杂放在一起。在办公室，名片要放在固定的名片盒里。

3. 名片的递送顺序

交换名片是建立人际关系的第一步，一般宜在与人初识时自我介绍之后或经他人介绍之后进行。

一般是地位低的人先向地位高的人递名片，男性先向女性递名片，出于公务和商务活动的需要，女性也可主动向男性递名片。当对方不止一人时，应先将名片递给职务较高或年龄较大的人；如分不清职务高低和年龄大小时，则可依照座次递名片；应给对方在场的人每人一张，以免厚此薄彼。如果自己这一方人较多，则让地位较高者先向对方递送名片。因名片代表一个人的身份，在未弄明对方的来历之前，不要轻易递送名片，否则，不仅有失庄重，而且有可能被冒用。

4. 名片的索要

在公共场合如欲索取他人名片，可以婉转地说："以后怎样向您请教？""以后怎样同您保持联系？"

5. 名片的管理

名片这样有用，但是你是否对收到的名片进行了有效的管理？你是不是有过这种情况：参加一次人际活动之后，名片收到了一大把，你往家里或办公室里随手一放，可是有一天，你急于寻找一位曾经结识的朋友帮忙，却东找西翻，就是找不到他留给你的名片和联系方法。

（1）详细记录便于回忆。当你和他人在不同场合交换名片时，务必详尽记录与对方会面的人、事、时、地、物。交际活动结束后，应回忆复习一下刚刚认识的重要人物，记住他的姓名、企业、职务、行业等。第二天或过个两三天，主动打个电话或发个电邮，向对方表示结识的高兴，或者适当地赞美对方的某个方面，或者回忆你们愉快的聚会细节，让对方加深对你的印象和了解。

（2）对名片进行分类管理。你可以按地域分类，比如：按省份、城市；也可以按行业分类；还可以按人脉资源的性质分类，比如：同学、客户、专家等。

（3）养成经常翻看名片的习惯，工作的间隙，翻一下你的名片档案，给对方打一个问候的电话，发一个祝福的短信等，让对方感觉到你的存在和对他的关心与尊重。

（4）定期对名片进行清理。将你手边所有的名片与相关资源数据做一个全面性整理，依照关联性、重要性、长期互动与使用概率、数据的完整性的因素，将它们分成三堆，第一堆是一定要长期保留的，第二堆是不太确定，可以暂时保留的，第三堆是确定不要的。当确定不要时销毁处理。

任务训练

场景模拟训练

将班级同学分为几个团队，团队中的男女生比例相同，每个团队结合所学到的姿势，演示出席如下场合之一的行为举止和面部表情，团队分别出男、女模特各一名到前边展示设计方案。

场景一：演示办公室接待公司外来客人时的面部表情、坐姿、站姿、行姿及得体的举止。假如你被某公司招聘为前台的接待员。与该公司有着业务联系的大鹰集团的销售部王经理来访，请你接待并引领王经理去见你所在公司的董事长。

场景二：演示随老总参加商务会议时的举止和神态。

场景三：演示代表本公司到其他公司联系业务时的举止神态。重点面部表情、坐姿和得体的举止。

场景四：演示大学毕业生应聘面试时的面部表情、坐姿和行姿。

场景五：演示参加商务宴请的得体举止和面部表情。

第三部分

遵循沟通原则
建立和谐的人际关系

学习目标

【知识目标】
（1）学会尊重他人，树立平等意识。
（2）学会宽容，理解他人。
（3）学会奉献，互惠互利。
（4）学会用心与人交际，以诚待人。

【能力目标】
（1）尊重自己、尊重他人，能够以平等的意识对待周围的人和事物。
（2）能够用宽容的心来容纳他人，包容别人的缺点，欣赏别人的优点。能够真诚待人，诚信做事。

【情感目标】
（1）认识到生活中尊重他人、平等待人的重要性，不要一味地将自己与他人比较，树立正确价值观。
（2）诚实是力量的一种象征，它是这一个人的高度自重和内心的安全感和尊严感。

任务五　尊重他人　平等待人

任务提出：尊重他人、平等待人。
任务目标：培养平等意识。
任务分析：

（1）树立平等意识。
（2）学会看到他人身上的优点，尊重他人。
（3）尊重他人不仅是一种态度，更是一种涵养，不分对象。
（4）人与人交往需要设身处地为他人着想，给别人面子，维护他人的尊严。

基础知识

平等原则

一、人际交往中的平等原则

人际交往，首先要坚持平等的原则。严格意义上说，交往双方都没有高低贵贱之分，要以朋友的身份进行交往，才能进行深入的交往。切忌做出一副高高在上或者自惭形秽的样子去与人交往。这些心态都会影响人际交往的顺利发展。已故美国总统林肯有一次外出，路边有一个身穿破衣烂衫的黑人老乞丐对其行鞠躬礼。林肯总统一丝不苟地脱帽对其回礼。随员对总统的举止表示不解。林肯总统说："即使是一个乞丐，我也不愿意他认为我是一个不懂礼貌的人。"

> 平等，人际交往的第一步

阿明和阿勇生长在一个偏远的山村，他们从小一起玩耍、一起上学，形同兄弟。初中毕业后又一起因为家庭贫困而辍学。辍学后，阿明和阿勇相约到大城市闯荡。

在陌生的环境中，他们靠做苦力、拾破烂维持生活，尝尽了人生的酸甜苦辣。日子虽然艰苦，但两人在生活上互相帮助，在精神上彼此安慰，劳累之余，还一起学习，共同进步，他们的友谊更加深沉醇厚了。

几年后，阿明应聘进了一家公司做低级职员，阿勇则开了一个小店。又过了几年，虽然两人都有了自己的小家庭，但他们还是像兄弟一样经常走动。后来，阿明因为工作努力，职位不断提升，而阿勇的小店却一日不如一日。阿明多次建议阿勇关掉小店加入他的公司，阿勇总是笑笑说，"不要紧，我能把店做大做强。"这段时间，阿明感觉阿勇变了一些，在交往上变得越来越被动了。

又过了若干年，阿勇的小店因为一次上当受骗而破产关门。这时阿明已经是总经理了，他再次建议阿勇加入他的公司，并承诺让阿勇担任副总经理，但阿勇说："有家公司请我去帮忙。"其实，他每天都去做又苦又累的搬运工以维持生活。阿明还像兄弟一样到阿勇家聊天并试图在物质上帮助他，但阿勇的话却明显减少了，也拒绝阿明的任何帮助。随着时间的流逝，阿明觉得阿勇与他之间的距离越来越远，为了缩小这种距离，阿明做了许多努力，例如他每次到阿勇家都不开车而坐公交车而且穿戴很朴素，总是寻找阿勇感兴趣的话题。但都无济于事，阿明觉得非常苦恼。

后来智者给了阿明一个锦囊妙计。一天，阿明痛苦地对阿勇说："现在公司好几个人联合起来反对我，我总经理的位置摇摇欲坠，你能来公司帮帮我吗？"阿勇痛快地答应了，担任了公司的副经理，极力扶助阿明。两人并肩作战，化解了一个又一个危机。慢慢地，两人又回到了以前那种无话不谈的兄弟时代。其实，那几个反对阿明的人和一个又一个危机都是阿明有意安排的。

心理学研究表明，平等是人际交往的第一原则。平等，不仅仅指经济、社会地位的平等，更是双方人格的平等。阿勇因为经济、社会地位远远不如阿明而感到自卑和人格上的不平等，主动退出交往。后来阿明假装求助于阿勇，让他重新找回自信，恢复双方在人格上的平等，从而化解了两人的交往危机。

二、人际交往中怎样遵循平等原则

尊重是平等原则在人际交往中的体现。尊重有自我尊重和尊重他人两个方面。自我尊重就是在各种场合自尊自爱，维护自己的人格；尊重他人就是重视他人的人格、习惯与价值，不伤害他人的自尊，承认人际交往中双方的平等地位。

尊重是沟通的重要保证，是达到交往效果的桥梁。被尊重是人的本质需要，美国心理学家威廉·詹姆斯说："人性中最强烈的欲望便是希望得到他人的敬慕。"人们渴望获得他人的认可和肯定，包括给予尊重、赞美、赏识和承认地位。在人际交往中，交往双方由于主客观的原因，在气质、性格、能力、知识等方面均存在差异，并因社会分工的不同而具有不同的身份，但人格上是平等的。尊重人格是平等的基本要求，只有尊重他人，才能获得他人的尊重，尊重自己同时也体现了对他人的尊重。这二者是相辅相成的。

尊重是一种涵养，是不分对象的，无论对方的地位和身份如何，学会善待每一个人，尤其对弱者和身处逆境的人更要尊重。尊重是相互的，要尊重对方的人格和自尊心。只有尊重他人，才能赢得他人的尊重；只有学会尊重，才会有真正意义上的沟通。

身份

一天下午，一位穿得很时髦的中年女人带着一个小男孩走进美国著名企业"亚联集团"总部大厦楼下的花园，他们坐在一张长椅上，女人不停地在跟男孩说着什么，一脸生气的样子。不远处有一位白发苍苍的老人正在打扫垃圾。小男孩终于不能忍受女人的大声责骂，他伤心地哭起来。女人从随身挎包里揪出一团白花花的卫生纸，为男孩擦干眼泪，随手把纸丢在地上。老人瞅了中年女人一眼，她也满不在乎地看了老人一眼，老人什么话也没有说，走过来捡起那团纸扔进一旁的垃圾桶内。女人不停地责骂，男孩一直都没停止哭泣。过了一会儿，女人又把擦眼泪的纸扔在地上。老人再次走过来把那团纸捡走，然后回到原处继续工作。老人刚刚弯下腰准备清扫时，女人又丢下了第三团卫生纸。就这样，女人最后扔了六七团纸，老人也不厌其烦地捡了六七次。女人突然指着老人对小男孩说："你都看见了吧！如果你现在不好好上学，将来就会跟他一样没出息，做这些既卑贱又脏脏的工作。"老人依旧没有动怒，他平静地对中年女人说："夫人，这个花园是亚联集团的私家花园，按规定只有集团员工才能进来。"女人理直气壮地说道："那是当然，我是'亚联集团'所属一家公司的部门经理，就在这座大厦里上班！"边说边拿出一张名片丢在老人的身上。老人从地上捡起名片，扔进了垃圾桶。并且从口袋里掏出手机拨了一个电话。女人十分生气，正要理论时，发现有一名男子匆匆走过来，恭恭敬敬地站在老人面前。老人对男子说："我现在提议免去这位女士在'亚联集团'的职务！""是，我立刻按您的指示去办！"那人连声应道。老人说完后径直朝小男孩走去，温和地对他说："人不光要懂得好好学习，更重要的是要懂得尊重每一个人。"说完后，就朝大厦走去。中年女人由生气变成了惊呆，她认识那个男子，他是亚联集团所有分公司的总监。"你……你怎么会对一个清洁工毕恭毕敬呢？"她惊奇地问道。男子用同情的眼光对女人说道："他不是什么清洁工，而是亚联集团的总裁。"中年女人一下子瘫坐在长椅上。

一个人如果损失了金钱，可以赚回来，但心灵受到了伤害，弥补起来就困难了。在交往中也许你并无伤人之意，但往往因为一句话一件事伤害了别人，甚至就可能为自己树起了一个敌人。

所以尊重他人，不伤害他人自尊，是交往中的根本。现在的大学生，越来越强调自己的个性，好胜心极强，常常把事情做绝，以证明自己的正确或是胜利，很容易伤害朋友、同学的自尊。

在和人沟通交往中，有的大学生往往要求别人尊重自己，自己却不懂得尊重别人。如老师在讲台上讲课，他却头戴耳机听音乐或英语，同学在课堂上讲演，他却在下面高声说笑等。这样做既伤害了他人的自尊，也是不尊重自己的表现。生活中，最可怕的就是自己不尊重自己，这种毛病最难克服。因为它是由学生自己亲手设计的深渊。

要做到尊重他人和自尊，就应当平等待人，尊重他人的劳动，树立良好人际形象，懂得欣赏别人，把别人当作有价值的人来对待，乐于与人相处，有责任感，懂得自我反思，不夸张自大，不自以为是。

任务训练

（1）听故事，谈感受。

故事1：校园里，两位同学走路的时候说笑打闹，结果一不小心，撞了对面走来的人。他们俩不仅不道歉，还骂骂咧咧，推推搡搡。结果，被同学们的纷纷谴责，被老师狠狠地批评了一顿。

故事2：电影院里，甲和乙边看电影边议论，吃零食的时候还发出很大的声音。一会儿，甲的手机又响了，又大声接电话。旁边的人忍无可忍，纷纷谴责他们不遵守秩序。

故事3：甲手里拿着一袋瓜子，一边走路，一边嗑瓜子，还把瓜子皮仍得满地都是，引得路人侧目。最后，还被罚款。

（2）活动设计

场景：课代表（手拿一叠试卷）：发数学试卷了，同学们！（走到甲跟前）：给你。（甲扫了一眼分数，立刻把分数捂住）

乙：（扯甲的试卷）哎，你多少分？让我看看！（终于扯出，嘲笑）啊！才六十分？这么简单的题你才六十分？你脑子进水啦？

分析：

①尊重他人使你被人接纳，得到善待，与他人同享自尊的快乐。

②借助他人的眼睛作为镜子，来认识自己，然后把感受的他人给予的美好，再转达给他人。

③接受他人善意的提醒，以便能意识到自己的弱点、盲点与误区，激励自己更加严格要求自己，大胆尝试，增强自身实力，做一个有尊严、有价值的人。

任务六　内省宽容　悦纳他人

任务提出：内省宽容、悦纳他人。

任务目标：培养相容意识。

任务分析：
（1）你的宽容心和容纳度。
（2）学会看到他人身上的优点，学会欣赏他人。
（3）表达不同意见时要学会保留对方的立场。
（4）大学生人际交往所存在的问题。
（5）人际控制度的培养。

基础知识

相容原则

一、人际交往中的相容原则

人际交往中的相容主要是心理相容，即人与人之间的融洽关系，与人相处的宽容、忍让。主动与人交往，广交朋友，交好朋友，不但交与自己性格相似的人，还要交与自己性格相反的人。求同存异、互学互补。处理好竞争与相容的关系，才能更好地完善自己。

古人云："处人不可任己意，要悉人之情；处事不可任己见，要悉事之理。"因为人的想法和需要往往与他的身份角色、内外态势、个人素质、时空因素密切相关，换位思考有"身临其境"的感受。理解是人际沟通的基本途径和润滑剂，通过反馈互动，有利于达成共识。

心灵的土地

大师正在一个山村里化缘，突然遇上两个老农吵架，二人互不相让，吵得不可开交，众邻里希望大师能化解他们的矛盾。

大师走上前，问二人为何吵架，其中一个人对大师说："大师，实不相瞒，他立的栅栏明显占了我家的地，我让他把地让出来，可他硬说没占。"另一个人听后，立即对大师说："大师，不要听他胡说八道，我只是把我家的旧栅栏拆了，重新插上了新栅栏，根本没有占他家的地。"

大师听后，笑着让人拿来一支笔，然后分别在两张纸上各写了一句话，交给二人。二人看后，分别在上面写了一段话，交给了大师。大师将两张纸交换了一下，递给了二人。二人看后，都略有所思地低下了头，然后默默地离开了，没有再吵。

众邻里不解，纷纷问大师在纸上写了什么，他们二人又在纸上写了什么，怎么写完了就不吵了呢？大师笑了，对众邻里说："我在两张纸上分别写上了：'除了这块地，你最恨他什么？'"其中一个说："我最恨他家的作坊，每天天不亮就开工，咕噜咕噜响，哪怕再晚半个时辰开工，或是晚上多干半个时辰也行啊！我们全家和四周邻居天天被迫起得很早。"另一个说："他家养了那么多只羊，这倒和我们无关，但我最恨他家清理羊圈不及时，而且清完不运走就堆在院子里，一刮风那羊膻味熏得我家和四周邻居根本没地方躲，夏天都不敢开窗户。"

"我把他们各自的不满拿给对方看，他们看了之后就不再吵了。"大师笑着说。

"他们不是因为脚下的这块土地而不相容，而是心灵的那块土地不相容。"大师进一步解释说。

二、人际交往中怎样遵循相容原则

要学会相容，做到宽容是关键。宽容是做人的根本之一，没有一颗宽容的心你会觉得每天你都活在夹角里。开车的时候遇到那些乱闯车道的人就牢骚不停；遇到开车上道的新手在你前面慢腾腾地行驶就不耐烦；在餐馆遇到服务员上菜慢了一些就责备两句；遇到单位新出规章制度让自己不悦也要牢骚一番。人活在这个世界上会遇到很多不是很称心如意的事，如果没有一颗宽容的心你会觉得每天都不快乐。你也曾经是路面上的新手，为什么就不能容纳一下你的后来者？服务员上菜慢了，那其中会有很多原因。所以人人需要宽容的心，人人需要培养自己的容纳度。只有对他人宽容了，你的内心才会做到真正的宁静平和。

著名作家房龙在他的名著《宽容》中曾经引用《不列颠百科全书》关于宽容的定义：宽容即允许别人自由行动或判断；耐心而毫无偏见地容忍与自己的观点或公认的观点不一致的意见。我国现代汉语词典中对宽容的解释是：宽大有气量，不计较或不追究。

宽容是人类生活中至高无上的美德。因为宽容包含着人的心灵，因为宽容可以超越一切，因为宽容需要一颗博大的心。因为宽容是人类情感中最重要的一部分，这种情感能融化心头的冰霜。而缺乏宽容，将使个性从伟大堕落成连平凡都不如。

生活需要宽容。在生活中每个人都会有不如意，每个人都会有失败，当你的面前遇到了竭尽全力仍难以逾越的屏障时，请别忘了：宽容是一片宽广而浩瀚的海，包容了一切，也能化解一切，会带着你跟随着它一起浩浩荡荡向前奔涌。

宽容是一种无声的教育。唯有宽容的人，其信仰才更真实。最难得的是那种不求回报的给予，因为它以爱和宽容为基础。要取得别人的宽恕，首先要宽恕别人。尽管我们不求回报，但是美好的品质总会在最后显露它的价值，更让人感动。责人不如帮人，倘若对别人的错处一味挑剔、呵责，只能更加令人反感，而且可能激起逆反心理，一错再错。

与别人为善，就是与自己为善，与别人过不去就是与自己过不去，只有宽容地看待人生和体谅他人，我们才可以获取一个放松、自在的人生，才能生活在欢乐与友爱之中。失败时多一份宽容，停止对自己的申诉，心中就会少一份懊悔和沮丧，就能在心底扶起一个坚强的自己。宽容别人也是宽容自己，保护自己，给别人留一些空间，你自己将得到一片蓝天。一个宽容的人，到处可以契机应缘，和谐圆满，微笑着对待人生。

宽容是一种最高贵的美德。没有人穷困到无机会表达宽容的地步，没有人能比施行宽容的人更强大、更自豪。一个人的心胸有多宽广，他就能赢得多少人。付出宽容，你将收获无穷。"世界上最宽阔的是海洋，比海洋宽阔的是天空，比天空更宽阔的是人的胸怀。"人人多一份宽容，人类就会多一份理解，多一份真善，多一份珍重与美好，生活中的酸甜苦辣也将化作五彩的乐章。在生活中学会宽容，你便能明白很多道理。献出你自己，学会宽容，乐于赏识和称誉他人，并时刻保持能够使自己得到成长和增加学识的灵活性，这一切便产生了幸福、和谐、美满和事业有成。这就是一个人丰富多彩的生活应有的特征。

大肚能容，容天下难容之事；开口便笑，笑世间可笑之人。这是北京潭柘寺的弥勒佛两边的楹联。一副楹联，写尽了天下宽容之心。这虽然是带有宗教色彩的一句警世恒言，但在今日也仍然适用。一个人的心态，决定了他日后的发展道路和发展前景，妒贤嫉能、打压他人、排除异己，在生活、工作中处处以自我为中心，容不得他人的人，是不会有好的结果的。相反，遇事对人都有宽容之心的人，往往更容易取得成功。宽容他人取得成功的例子在历史上数不胜数，下面就简单介绍几个关于管仲和鲍叔牙的小故事，让大家得以借鉴。

管鲍分金

管仲和鲍叔牙都是生活在2600多年前春秋时期的齐国人，二人之间是至交，也发生过很多故事，大部分都是鲍叔牙对管仲的容忍。

管仲二十来岁时就结识了鲍叔牙，起初二人合伙做点买卖，因为管仲家境贫寒就出资少些，鲍叔牙出资多些。生意做得还不错，可是有人发现管仲用挣的钱先还了自己欠的一些债。

▶ 第三部分　遵循沟通原则　建立和谐的人际关系

更可气的是，到年底分红时，鲍叔牙分给他一半的红利，他也就接受了。这可把鲍叔牙手下的人气坏了，有人对鲍叔牙说："他出资少，平时开销又大，年底还照样和您平分效益，显然是个十分贪财的人。要我是管仲的话，我一定不会厚着脸皮接受这些钱的。"鲍叔牙斥责他手下道："你们满脑子里装的都是钱，就没发现管仲的家里十分困难吗？他比我更需要钱，我和他合伙做生意就是想要帮帮他，我情愿这样做，此事你们以后不要再提了。"

一起充军

后来这哥俩又一起充了军，二人更是相依为命。有一次齐国和邻国开战，双方军队展开了一场大厮杀，冲锋的时候管仲总是躲在最后，跑得很慢，而退兵的时候，管仲却飞一样地奔跑。当兵的都耻笑他，说他贪生怕死。领兵的想杀一儆百，拿管仲的头吓唬那些贪生怕死的士兵。关键时刻又是鲍叔牙站了出来，他替管仲辩护道："管仲的为人我是最了解不过了，他家有80多岁的老母亲无人照顾，他不能不忍辱含羞地活着以尽孝道。"正是这句话救了管仲。管仲听了鲍叔牙的这番话，感动地流下了热泪，他哭诉道："生我的是父母，而了解我的，唯有鲍叔牙啊！"过了两年多，管仲的老母病逝，他心中没了牵挂，这才塌下心来为齐国效命，果然是比谁都作战英勇，很快就得到了提拔重用。

阵前对垒

后来齐襄公的弟弟公子纠发现管仲是个人才，便要他当了自己的谋士。而齐襄公的另一个弟弟公子小白看中了鲍叔牙，拜其为军师。两个好朋友各自辅助一个公子，干得很卖力气。可是好景不长，昏庸的齐襄公总是疑心他两个同父异母的弟弟要篡夺他的王位。就让手下的人找机会干掉公子纠和公子小白。这两个公子听到了风声，公子纠带着管仲就跑到了鲁国的姥姥家去了，公子小白也跟着学，他带着鲍叔牙也跑到了莒国的姥姥家避难去了。公元前686年的冬天，暴虐的齐襄公被手下的将士杀死，立他的一个弟弟公孙无知为齐国君王。公孙无知当了君王没几个月，也被手下大臣给杀掉了，齐国当时是一片混乱。流亡在莒国的公子小白和寄居在鲁国的公子纠得到消息后，都觉得自己继承王位的机会来了，急忙打点行装，要回国争夺王位。管仲作为公子纠的军师及时提醒他的主子："公子小白所在的莒国离齐国很近，如果他先我们一步回到齐国，我们就没戏了，我看还是我先带一队人马去拦截公子小白，让鲁国派大将曹沫带另一队人马护送您回国。"公子纠笑答："好主意！"

管仲带人马赶到莒国和齐国的交界处，正碰上鲍叔牙带领一队莒国人马护送公子小白飞驰而来。管仲上前拦住去路，并与鲍叔牙发生了争执。鲍叔

75

牙命令部队火速前进，管仲见形势紧急，遂搭弓取箭，朝着车上的公子小白用力射去，小白大叫一声，栽倒在车上。管仲见大功告成，便带着人马飞逃而去。没想到管仲这一箭恰好射在公子小白的带钩上，一点没伤到人，但公子小白知道管仲的箭法厉害，要是再补上一箭他就没命了，于是才大叫一声装死倒在车里。见管仲跑了，他才长长地出了一口气。鲍叔牙见公子小白平安无事，大喜！立刻命部队抄小路向齐都全力疾驰。公子小白在鲍叔牙的帮助下登上了齐国君王的宝座后，称为齐桓公。

举贤重德

鲍叔牙帮公子小白登上王位又帮他杀了公子纠，齐桓公感念他的忠心和所立的大功，要任命他做国相。没想到鲍叔牙死活不肯接受，他说："以前我帮君王做了些事情，那全是凭我对您的忠心而竭尽全力的，现在您要把国相这么重要的职务交给我，这绝不仅仅凭我的忠心就可以做好的，您该找个比我更有才能的人才行啊！"齐桓公说："在我手下的大臣中，还没发现比你更出众的人才呢！"鲍叔牙说："我举荐一个人保证能帮您成就一番霸业！"齐桓公急忙问他："这个人是谁呢？"鲍叔牙笑着说："此人就是我的老友——管仲，我把他从鲁国要回来，就是要他帮您的！"齐桓公一听就火了，他拍案而起，说："这小子拿箭射过我，这一箭之仇我还没报呢，你反而让我来重用他？我不把他杀了就不错了！"鲍叔牙恳切地说："管仲不顾一切地为公子纠卖命，用箭来射杀您，这不正好说明他对他的主子是一个非常讲忠义的人吗？各为其主是起码的做人准则，他当时那样做没什么不对的。现在要治国了，若论才华，他远远超过我鲍叔牙啊！您要成就霸业，非得到管仲的辅佐不成。您现在不计前嫌地重用他，他唯一的出路就是死心塌地地为您卖命啊！"齐桓公是个很有肚量的人，为了齐国的利益，他还是听了鲍叔牙的劝说，不计前嫌，拜了管仲为国相。

成就霸业

管仲很感激好友鲍叔牙，更对齐桓公的大度和睿智所折服，决心鞠躬尽瘁、竭尽全力报效齐桓公。他积极改革内政，发展经济，重新给农民划分土地，由于他从小经商，也很重视和其他国家通商和发展手工业。他还对国家常设的军队实行严格的训练和管理，使之成为战斗力很强的一支军队。由于管仲的改革，齐国在几年内就兴盛起来，获得了"九合诸侯，一匡天下"的地位，成就了齐桓公的霸业。有趣的是，有一次齐桓公和管仲探讨下任国相的问题，齐桓公问："假如你要是死了，谁接任你的国相为好呢？"管仲说出了一个人名，齐桓公又问："那么第二人选呢？"管仲又说了一个人的名字，齐桓公又问："那么第三人选呢？"管仲就又说出了一个人名。齐桓公很不高兴地再次问:"那么第四人选呢?"管仲说:"那就是鲍叔牙了!"齐桓公说:"我真的很奇怪,鲍叔牙对你那么好,听说以前你们一起做生意,他也老让着你,你上了公子纠的贼船,还射过我一箭,要不是鲍叔牙说情,我早就把你杀了。后来鲍叔牙又在我面前积极推荐你为国相,怎么现在请你推荐下任国相的人选时,你竟然把鲍叔牙放在第四人选的位置上呢?你对得起人家鲍叔牙吗?"管仲说:"我们现在是在谈论谁做下任国相最合适的问题,您并没有问谁是我最感激、最要好的朋友呀!我们的私交很好,但国家利益高于一切嘛!"

管鲍二人之间的故事,可以说是人人皆知。即使现代人看来,鲍叔牙对管仲的宽容,似乎达到了一个令人难以理解的程度,但这正是鲍叔牙的高明之处,他对于管仲的宽容,从最初的个人利益,到最后上升到国家利益。这是一种极为难得的宽容,已经超出了人与人之间的范畴,而是一种高层次的精神境界。而齐桓公对于管仲的宽容,也是从国家的立场出发的。因此,这种宽容更为伟大、更值得人敬佩。

1. 宽容有度,使你维护了尊严,获得了尊重

宽容不仅仅是一种美德,更是取得成功的一个途径。宽容是一种博大精深的境界和意境,是人的涵养。宽容是处世的经验,待人的艺术,为人的胸怀;它能包容人世间的喜怒哀乐,使人生跃上新的台阶。

宽容体现素养

2008年9月美国竞选总统已经到了白热化程度,以奥巴马、拜登为候选搭档的民主党和以麦凯恩、萨拉·佩林为候选搭档的共和党正在进行着激烈的争夺战,双方阵营的幕僚们使尽全身解数,挖地三尺地在寻找对方的不足和缺点来打败对方。恰在此时,共和党副总统竞选者佩林爆出重大新闻:他17岁的女儿未婚先孕了,这一"丑闻"给佩林抹上一层尴尬的灰尘,致使共和党处于尴尬的境地。当时许多美国人都认为,奥巴马一定会借题发挥,最大限度地在这个问题上打击共和党,以实现其当选总统的目标。有一天,记者终于见到了奥巴马,请他谈对这件事情的看法,这绝对是击溃共和党的一个极好机会。奥巴马沉思片刻,潇洒地说了句:"我妈妈是在17岁时生下了我。"此言一出,喧闹的现场一阵沉默!谁都没有想到,奥巴马会给出这样仁慈、朴实和高尚的回答,现场的沉默终于被一阵热烈的掌声打破。就在政治家、评论家和分析师都目瞪口呆的时候,奥巴马的支持率却节节攀升,许多中间选民开始倒向奥巴马,因为奥巴马的胸怀打动了他们,他们认识到只有宽厚的人才能胜任美国总统。人的心有多大,那么他的舞台就有多大,正是奥巴马的宽容、宽厚,美国人民才把他抬

77

到了一个最高的舞台，成就了美国历史上第一位黑人总统。

然而，过度的宽容则会适得其反，不仅达不到想取得的效果，更有甚者还会害人害己。因此，宽容只能适度，只能针对某些特定的事、某些特定的场合、某些特定的人，一味地讲宽容而不注重其结果是不正确的。我们需要有宽容的胸怀，但宽容是有底线的，是有原则的，否则宽容就会变成纵容。

有这么一个故事：有一个少年，在他幼年时，偷了邻居的一根针，他的母亲没有批评教育他，甚至还夸奖他说："我的孩子真机灵。"最终，这个孩子随着年龄的增长，也从偷针发展到杀人越货，最终被处于死刑。临刑之日，母亲混在人群中想再见儿子一面，儿子也见到了母亲，向看守提出想跟母亲说句话的要求。经过同意，他走到了母亲的面前，将嘴靠近了母亲的耳朵并咬下了它。这位临刑前的罪犯用这种极端的行为向母亲的纵容行为发出了控诉。诚然，这名罪犯将其今日的恶果完全归咎其母亲固然是错误的，但是我们可以看出，这位母亲在其成长过程中起到了一定的精神上的辅助犯罪的作用。也许在她眼中这只是一种宽容，但是我们说，宽容过了度，也就变成了纵容。

我们所倡导的宽容，不是那种可以容忍一些人任意欺凌别人人格尊严与随意掠夺他人利益，却反过来要求别人宽容的荒唐逻辑。社会生活中，人们在道德法规的原则基础上彼此尊重，是多元社会宽容的底线，失去这个度，将意味着进入一个无原则的社会。

宽容必须是双向的，最起码的要求是不随意冒犯别人。一个真正宽容的人，在公开表达自己的时候，会顾及他人的感受。相反，只顾自己不顾别人，还一味要求宽容，那不叫宽容，而叫唯我主义或自我中心主义。他们从来就只知有己，不知有人，是明显的霸道有余而宽容不足。从另一个角度看，宽容固然是一个社会文明的基本标志，但绝不是漫无边界的。我们往往说宽容是美德，然而往往又说"我们的忍耐是有限度的！"后面这句话道出了宽容的底线。有句名言说："对恶人宽容便是犯罪。"宽容如果越过法律的底线，那么这个世界就乱套了，真正意义上的宽容也就不存在了。我们的心就好比一只茶杯，它的容量非常有限，通常我们的杯子里装下了邪恶，就很难容下正义。即使最后正义与邪恶的斗争中邪恶丢盔卸甲落荒而逃，正义也要付出高昂的代价。但如果邪恶先入为主，它就会在我们的心灵城堡生根发芽，根深蒂固，结果是正义被邪恶驱除出境。这个时候，我们必须清楚，不宽容就是最大的宽容，不慈悲就是最大的慈悲。我们需要的不仅仅是宽容和慈悲，还有正义。

如今我们正在构建社会主义和谐社会，在社会发生深刻变革的历史进程中，我们所要建设的应该是互帮互助、诚实守信、融洽相处的社会。在一个讲求秩序规则的大环境里，不尊重道德法规、不寻求共识的宽容，只能造成更多的不和谐。只要我们把握宽容的原则底线，那些出格的不和谐行为就会有所收敛。因为底线的效应毕竟对愿意遵守规则的人或迫于环境不得不遵守规则的人有约束力。因此在提倡"宽容精神"时，莫忘了把握宽容的底线，对越过底线的人与事就不能宽容，因为它实际上是造成社会不和谐的因素。从这个角度上看，无度的宽容，有悖于构建和谐社会。

理解与谅解是人类特有的智慧和风度，理解可以无边，也应该万岁，但宽容不能。因为当今世界还并不完美，每个人并非都心存美德与善良。因此，在提倡宽容的同时，还应该有所警惕地保持某些不宽容的原则，这才是正确的宽容观。

> 宽容有度
> 维护尊严

晚清一代名臣左宗棠，在年轻时曾在某处做幕僚。因其年少、脸生，故该处的其他幕僚都欺负他，不是叫他扫地，就是让他倒水，正经差事却不安排他做。一日，有一个幕僚又提出无理要求，左宗棠一反常态，大声呵斥该人，因左的学识极高，口才又好，该幕僚被骂得面红耳赤，哑口无言，从此再无人敢惹左宗棠，偶尔有一两个不服气的出来与他作对，也均被其辩驳得五体投地，左宗棠从此确立了自己的地位。及至晚年，其已成为晚清名臣，有一次其近人听到有人说左的坏话，遂告诉了左宗棠，并要报复该人。左宗棠微微一笑，予以制止，该人不解，称："您年轻时血气方刚，批驳他人的胆量都哪儿去了？"左宗棠说："年轻时如不那样做，恐怕一辈子被人欺压，永无出头之日了，现在我已官至高位，反而应该虚怀若谷，不可为小事动怒。"左宗棠此时所表现的，就是一种宽容。

在这里，左宗棠所表现出的就是一种宽容有度的最好范例。我们说宽容的度是一把很重要的尺，要根据各种因素的变化，适当拉长或缩短这把尺子，水满则溢，水少则枯，只有把握好适当的度，才会让宽容这枝美德之花越开越盛。

2. 宽容是一种挽救，是一种大智慧、大聪明

宽容是一种修养，一种处变不惊的气度，一种坦荡，一种豁达。宽容是人类的美德。宽容一如阳光，亲切、明亮。温暖的宽容也确实让人难忘。"二战"结束后不久，在一次酒会上，一个女政敌高举酒杯走向丘吉尔，并指了指丘吉尔的酒杯，说："我恨你，如果我是您的夫人，我一定会在您的酒杯里投毒！"显然，这是一句满怀仇恨的挑衅，但丘吉尔笑了笑，挺友好地说：

"您放心，如果我是您的先生，我一定把它一饮而尽！"这样从容不迫的回答也就了给对方一个极其宽容的印象。

安德鲁·马修斯在《宽容之心》中说过这样一句能够启人心智的话："一只脚踩扁了紫罗兰，它却把香味留在那脚跟上，这就是宽容。"生活如海，宽容作舟，泛舟于海，方知海之宽阔；生活如山，宽容为径，循径登山，方知山之高大；生活如歌，宽容是曲，和曲而歌，方知歌之动听。多一些宽容，也就多了一份理解，多了一份信任，多了一份友爱。

（宽容是大智慧）

● 宽容是光武帝刘秀焚烧投敌信札的火炬。刘秀大败王郎，攻入邯郸，检点前朝公文时，发现了大量奉承王郎、侮骂刘秀，甚至谋划诛杀刘秀的信件。可刘秀对此视而不见，不顾众臣反对，全部付之一炬。他不计前嫌，可化敌为友，壮大自己的力量，终成帝业。这把宽容之火，烧毁了嫌隙，也铸炼坚固的事业之基。

● 林肯总统对竞争对手以宽容著称，后来终于引起了议员的不满，议员说："你不应该试图和那些人交朋友，而应该消灭他们。"林肯微笑着回答："当他们变成我的朋友，难道不是正在消灭我的敌人吗？"林肯总统的话一语中的，多一些宽容，公开的对手或许就是我们潜在的朋友。

（宽容是一种挽救）

麦德卢是17世纪中叶意大利著名画家，他年轻时有相当长的一段时间，都只是在威尼斯的一家画廊里做仿造世界名画的画师。麦德卢虽然从小爱好作画，但是他努力了很久都没有取得什么进步，渐渐地也就失去了在艺术道路上继续走下去的耐心和勇气，于是他做起了仿造甚至是假冒各种世界名画的行当。相对来说，仿造显然来得更轻松一些。尽管那可能随时会被各地的著名画家告上法庭。

一天，麦德卢正在自己的画廊里仿造着一幅名叫《提水的妇女》的世界名画，这幅画是西班牙画家迭戈·委拉兹开斯在三年前画的。麦德卢觉得应该趁早仿造，只有这样，他才能得到更多收入。麦德卢对着印刷品仔细地画着，这时，从门外进来一位外国游客，站在麦德卢的身后静静地看着他作画。威尼斯是一座美丽的城市，有许多国外商人或游客会来这里，时常会有游客从街上走进来观看他画画，麦德卢对此早已司空见惯。"您需要买一幅画吗？"麦德卢问他。"不！如果可以的话，我希望能够看着你作画。"那位外国游客说道。当麦德卢把画中那位提水的妇女画出来以后，外国游客带着一丝失望的神色说："那一桶水是很重的，妇女的身体应该要更倾斜一些才对！如果想

▶ 第三部分　遵循沟通原则　建立和谐的人际关系

卖出更高的价钱，你必须要撕掉重新画！"麦德卢觉得那位外国游客说得有些道理，于是就撕了那张画纸重新画了起来。这一次，他把画中那位妇女的身体画弯了一些，但那外国游客似乎依旧觉得不满意，皱着眉头说："这位妇女站的房子里光线较暗，水的颜色应该更深一些才对！为了能卖更好的价钱，你必须要重新画！"麦德卢惊叹于这位外国游客观察和欣赏的能力，于是决定重新画。三个小时后，麦德卢完全按照这位外国游客的提议把这幅世界名画仿造了出来，简直达到了可以乱真的效果。"非常感谢你的意见，现在看起来这画果然很不错，它一定可以卖到一个好价钱。"麦德卢说。"是的，我也非常开心！这样既不会太糟蹋我的声誉又能为你带来很高的收益。"那位外国游客说。"你的声誉？"麦德卢不解地说，"很冒昧，但我不得不问一声，您是……？""迭戈·委拉兹开斯。"那位外国游客说。麦德卢万万没有想到眼前这位对画画异常挑剔的游客竟然是迭戈·委拉兹开斯本人，让他更意想不到的是迭戈·委拉兹开斯在说完后就要转身离开画廊，麦德卢有些诧异地问："你不打算到法院投诉我吗？"迭戈·委拉兹开斯笑笑说："生活是艺术的土壤，虽然你只是在仿造艺术，但我依旧不希望因为艺术而威胁到你的生活。"

迭戈对艺术的严谨入微和对他人的宽容大度让麦德卢羞愧不已。此后，他再也不仿造别人的画作，而把更多的精力用在了真正的艺术创作上，最终成为西班牙一位有名的画家。"是迭戈的宽容挽救了我！如果他选择让我受到法律的制裁，那我在艺术上就永远不会有什么成就。"多年后，麦德卢在自传里写下了这样一段话。

任务训练

（1）你曾经宽容过吗？说出你原谅过当事人的一件事。

（2）请以小组的方式进行讨论，每个小组讲述一个案例，根据案例中的场景，小组成员分别说出自己的解决办法。

任务七　预先取之　必先予之

任务提出：预先取之、必先予之。

任务目标：培养互利意识。

任务分析：

（1）互惠互利是人际交往的润滑剂。

（2）人际交往的本质是社会交换，正确对待物质、精神的交换。
（3）学会付出和奉献，不自私自利。
（4）掌握好付出和奉献的方法。

基础知识

互利原则

一、人际交往中的互利原则

互利原则指交往双方的互惠互利，是指人们在交往中互相考虑对方的价值和利益，满足对方的心理需求，使彼此都能从交往中得到精神的满足和相互的帮助。人际交往是一种双向行为，应遵循互惠互利的原则，正如古人所云："投之以桃，报之以李""将欲取之，必先予之""礼尚往来""来而不往非礼也"，只有交往的双方都能从交往中获得某种需要的满足，良好的人际关系才能建立和维系。互惠互利在这里不能简单地理解为等价交换或物质、经济上的相互给予，而首先应该理解为人际交往中的相互支持、相互帮助、相互爱护的根本原则。这里既有物质上的相互扶持，更有心理及情感上的相互慰藉和满足。所以要双方都受益，不仅是物质的，还有精神的。但人们经常说的"黄金有价情无价""千里送鹅毛，礼轻情义重""烽火连三月，家书抵万金"等，都是说良好人际关系的维系，重在情而不在物。

有这样一个故事：一个人不知道天堂与地狱的区别，于是他去求教上帝，上帝先带他去了地狱。他看到所有人都是面黄肌瘦，但面前都是美食，每个人手里都拿着一双长长的筷子，很多人都在努力往自己嘴里送，但太长了，自己永远都送不进嘴里。上帝又带他去了天堂，结果天堂里的人红光满面，欢声笑语，同样的一双筷子，自己送不到自己嘴里，但两个人可以相互喂食，其乐无穷。人际交往的一个基本原则和底线是互利，人与人之间需要交往，尽管每个人具体的交往动机各不相同，但基本的动机就是为了从交往对象那里满足自己的某些需求。人际交往总的互惠互利其实是合乎社会道德规范的。

小李是大一新生，刚刚踏入校门，对学校里的一切事情都是未知的，学校也是一个小小的社会，也存在着人与人之间的互利交往。小李很想加入学生会，但是不知道从何入手。无意中得知学生会主席是自己的老乡，于是小李就以老乡的名义和学生会主席结识，国庆回家主动帮他买了回家的车票，还把家里邮来的特产送给他。不久，他们就成了朋友。在竞选学生会时，小李得到了老乡的帮助，如愿以偿地加入学生会。出于受传统观念的影响，过去人们在交往中更愿意谈人情，而忌讳谈功利。事实上，人与人之间的交往需求是多层次的，可以粗略地分为两个基本层次：一个层次是以情感定向的人际交往，如亲情、友情、爱情；另一个层次是以功利定向的人际交往，也就是为实现某种功利目的而交往。在现实生活中，人们会自觉或是不自觉地将这两种情况交织在一起。有时候即使是功利目的的交往，也会使彼此产生感情的沟通和反应；有时候虽然是情感领域的交往，也会带来彼此物质利益上的互相帮助和支持。人际交往的最基本动机就在于希望从交往对象那里得到自己需求的满足。

二、人际交往中怎样遵循互利原则

鱼竿和鱼

从前，有两个饥饿的人得到了一位长者的恩赐：一根鱼竿和一篓鲜活硕大的鱼。其中，一个人要了一篓鱼，另一个人要了一根鱼竿，于是他们分道扬镳了。

得到鱼的人在原地用干柴搭起篝火煮起了鱼，他狼吞虎咽，还没有品出鲜鱼的肉香，转瞬间，连鱼带汤就被他吃了个精光。不久，他便饿死在空空的鱼篓旁。另一个人则提着鱼竿继续忍饥挨饿，一步步艰难地向海边走去。可当他已经看到不远处那片蔚蓝色的海洋时，他浑身的最后一点力气也使完了，只能眼巴巴地带着无尽的遗憾撒手人间。

又有两个饥饿的人，他们同样得到了长者恩赐的一根鱼竿和一篓鱼。只是他们并没有各奔东西，而是商定共同去找寻大海。他们每次只煮一条鱼，经过遥远的跋涉，来到了海边。从此，两人开始了以捕鱼为生的日子。几年后，他们盖起了房子，有了各自的家庭、子女，有了自己建造的渔船，过上了幸福安康的生活。

交往过程中，互利的前提是自己先做到付出和奉献。美国人际关系学专家W·F·吉格勒说过："你把自己最好的给予别人，就会从别人那里获得最好的。"当你拥有6个苹果的时候，千万不要把它们都吃掉。因为如果你把它们都吃掉，你也只吃到了6个苹果。如果把6个中的5个拿来给别人吃，表面上你失去了5个苹果，而实际上，你得到了其他5个人的好感。当别人有水果的时候，也一定会和你分享，你会从这个人手中得到一个橘子，从那个人手中得到一个梨，最后，你可以得到5种不同的水果，还有5个人的友谊。

在人际交往中，如果时时处处以自我为中心，只考虑对自己是否有利，只想索取，不想奉献，以占别人便宜为交往目的，或是奉行"用人时朝前，不用人时朝后"的实用主义态度，对己有用的人就巴结、交往，无用的人就排挤、抛弃，这是根本无法搞好人际关系的。人与人相处，就得将心比心、以心换心。作为上级、如果你想获得下属的忠心，就应该首先表示你的诚心。你真诚，下属才会忠诚；你关心员工，员工才会关心你、关心企业；你厚待员工，员工才会更努力地付出。同样，反过来，作为下属，要想获得领导的厚待，必须勤勤恳恳地工作。业绩突出，领导才会承认你、欣赏你；创造的价值大，领导给你的薪水才会高。

人际交往的本质是社会交换，你来我往，一来一往之间就形成了人际关系。但这种社会交换要以主动为主，先付出，后收获。孔子讲，君子要"己欲立而立人，己欲达而达人。"意思是说，你要实现一种欲望，就要先帮助别人实现；你要达到一个目标，就要先帮助别人达到他的目标。真正懂得交往之道的人，是在自己能力范围之内尽量给予的。如果你的付出比得到的多，最终，你得到的必定会比付出的多。在你诚恳地助人时，也一定会助己，这就是生活给你的美好补偿。有时候，突然对别人的一个小小的帮助或者恩惠，可能会帮了自己的大忙。那么，如何去付出呢？

1. 站在对方立场

如果两人都很自私，只知道为自己着想，希望对方多为自己付出，那么这种关系也不会维持多长时间，必然会矛盾四起。我们可以回忆一下与你关系最好的朋友发生的每一次争吵，是不是都是你由于缺少善解人意而造成的？你认为你最清楚某件事情的过程，而对方却另有见解，虽然你努力让步，可他却试图迫使你赞同他的思路。长此以往，双方的关系势必恶化。

李倩和玲玲相识多年，然而对对方的所思所想却缺乏深入的了解，只了解一些表面上的情况，就是因为她们都没有试着去聆听和了解对方。在李倩生日那天，玲玲想表示一下心意，却不知道对方究竟喜欢什么，便买了一般女孩子钟爱的娃娃熊。李倩收到礼物后，不仅高兴不起来，相反感到很遗憾：对方与自己相识多年，竟不知自己平时根本不喜欢毛绒玩具，但碍于情面只好接受了。交往，贵在能站在对方的立场上。如果一味地只想自己，而不顾对方的感受，那么，双方的交往还有什么意义呢？又如何能维持长久呢？

2. 主动关心别人

人们总是可以敏感地觉察到自己的苦处，却对别人的痛处缺乏了解。你遇见的每一个人都在挣扎，每个人都是寂寞的。俗话说，"懂得关怀的人，拥有朋友；懂得付出的人，拥有爱情。"别人灰心的时候，你鼓励他一句话，对方就有绝处逢生的感觉；别人失望的时候，你赞美他一句话，他就会觉得人生可爱多了。

▶ 第三部分　遵循沟通原则　建立和谐的人际关系

　　塞斯顿被认为是魔术家中的魔术家，他前后周游世界共40年，一再创造出各种幻想，令观众如痴如醉、惊奇不已，总共有超过6 000万的人掏钱观看他的表演，而他也得到了大约200万美元的收入。塞斯顿之所以如此受到欢迎，获得这么大的成功，是因为他的魔术知识高人一筹吗？他本人说不是。他说关于魔术的书已经有几百种之多，而且有几十个人知道的魔术同他一样多，但他有两点是其他人望尘莫及的。首先是表演天才，了解人类的天性，他的每个手势、每种声调、每一次提起眼眉，都是提前演习好了的，而他的每一个动作也都配合得不差分秒。另外一点也是最关键之处，就是塞斯顿真心关心观众的感受，能够为观众付出所有的热情。每次上台时，他都会对自己说："感谢这些人看我的表演，是他们使我过上了舒服的生活。我一定要尽力为他们演出最好的节目。"就这样，塞斯顿用关心赢得了观众们的喜爱。

　　人们大都费尽心机想博得别人的关心与认可，却忽略了对别人的关心与认可，结果也没得到别人的关心。因为人与人之间的关系是相互的。所以大学生如果想培养真正的友谊，学会交往，那么就要从改变自身开始，真诚地关心别人。

　　3. 勇于付出

　　在交往中，千万不要吝啬付出。那些心胸狭窄的人，唯恐在交往中吃亏，甚至总期待占到一点便宜，这样的人往往是交不到朋友的。为朋友付出是一种明智的、积极的交往方式，在这种交往方式中，由付出所带来的收获，其价值远远超过了所做的付出。

　　汉德先生本人既没学历，也没金钱，更没有人事背景，但是他却能成为一个成功的企业家。他到底是靠什么成功的呢？是靠朋友们的帮助。事实上，以前的他是一个孤独的人，由于他一无所有，别人都不想理他，不愿与他往来。汉德在忍耐寂寞人生的同时也在努力奋斗着，渐渐地他学会了与人的交往之道，并付诸实践。他对所有的朋友都十分地重视，他对周围人的重视甚至超过了别人的需求。只要你说要去他那里玩，他都会万分地欢迎你去，希望你能住几天。背地里，无论是多么的拮据，内心多么的苦恼，他都好像随时在等你的来临，竭诚地来接待你，甚至在你回去的时候，还要你带些小礼物、土产之类的东西。无论是多么忙碌，汉德都不会表现出你的来访所带来的忙碌对他会是一种麻烦和困扰。朋友问他何以如此，他说："像我这样一无所有的人，如果要与别人来往，就不能不令对方感到和我来往会得到某些方面的愉快与益处。"

　　"勇于为朋友付出"，这就是汉德赢得朋友、取得成功的秘诀。相反，如果你只盘算着如何从别人那里获取什么、得到什么，那么你将无法交到朋友。

没有人愿意同一个自私自利的人交往、做朋友。

出身名门的富家子弟福特，想成功地做出某些事情来。但是，当他与别人来往时，他首先考虑的是这个人对自己有什么利用的价值。也许与这个人交往，以后向银行贷款时，会比较容易；也许与这个人做朋友，他会教给自己致富之道；也许这个人会将土地廉价出售给我；也许这个人会将办公室借给我。他就是如此这般地对周围人怀着期待之心，想办法使与自己接触的人，都能带给自己某些利益。结果，他交不到朋友，更得不到别人的帮助。

汉德和福特与人交往时的态度南辕北辙，完全不同，结果也完全不同。汉德是勇于付出，结果得到了很大的回报。福特是一心索取，结果什么也得不到。

人们往往希望所做出的交换对于自己来说是值得的，希望交换的结果是得大于失或至少等于失。对自己认为值得的，或者失大于得的人际关系，人们就倾向于逃避、疏远或中止。因此，人们都乐于结交能够为朋友付出的人，而不去结交想占别人便宜的人。

我们为对方所做的付出，会形成一种存储而不会消失，必将以某种我们常常意想不到的方式回报给我们。我们在赢得别人尊重的同时，会得到意想不到的收获。

4. 懂得感恩

懂得感恩的人是天底下最富有的人。感恩是一种处世哲学，是一种大智慧。在人际交往中，无论是朋友还是陌生人之间的帮忙，都是一种恩惠。常怀有感恩之心，常有感激之情，是一种健康的心理状态，是健康人格的表现，是一种美德。人活在世上，要学会感恩，感恩父母，感恩身边的人，感谢老师，感谢朋友，感谢社会，感谢国家。

优秀的关系网络是双向的。如果你仅仅是个接受者，无论什么网都会疏远你。有付出，才有回报。来而不往，非礼也。如果总是别人付出，你却没有任何回报，这种人际关系是不健康的，这种关系也早晚会断裂。上司或长辈请客时，一句"谢谢"，往往能使对方另眼相看。有句话说，请客吃饭是相互的，如果每次都是别人买单，而你从不请客，那么很快就不会再有人请你吃饭。不会大方就学大方一点。如果大方真的会让你很心疼，那就装大方一点。

任务训练

（1）读故事，讲道理。

有一个人在沙漠行走了两天。途中遇到暴风沙。一阵狂沙吹过之后，他已认不得正确的方向。正当快撑不住时，突然，他发现了一幢废弃的小屋。

他拖着疲惫的身子走进了屋内。这是一间不通风的小屋子，里面堆了一些枯朽的木材。他几近绝望地走到屋角，却意外地发现了一座抽水机。

他兴奋地上前汲水，却任凭他怎么抽，也抽不出半滴来。他颓然坐地，却看见抽水机旁，有一个用软木塞堵住瓶口的小瓶子，瓶上贴了一张泛黄的纸条，纸条上写着："你必须用水灌入抽水机才能引水！不要忘了，在你离开前，请再将水装满！"他拔开瓶塞，发现瓶子里果然装满了水！

他的内心，此时开始交战着。如果自私点，只要将瓶子里的喝掉，他就不会渴死，就能活着走出这间屋子！如果照纸条做，把瓶子里唯一的水，倒入抽水机内，万一水一去不回，他就会渴死在这地方了。到底要不要冒险？最后，他决定把瓶子里唯一的水，全部灌入看起来破旧不堪的抽水机里，以颤抖的手汲水，水真的大量涌了出来！他将水喝足后，把瓶子装满水，用软木塞封好，然后在原来那张纸条后面，再加他自己的话："相信我，真的有用。"在取得之前，要先学会付出。

（2）每名同学讲述一件让你感恩的事情，可以是大事也可以是小事。先讲述的同学要把后讲述的同学的故事记下来，依次做下去。故事讲述结束后，每一名同学要实事求是地回答，你是否对前一名同学的所描述的事情有过感恩的心理或行动。

任务八　诚实待人　守信做人

任务提出：诚实待人、守信做人。

任务目标：培养诚信意识。

任务分析：

（1）真诚相待是用心与人交往的基础。

（2）以心换心，才能相互理解、相互接纳、相互信任。

（3）不轻易承诺，慎诺、重诺、践诺。

（4）学会感恩，感恩父母和老师，感恩朋友和社会。

基础知识

信用原则

一、人际交往中的信用原则

交往离不开信用。信用指一个人诚实不欺、信守诺言。大教育家孔子说过："人而无信，不知其可也。"孔子提倡仁义礼智信，把"信"提到人际伦理的原则高度。古代思想家孟子将"朋友有信"作为处理朋友关系的基本规范，把诚信看作维持朋友间的友谊、增进朋友间的感情、密切朋友间的交往的桥梁和纽带。大仲马说当信用消失的时候，肉体就没有灵魂。可见，慎诺、重诺、践诺，从古至今都是许多人毕生遵循的行为规范。

失信丧生

《郁离子》中记载了一个因失信而丧生的故事。济阳有个商人过河时船沉了，他抓住一根大麻杆大声呼救。有个渔夫闻声而至。商人急忙喊："我是济阳最大的富翁，你若能救我，给你100两金子。"待被救上岸后，商人却翻脸不认账了。他只给了渔夫10两金子。渔夫责怪他不守信，出尔反尔。富翁说："你一个打鱼的，一生都挣不了几个钱，突然得了十两金子还不满足吗？"渔夫只得怏怏而去。不料想后来那富翁又一次在原地翻船了。有人欲救，那个曾被他骗过的渔夫说："他就是那个说话不算数的人！"于是商人淹死了。

学生在大学期间开始独立生活、独立处事，如果对信用没有足够的重视，很容易被误导，同时因为涉世不深，生活经历和阅历较浅，不能真正体验到道德素质对一个人的生存所发挥的重大作用。当代社会讲求以诚信为本的原则，将诚信视为立足社会不可或缺的"无形资本"。

有一个关于诚信的寓言故事：曾经有一个国王，即将离开人世，但由于膝下无子，他便想从他的国度中选出一个有诚信的孩子来继承王位。于是他发给全国的孩子每人一颗花种，谁能种出最漂亮的花，谁就能够继承他的王位。过了段时间，大部分孩子都种出了美丽的花朵，但是有一个孩子不管他怎样浇水施肥，种子都没有任何反应。他很沮丧，但没有放弃。到了国王要选出最漂亮的花的那一天，别的孩子都捧着一盆盆的鲜花，而他的花盆里只有埋藏着种子的泥土。但结果是当国王走到他面前时，很高兴并抱着他对众人宣布，他就是未来王位的继承人。原因很简单，国王发给每个孩子的种子都是煮熟的，当然种不出花来。

从这里可以看出诚信的重要意义。当然我们做到诚信的目的并不全在于此，诚信应该成为我们一个良好习惯。大学生只有做到讲诚信、讲道理，言必行、行必果，诚信做事，诚实做人，言行一致，表里如一，才能够不断提高自己的素质，实现全面发展。进入社会后，如果缺失诚信也难以在社会上立足。有个留德高才生，在应聘中屡屡碰壁，于是他问招聘人员，他那么优秀，为什么不用他。招聘人员拿着他的档案说："这里面有你三次的逃票被抓记录，你不够诚实，所以我们不会录用你。"在以后的多次应聘中他依旧无功而返。

二、人际交往中怎样遵循信用原则

做到讲信用，首先要做到诚实，在与人交往中则体现为真诚。真诚是友好交往的基础，也是人际交往得以延续和深化的保证。真诚，就是真实、诚恳，没有虚假。处事者最根本的一条，就是要培养一颗真诚的心。只有彼此以心换心，才能相互理解、相互接纳、相互信任，所谓"精诚所至，金石为开"，就是用真诚去打开人际交往的心灵之门。

真诚待人者必被人待以真诚。用真诚与人交往，就可以充分认识、发觉别人的长处，不会计较别人的短处和不足，就能以公平的心去评价和判断失误，有助于自己的发展和完善。把真诚赠之予人，自己什么也没有失去，反而会得到别人的真诚。

真诚固然很好，固然必需，但是培养起来却十分不容易。人常常被各种利益关系和情感左右，这是人性的弱点之一，克服起来非常困难。要培养真诚，就要从日常的生活中做起，时时事事检点是否感情用事，是否本位主义，是否具有理性，经常反省自己的言行，不断培养和提高。

在与人交往沟通中，人们还容易犯一个错误，就是希望他人真诚可信，但却常常忽视自己的真诚。例如，有的大学生交朋友，常常要求朋友对自己坦诚相待，袒露心扉，否则就认为朋友不真诚，但是，自己却从未向朋友打开过心灵之门。这样的交往关系，永远难以深入。又比如那种"逢人便说三分好，未可全抛一片心"的交往，必然侵蚀健康的交往关系。

当然，真诚不等于头脑简单、轻率从事、盲目冲动，真诚本身就是要求我们细致、谨慎、理智地去进行人际交往。

真诚是做人的根本。那些取得巨大成功的人都有很多共同的特点，其中之一就是为人真诚。如果你是一个真诚的人，人们就会了解你、相信你，无论在什么情况下，人们都知道你说的是实话，都乐于同你接近，因此你也容易获得好人缘。

以诚待人，能够在人与人之间架起一座信任的桥梁，通往对方心灵的彼岸，从而消除猜疑、戒备心理。我们在工作和生活中对待他人应充满真诚。一个真诚的心声，才能唤起许多真诚人的共鸣。

诚实是立业之本

大学毕业前夕，小王去人才市场找工作。一家服装公司的市场推广部要招四名市场调研员。基本要求是：文笔好，口才好，能吃苦耐劳，还要有两年以上的工作经验。大学四年，小王做了三年校报主编，文章发了百余篇，文笔没有问题；口才也一向不错；吃苦耐劳，这是农家孩子的本色。唯独缺少的就是工作经验。小王很喜欢这个工作，不想就这么放弃了。于是他填好了一张表格交了上去。

笔试、面试小王都顺利过关了。最后一关是实践测试，公司给每人发十份调查表，给出三天的时间去搞市场调查。领到厚厚的一摞调查表，每个人心里都很清楚，三天之内，谁完成的调查表又多又好，谁就能得到这个职位。

但等真正调查起来后才发现，这实在不是一件容易的事。调查表的内容设计得非常详细，细到让人不耐烦的地步，一些数据还涉及几年前的销售情况。被调查的销售部一翻那份厚达七八页的调查表，就直皱眉头，大都以"实在忙""最近没空"予以婉拒。小王辛辛苦苦跑了三天，也只做了两份调查表。剩下一天，他跑得更卖力气了。

有一家服装商厦，他连跑了三趟，留在那里的调查表还是空白一片。那位女经理听说他的调查是为了求职考试，就好心地对他说："小伙子，我现在实在没时间。我给你把调查表盖好章，数据你回去自己填，反正也没人知道，怎么样？"

小王一想，这倒是一个好办法：大部分的单位，求其盖个章还是很容易的。至于数据，照着那份填好的调查表，改动一下就是了。可是这样一来，公司搞这次调查就毫无意义，调查表也就失去了参考价值。考虑再三，他最终还是谢绝了那位女经理的好意。

期限到了，小王垂头丧气地拿着三份调查表去交差。看来，这份工作是没有希望了，想着自己前面的努力都将前功尽弃，小王非常伤心。

出人意料的是，一周后，那家公司打电话来通知小王，他被正式录用了。

一个人要得到社会的承认，首要条件就是诚实待人守信做人，容不得半点欺骗和虚假。谦虚、诚实、上进等特质，有时候比良好的技能及学历都重要！记住：诚信是智慧的最好表现。

辽宁某师范大学女生小平在获悉自己被用人单位录用后，高兴之余马上又忐忑不安起来，因为在应聘过程中，没有过英语四级的她对用人单位说自己早就取得了英语四级证书。经过一番思想斗争后，小平勇敢地向用人单位坦白了自己的作假行为，令她意想不到的是，单位不仅没有跟她解除协议，领导还表扬了她这种诚实的做法。

当前部分大学生在找工作的过程中，抱着侥幸心理在简历上弄虚作假，或者面试时强不知以为知，来提高自身正面形象，以博得用人单位的青睐。有的伪造各种荣誉证书、技术等级证明等，有的甚至给自己的学历凭空拔高一个层次。这种不诚信的行为大大损害了大学毕业生的形象，客观上也对用

▶ 第三部分　遵循沟通原则　建立和谐的人际关系

人单位对诚信这种品质更加可求。

　　大学生应聘求职时，要谨记"诚信为贵"，不要强不知以为知，一个出色的员工首先必须是一个诚实的人。作假也许能蒙蔽一时，但时间长了，真实情况总会暴露出来，如果做人不诚实，吃亏的终究还是自己。

　　其次，我们要将诚信付诸行动。轻诺则寡信，我们承诺的前提是我们有能力去实现诺言，当我们不能完成别人的委托时，我们要说"不"，而不是虚伪地吹牛。而且说"不"后，不要有自责感，没有人是万能的，你不能做所有的事情，当然做出承诺后就该努力完成，用自己的行动告诉别人你是一个守信的人，一个值得信任的人。拿破仑曾经说过："我从不轻易承诺，因为承诺会变成不可自拔的错误。"这句话非常有道理。与人交往，免不了会有互相帮助的时候，这是正常的。但在接受别人的委托之前，一定要问清楚、考虑清楚，把自己的能力与事情的难易程度以及客观条件是否具备结合起来统筹考虑，然后再做决定。不要不假思索地满口应承，要看这件事是不是在自己的能力范围之内。如果这件事自己能办得到、办得好，就可以做，如果不能就尽量不要应承下来。

　　乐于助人、为别人帮忙办事是好的，但是对于有些难办的事不要勉强答应。搪塞性的应承，可能会对自己产生不利。如果为了一时的情面接受自己根本无法做到或无法做好的事情，一旦失败了，别人就不会考虑到你当初的热忱，只会以这次失败的结果来评价你。

　　一些关系不错的朋友托你办事时，不要不加分析地全盘接受。因为有很多事情并不是你想办就能办到的，有时受各种条件、能力的限制，一些事是很可能办不成的。因此当朋友提出托你办事的要求时，你首先得考虑，如果办不成，干脆就直接拒绝。随便夸下海口或碍于情面都是有害无益的。如果实在拒绝不了，还可以找个借口拖上一拖。比如"让我想想看""现在忙""过一段时间再说吧"，等等。然后，慢慢地把这件事淡化。总之，办事要看能力，要量体裁衣，自己感觉难以做到的事，要勇敢地鼓起勇气，说声"对不起"或者"实在抱歉，水平有限"等之类的话，免得日后赔了夫人又折兵，得不偿失。

任务训练

（1）真诚训练法。

真诚通过举止流露出来，才能让人更迅速地感知，并对你产生良好的印象，为以后的成功交往添加砝码。

①在与人第一次见面过后,就可以随时叫出对方的名字,被人记住名字的人会觉得你很亲切、热情。

②在与人交谈时要直视对方的眼睛,不要左顾右盼,给人不可信任的感觉,或者甚至觉得你说的话是谎话。

③经常说"就按您说的办",使对方感觉到你的诚意。

④掌握好言语信息,在语音、语调、语速、语气上表达出关心和重视对方的情感和态度。表达看法、建议和要求时,语速要尽量慢一些,容易给人留下诚实的印象。

⑤多用这样的语言:"我觉得……""我想您最好……""我的看法是这样的……""你看行不行"。

⑥遇到有争议的时候,要多照顾对方的感受,委婉地指出对方的错误,维护对方的自尊心。

⑦要常问"我能帮你做点什么",养成主动与人交往的习惯。

⑧善于称赞别人的每一个进步。

(2)每名同学讲述一件自己诚实讲信用的事情,可以是大事也可以是小事,先讲述的同学要把后讲述的同学的故事记下来,依次做下去。故事讲述结束后,每一名同学要对前一名同学的所描述的事情进行评价。

第四部分

掌握沟通技巧 提升人际交往的能力

学习目标

【知识目标】

(1) 认识沟通技巧的重要性。

(2) 掌握基本的沟通技巧。

【能力目标】

(1) 改掉不良的沟通习惯。

(2) 在日常交际中综合运用各种沟通技巧。

【情感目标】

(1) 激发学生的学习兴趣，调动学生的学习积极性，提高学生的交际能力。

(2) 提升交际魅力，营造良好的人际关系。

任务九 学会倾听 架起沟通的桥梁

任务提出：学会倾听。

任务目标：灵活运用倾听的技巧，在人际交往中善于倾听。

任务分析：

(1) 倾听让沟通更顺畅，改善人际关系。

(2) 纠正倾听中的不良习惯，掌握倾听的技巧。

(3) 灵活运用倾听技巧，善于倾听。

基础知识

学会倾听

古希腊先哲苏格拉底说过:"上天赐人以两耳两目,但只有一口,欲使其多闻多见而少言。"寥寥数语,形象而深刻地说明了"听"的重要性。良好的沟通必然是从心与心的对话开始的,而心与心的对话又是从真诚的倾听开始的。倾听是沟通的桥梁。在与人沟通的过程中,听比说更重要。

一、倾听中的不良习惯

对别人述说自己,这是一种天性;认真对待别人向你叙说他自己的事,这是一种教养。善于倾听是沟通中的可贵品质,有利于人们建立良好的人际关系。而现实生活中,很多人却认识不到倾听的重要,与人沟通中不喜欢倾听,不注意倾听,不会倾听。久而久之,会成为不受欢迎的人,身边的亲人、朋友、同学、同事越来越不喜欢和他交往。为了学会倾听,我们先来了解一下生活中有哪些不善于倾听的现象。

1. 唱独角戏

在日常交往中常常会遇到这样一些人,他们总是口若悬河、滔滔不绝地讲述自己感兴趣的事情,全然不顾对方的感受。对方简直是在听一个不感兴趣的讲座,丝毫插不上话。或者即使好不容易插上一句,也完全被对方无视,人家依然不折不扣地按照自己的思路侃侃而谈。搞得你听也不是,走又无礼,真是无奈。这就是人际沟通中的一个人"唱独角戏"的现象。

人际沟通是个人之间在共同活动中彼此交流思想、感情和知识等信息的过程。沟通是双方的交流,你说我听,我说你听,这才能够形成交流的态势。"唱独角戏"的情况实际上不是沟通,因为那不是在对话,只是他一个人在"唱"。对方可能会因此产生被轻视的想法,或者认为他是个狂妄自大的人,因而不喜欢与他交往,甚至决定以后不再与他交往。所以,一个善于沟通的人,首先一定是个好听众。在人际交往中,只会说不会听的人是不受欢迎的。

2. 打断别人的话

培根曾经说过:"打断别人,乱插话的人,甚至比发言冗长者更令人生厌。"生活中有这样一种人,每当别人说话时,他们总是要不断地打断别人,然后开始自己的长篇大论。大家在一起相互交流,适时表达自己的观点本无可厚非,但不等别人把话说完,就急着表明自己的观点,随意打断别人的讲

▶ 第四部分　掌握沟通技巧　提升人际交往的能力

话，或干脆置别人的讲话于不顾，另说自己感兴趣的话题，这样做不仅不礼貌，也会干扰别人的思路和情绪，给别人带来不快，甚至产生不必要的误会。

插话的后果

有一个老板正与几个客户谈生意，谈得差不多的时候，老板的一位朋友来了。这位朋友进来就说："哇，我刚才在大街上看了一个大热闹……"接着就说开了。老板示意他不要说，而他却说得津津有味。客户见谈生意的话题被打乱，就对老板说："你先跟你的朋友谈吧，我们改天再来。"客户说完就走了。老板的这位朋友乱插话，搅了老板的一笔大生意，让老板很是恼火。

3. 没听完就想当然地做出判断

很多人都听过这个故事：

美国著名的电视节目主持人林克莱特，在一档访谈节目中问现场的一位小朋友："你长大后想当什么呀？"

小朋友天真地回答："我要当飞机驾驶员！"

林克莱特接着问："如果有一天，你的飞机飞到太平洋上空后，所有引擎都熄火了，你会怎么办？"

小朋友想了想回答："我会先告诉飞机上的人绑好安全带，然后我系上降落伞跳出去。"

当现场的观众都笑得东倒西歪的时候，林克莱特继续注视着这孩子的眼神。

这时，两行委屈的热泪从小朋友的眼里夺眶而出。于是林克莱特问他："为什么要这么做？"

"我要去拿燃料，我还要回来！我还要回来！"

此时现场哪些刚才还笑得东倒西歪的观众会有怎样的感受呢？大多数观众听到一半，就想当然地以为自己已经知道孩子的想法了，其实是误解了天真而真挚的小朋友。而林克莱特在事件中表现出了一个著名主持人善于倾听的优良品质和个人修养。

其实我们中的许多人，都曾经犯下这样的错误，在对方还没来得及讲完事情的缘由之前，就按自己的经验对对方的想法做出判断，进而大加评论，甚至是批评和指责，过早地做出想当然的结论。久而久之，下属懒得与领导反馈信息，学生懒得与老师交流，子女懒得与父母说话。沟通障碍就这样出现了，其原因就是我们没听完对方的话就想当然地做出判断，而且常常是错误的判断，经常误解别人的想法。因此，在听别人诉说、解释的时候，倾听者应该经常扪心自问，我听懂了他说的话了吗？我让他把话说完了吗？

95

大学生人际关系与沟通能力培养

【妈妈的感动】 一位母亲问她五岁的儿子："如果妈妈和你一起出去玩，我们渴了，又没带水，而你的小书包里恰巧有两个苹果，你会怎么做呢？"儿子歪着脑袋想了一会儿，说："我会把两个苹果都咬一口。"可想而知，那位母亲有多么的失望。但她没有训斥儿子，而是摸摸儿子的小脸，温柔地问："能告诉妈妈，你为什么要这样做吗？"儿子眨眨眼睛，一脸童真地说："因为我想把最甜的一个给妈妈。"霎时，母亲的眼里充满了泪花……

二、沟通中倾听的作用

提高沟通能力，首先要提高理解别人的能力。而了解是理解的基础，了解别人的主要手段之一就是倾听。要做到有效沟通，倾听他人意见、需求或看法具有十分重要的作用。

1. 倾听是一种关注

在人际交往中，每个人都希望被别人关注。如果别人忽视你的存在，对你的爱好、经历不感兴趣，你自然不会想和他交往。学会关注别人，才会成为人际交往中受欢迎的人。而倾听就是一种对他人的关注。

【受欢迎的秘诀】 韦恩是罗宾见到的最受欢迎的人士之一。他总能受到邀请。经常有人请他参加聚会、共进午餐、打高尔夫球或网球、担任基瓦尼斯国际或扶轮国际的客座发言人。

一天晚上，罗宾碰巧到一个朋友家参加一次小型社交活动。他发现韦恩和一个漂亮女孩坐在一个角落里。出于好奇，罗宾远远地注意了一段时间。罗宾发现那位年轻女士一直在说，而韦恩好像一句话也没说。他只是有时笑一笑，点一点头，仅此而已。几小时后，他们起身，谢过男女主人，走了。

第二天，罗宾见到韦恩时禁不住问道："昨天晚上我在斯旺森家看见你和最迷人的女孩在一起。她好像完全被你吸引住了。你怎么抓住她的注意力的？"

"很简单。"韦恩说，"斯旺森太太把乔安介绍给我，我只对她说：'你的皮肤晒得真漂亮，在冬季也这么漂亮，是怎么做的？你去哪了？阿卡普尔科还是夏威夷？'"

"夏威夷。"她说，"夏威夷永远都风景如画。"

"你能把一切都告诉我吗？"我说。

"当然。"她回答。我们就找了个安静的角落，接下去的两个小时她一直在谈夏威夷。

▶ 第四部分　掌握沟通技巧　提升人际交往的能力

"今天早晨乔安打电话给我，说她很喜欢我陪她。她说很想再见到我，因为我是最有意思的谈伴。但说实话，我整个晚上没说几句话。"

看出韦恩受欢迎的秘诀了吗？很简单，韦恩只是让乔安谈自己。他对每个人都这样——对他人说："请告诉我这一切。"这足以让一般人激动好几个小时。人们喜欢韦恩就因为他注意他们。

2. 倾听是一种尊重

人与人之间的交流，必须建立在真诚与尊重的基础上。学会尊重别人，才会成为交往中受人欢迎的人。在沟通中，一味要求别人聆听自己滔滔不绝的讲述，对他人的话题却漠不关心，不理不睬，甚至不屑一顾，会让对方感到不愉快，觉得自尊心受损，因而失去与你沟通的愿望和交往的兴趣。倾听就是一种对他人的尊重。

他为什么失败？

乔伊·吉拉德刚开始做汽车推销员时，有一次向顾客推荐一种新型汽车。在他的反复推荐下，眼看就要成交，但对方却突然决定不买了。

这位顾客为什么突然变卦了呢？吉拉德百思不得其解。深夜，辗转反侧的他终于忍不住给那位顾客拨了电话，向对方请教为什么他的推销没有成功。

"很抱歉！我知道是晚上 11 点钟了，但我检讨了一整天还是想不出自己错在哪里，因此冒昧地打电话向您请教。"

"真的？你想听吗？"

"我想听。"

"可是，今天下午你并没有用心听我说话。就在签字之前，我提到我的儿子即将进入密歇根大学就读，我还跟你说到我儿子的运动成绩和将来的抱负，我以我儿子为荣。可你根本没听我说这些话！"

听得出来，对方对吉拉德很不满意。事实上，吉拉德当时确实没有注意听。对方继续说："你只顾推销自己汽车，根本不在乎我说什么，我不愿意从一个不尊重我的人手里买东西！"吉拉德终于恍然大悟。就因为没有注意听对方的谈话，所以丢失了一笔生意。他从此引以为戒，外出推销不仅带上自己的"嘴巴"，更带上自己的"耳朵"。经过几年的努力，最终成为美国排名第一的汽车推销员，有一年竟推销出 1425 辆汽车。

他引用日本"推销之神"原一平的话说："懂得倾听对方的谈话，尊重对方的兴趣，你就成功了一半。"

3. 倾听是一种分担

当一个人处于工作矛盾、家庭矛盾或邻里矛盾之中时，需要有人了解他

97

痛苦的缘由和失意原因，理解他内心的苦处，表示出怜悯同情之心，淡化他的悲伤，化解他的痛苦。我们要通过倾听，帮助他分析矛盾的症结，为其分忧解难。有时，倾听是一种默默的支持与力量。当人们遇到不如意的事的时候，只想找个人一吐为快。只要你献上一些耐心和爱心，只要你不对他的唠叨厌烦，不对他的啜泣反感，就可以让他减除压力、理清思绪。我们的倾听，在别人不如意时往往会起到意想不到的缓解作用。

值得感谢的朋友

美国南北战争中，北方曾经陷入困难的境地。当时身为美国总统的林肯，面对着来自各方的压力。他把他的一位老朋友请到白宫，让他倾听自己的问题。

林肯和这位老朋友谈了好几个小时。他谈到了发表一篇解放黑奴宣言是否可行的问题。林肯一一阐述了这一行动的可行和不可行的理由，然后把一些信和报纸上的文章念出来。有些人责怪他不解放黑奴，有些人则因怕他解放黑奴而谩骂他。

在谈了数小时后，林肯跟这位老朋友握握手，甚至没问他的看法，就把他送走了。

林肯后来回忆：当我一个人说个不停时，我的思路似乎渐渐清晰起来。在说过这些话后，我似乎觉得心情舒畅多了，我非常感谢我的老朋友，在我遇到巨大麻烦的时候，不是需要别人给我忠告，而只是需要一位友善的、具有同情心的倾听者，来减缓我心理上的巨大压力，使我摆脱思想上的极度苦闷。我将永远感谢他、怀念他！

倾听是一种分担。当伤心的朋友找你倾诉时，千万不要拒绝，因为他正需要你。人们都说：一份快乐，两个人分享，会变成两份快乐；一份痛苦，两个人分担，就会减轻痛苦。其实，分担朋友的痛苦，减轻朋友的压力，又何尝不是一种交友的快乐呢。

三、用心倾听的技巧

真正的倾听不是简单地用耳朵去听，而是让对方感受到你在用心倾听。想要构建良好的人际关系，做人际沟通中的强者，就必须掌握用心倾听的技巧。

1. 保持良好的精神状态

精神状态很大程度上决定了一件事的成败。倾听时，如果倾听者萎靡不振，就会使沟通的质量大打折扣。倾听者良好的精神状态向倾诉者传递的是一种无声的支持和鼓励。因此在倾听的过程当中，我们必须时刻保持大脑清醒，保持一种积极兴奋的状态。倾听者良好的精神状态表现为：眼神的交流，表情的变化、语言的呼应，点头、记录等动作的配合等。

> 最好的谈话专家

美国最有影响力的人生导师卡耐基，一次到一个著名植物学家那里做客。整个晚上，植物学家都津津有味地给卡耐基讲各种千奇百怪的植物。而卡耐基听得津津有味，目不转睛，像个特别喜欢听故事的孩子，中间只是偶尔忍不住问一两句。

没想到，半夜离开时，植物学家紧握着卡耐基的手，兴奋地对他说："你是我遇到的最好的谈话专家。"

2. 及时用动作和表情给予回应

作为一名倾听者，听别人诉说时，不能不动声色、无动于衷。因为那样会被看成是敷衍了事。在沟通的过程中，我们要注意经常用动作或表情给予赞同的回应，让对方感到被尊重。比如点头、微笑，看着对方的眼睛，眼神中流露出赞许、同情、认可等积极的神情，身体稍微前倾，神情专注等。适当的表情和动作是对被倾听者的呼应，能够体现倾听者的良好素养。

不良的倾听行为和良好的倾听行为的外在表现见表9-1。

表9-1 不良的倾听行为和良好的倾听行为的外在表现

不良的倾听行为表现	良好的倾听行为表现
眼神：看别的地方；目光呆滞，无神；东张西望 表情：严肃、冷漠、皱眉；流露出怀疑、不耐烦、瞧不起等不良情绪；过度的情绪反应 动作：身体背向说话者；双手交叉放在胸前；坐在椅子上身体后仰；转笔；伸懒腰；做其他事情 言语：打断别人的话；装腔作势；声音太大或太小；窃窃私语；不给予回应	眼神：保持适当的目光接触 表情：轻松自然；神情专注；适当地微笑，肯定地点头；配合说话内容，表情适当变化 动作：身体面向说话者；不做其他事情；身体略微前倾。 言语：少说，等别人讲完再说；适当的语调；适当的音量

3. 适时适度的提问

提问是倾听过程当中的一个重要环节，是通过一些简短的插话和提问，暗示对方你确实对他的话感兴趣，或启发对方，以引出你感兴趣的话题。

提问的方式通常有两种：一是封闭式提问；二是开放式提问。封闭式提问的特征是以"是不是""对不对""有没有""行不行""要不要"等词语发问，让来对方对有关问题作"是"或"否"、"对"或"错"、"有"或"无"、"行"或"不行"的简短回答。开放式提问的特征是以"什么""怎样""为什么"等词语发问，引出对方对某些问题、思想、情感等的详细说明。倾听者

99

可以根据倾听时的具体情况灵活采用不同的提问方式，也可以把两种提问方式结合起来。

如果想鼓励对方说下去，就要注意提问题的方式。查户口式的一问一答只能窒息友善的空气。比如，一位北京客人刚到沈阳，你若这样问："你是北京人吧？""你刚到沈阳吧？""北京比沈阳暖和吧？"，对方恐怕只能一次又一次地重复"是"。这不能怪客人不健谈，而是这种笨拙的发问也至多能回答到这个程度。如果你换一个问法："对沈阳有什么印象？""北京现在建设得怎么样？有什么新闻？"等，这样提问，对方就可以敞开谈论自己的感受，或介绍一些你所不了解的新鲜事，谈话的气氛就会自然融洽了。

在倾听的过程中，如果我们需要了解事情的真相或对方的真实想法，可以尽量提出一些宽泛的问题鼓励对方说下去。比如，"发生了什么事？"或者"你现在打算怎么办呢？"尽量晚一些提"为什么"之类的找原因的问题。因为这样的问题会引起他人的自我防御，让对方把自己包裹起来并想尽办法为自己的行为找出一些辩护的理由，对沟通是不利的。

你怎样应答？

如果你发现自己处于以下几种问题之中，三种回应中你认为哪种最恰当：

（1）认识的一个小孩割破了手指，并开始大哭。

a．"这并不是什么大的伤口。"
b．"别哭了！没那么疼的。"
c．"你的手指真的很疼啊？"

（2）一位亲密的朋友对你说："老板说我工作速度太慢，如果我不改进的话就要炒我鱿鱼。"

a．"我想你得拼命工作了。"
b．"你不应该怕他，你可以再找一份工作。"
c．"听上去这份工作对你很重要，你不愿丢掉它吧？"

（3）邻居抱怨说："看来我别无选择，只有让我妈妈搬来和我一起住了。"

a．"你应该这样想：她养大了你，现在该你回报她了。"
b．"我想你心里肯定很高兴又能和她住一起了。"
c．"你是担心这样做会对你的生活产生影响吧？"

每个例子中的前两种回答都告诉对方应该怎么做，该有什么样的感觉，或者向对方表达肯定或否定、同情或安慰。这样的回答很难让对方感到满意。相反，这会让对方觉得你不愿介入他的事情，并不认真地对待他的感情，或者对其解决自己问题的能力持怀疑态度。

▶ 第四部分　掌握沟通技巧　提升人际交往的能力

第三种回答才是积极倾听，产生的结果就大不一样了。如果能被鼓励自由而且充分地表达自己的感情，别人跟你在一起时就会觉得平静放松。理解对方的问题却不越俎代庖，会让对方觉得你很信任其解决问题的能力。此外，如果你耐心倾听，理解并接受对方，却并不加以批评，对方必然会对自己充满信心，更愿意和你交往，对你所说的话更感兴趣。

4. 必要的沉默

在倾听的过程中，面对陌生的环境、陌生的人，选择沉默是很必要的。因为我们在不了解的情况下，首先最需要做的就是进行了解，而进行了解最有效的途径就是保持沉默。先听，后发表自己的感想。沉默不是一言不发，也需要适当地回应，比如"嗯""我明白""请继续""我理解""是""说来听听""我想听听你的想法"等。应答应该尽量言简意赅，保持态度中立。也可以通过简单复述对方的话语来回应。

倾听是要用心去听，用心去感受。不管是在我们的职场交往中，还是在日常生活中，我们首先要学会做一个耐心的听众。倾听是一种与人为善、友好相处、心平气和、谦虚谨慎的态度。一个善于当听众的人，往往是非常受欢迎的人。

任务训练

（1）倾听的游戏。

此游戏的道具是三张卡片。

卡片一：选择一个你感到很幸福的话题（可以是你的生日，也可以是你生活中得到他人帮助的一段经历），向你的伙伴讲述两分钟。

卡片二：当你的伙伴在讲话时，用身体语言或打岔等表示你没有认真倾听对方讲话。

卡片三：通过你的手势、身体语言、应答或赞同表现出你对对方的讲话非常有兴趣，你是一位积极的倾听者。

游戏中，首先将学员分成两人一组，并请他们面对面落座。分别发给他们卡片一和卡片二，请他们按卡片上的要求去做，并嘱咐他们不要让对方知道自己卡片上的内容。

游戏进行两分钟后，持卡片一的学员将卡片交给自己的伙伴。

将卡片三发给手中已经没有卡片的学员，请他们按新卡片上的要求去做。进行两分钟后，组织学员进行讨论。

讨论题如下：

101

第一，如何知道你的伙伴是否在认真倾听？

第二，你的伙伴是好的或不好的倾听者时，你有什么感觉？对方的表现对你的讲话有什么影响？

第三，你认为积极的倾听行为是什么？

（2）在场景一与场景二中，哪对夫妻进行了有效的沟通？他们是如何进行有效沟通的？

场景一：

妻子：累死我了，一下午谈了三批客户，最后那个女的，挑三拣四，不懂装懂，烦死人了。

丈夫：别理她，跟那种人生气不值得。

妻子：那哪儿行啊！顾客是上帝，是我的衣食父母！

丈夫：那就换个活儿干呗，干吗非得卖房子呀？

妻子：你说得倒容易，现在找份工作多难啊！甭管怎么样，每个月我还能拿回家三千块钱。像你那活儿，是轻松，可是每个月那几百块钱够谁花呀？眼看涛涛就要上大学了，每年的学费就万八千吧？！

丈夫：嘿，你这个人怎么不识好歹？人家想帮帮你，怎么冲我来啦？

妻子：帮我？你要是有本事，像隔壁小萍丈夫那样，每月挣个四五千，就真的帮我了。

丈夫：看着别人好，和他过去！不就是那几个臭钱嘛？有什么了不起？！

场景二

妻子：累死我了，一下午谈了三批客户，最后那个女的，挑三拣四，不懂装懂，烦死人了。

丈夫：大热天的，再遇上个不懂事的顾客是够呛。快坐下喝口水吧。

（把她平日爱喝的冰镇酸梅汤递过去。）

妻子：唉，挣这么几个钱不容易，为了涛涛今年上大学，我还得咬牙干下去。

丈夫：是啊，你真是不容易，这些年，家里主要靠你挣钱撑着。

妻子：话不能这么说，涛涛的功课、人品，没有你下力，哪儿能有今天的模样？唉，我们都不容易。

任务十　学会赞美　为沟通注入润滑剂

任务提出：学会赞美。

任务目标：灵活运用赞美的技巧，在与人交往的过程中赞美他人。

▶ 第四部分 掌握沟通技巧 提升人际交往的能力

任务分析:
(1) 赞美改善人际关系,使沟通更顺畅。
(2) 赞美的技巧。
(3) 灵活运用赞美技巧,恰当赞美他人。

基础知识

学会赞美

一、赞美是人际关系的润滑剂

人类行为学家约翰·杜威曾说:"人类本质里最深远的驱策力就是希望具有重要性,希望被赞美。"每个人都希望被赞美,在心理学意义上源自于个体渴望被尊重、被认可的精神需求。一旦这种精神需求被满足,人就会充满自信和动力。

卡耐基说:"时时用使人悦服的方法赞美人,是博得人们好感的好方法。"每个人都有优点,善于发现别人的长处,恰到好处地称赞对方,不仅能让对方愉快,还能使你成为受欢迎的人。

在一个卖清粥小菜的餐厅,有两个客人同时向老板提出增添稀饭的要求。一位皱着眉头说:"老板,你为什么这么小气,只给我们这一点稀饭?"结果那位老板也皱眉说:"我们稀饭是要成本的"。还加收他两碗稀饭的钱。另一个客人则是笑眯眯地说:"老板,你们煮的稀饭实在太好吃了,所以我们一下子就吃完了"。结果,他又拿到一大碗又香又甜的免费稀饭。

为什么同样一件事情,会产生两种截然不同的结果呢?原因就在于第二个客人懂得赏识和赞美,而第一个客人只会挑剔和指责。喜欢听好话、受到赞美是人的天性。每个人都会因为受到社会或他人的赞美,而获得自尊心和荣誉感的满足。当我们得到别人对自己的赞赏,并感到愉悦和鼓舞时,会对说话者产生亲切感,从而使彼此之间的心理距离缩短。运用"赞美"的智慧来引导对方的心理,能够使对方在不知不觉中帮助我们达成心愿。

在与人沟通中多一些赞美,可以改善平淡的人际关系,使人们变得更亲近。

大学生人际关系与沟通能力培养

宿舍气氛的变化

一位心理咨询师讲过这样一件事情：在一次心理咨询中碰到一位女大学生，她因为宿舍中人际关系紧张而苦恼。在宿舍里同学们互不来往，各自忙着自己的事情，似乎相互都有戒心，很难知心交谈，宿舍气氛沉闷。她希望改变这种状况，但又不知从何做起，心理咨询师告诉她："从自己开始，试着学会夸奖他人，真心赞赏他人的长处，如：'你今天气色很好！''你的眼睛真亮！''这件裙子对你再适合不过了！'等等。"不久以后，她告诉心理咨询师，宿舍的气氛完全变了样，大家相互帮助，彼此关心，在一起时有说有笑，下课后都愿意回宿舍，好像宿舍有一种无形的吸引力。

赞美他人能沟通自己与他人的感情。特别是当你与他人产生隔阂时，关心对方、注意和肯定他人的长处，是消除这种隔阂最有效的方式。心理学家席莱说："我们心里极希望获得别人的赞扬，同时，我们也极为害怕别人的指责。"解决人际关系中出现的矛盾，赞美比批评更有效。

老板的变化

一个女人向邻人抱怨某药房老板对她服务不周，希望邻人代她转告药房老板。

第二天女人去药房时，老板热情欢迎她，并立即给她配好药方，还说如果她有什么需要，可以随时来找他。

后来那个女人跟邻人谈起此事，说："你把我的不满转告了他真管事。""噢，不是，我没有那样做，"邻人说，"我只是告诉他你很佩服他的乐业精神，说你觉得他的药房是你光顾过的最好的药房之一。"

在人们的心灵深处，最渴望他人的赞美。赞美是一种鼓励，胜过雨后绚丽的彩虹，在人们心灵深处植入的是信心和力量，播下的是奋进向上的种子。赞美是一种兴奋剂，让人更加充满活力和精神。同时，赞美还是一种认可，一种肯定，让人们坚定发展的方向。多一种鼓励，就少一个背离者，多一句赞美，就把摇摆不定同学变成你忠实的朋友。

美国的赖斯·吉布林在谈到人际交往时曾说："每一个人都是人际关系的百万富翁。然而可悲的是：我们中太多的人'窝藏'了这种财富，或者只是吝啬地少量地施舍出来。甚至更糟的是，根本意识不到我们拥有这种财富。"那么，这种财富究竟是什么呢？就是赞美。在人际交往中，赞美可以起一种人际关系的润滑剂的作用。如果在人际交往中人人都乐于赞赏他人，善于夸奖他人的长处，那么，人际交往的愉快度将会大大增加。与人交，推其长者，讳其短者，故能久也。

二、赞美的原则

赞美不是随口说几句好话，恭维对方几句。如果"出口乱赞"，其结果常常事与愿违，适得其反。赞美是一种艺术，要想学会赞美，首先要把握赞美的原则。

1. 赞美要真诚

真心诚意是人际交往中最重要的原则。英国著名的社会关系专家卡斯利告诫人们："大多数人选择朋友都是以对方是否出于真诚而决定的。如果你与人交际不是真心诚意，那么要与他人建立良好的人际关系是不可能的。"赞美也是如此，真诚是赞美的先决条件。只有名副其实、发自内心的赞美，才能显示出它的光辉和魅力。怎样才能做到真诚赞美他人呢？

其一，赞美的内容应该是对方拥有的、真实的，而不是无中生有的，更不能将别人的缺陷、不足作为赞美的对象。比如，对一个嘴巴大的人说："瞧，你的小嘴多可爱！"对一个胖子说："呀，你多苗条！"对一个说话难听的人说："哎呀，你真会说话！"这样的赞美不是阿谀奉承就是讽刺。这种赞美不但不会换来好感，反而会使人反感，甚而造成彼此间的隔阂、误解，甚至反目成仇。

其二，赞美要真正发自肺腑，情真意切。言不由衷的赞美无疑是一种谄媚，最终会被他人识破，只能招来他人的厌恶和唾弃。

有人讲过这样一个故事：有一个年轻人和同事还有领导去内蒙古出差。吃饭的时候，服务员端来一只乳羊。吃着吃着，领导就随便问了一句：羊蹄子有几个脚指头。大家你一言我一语，有说四个的，有说五个的，还有说三个的。这位年轻人突然大声地说了一句很经典的话，"领导，你说几个就几个。"

大家觉得领导听了他的话是不是很别扭，其他同事是不是也会不舒服，这就是典型的拍马屁。这样毫无根据地赞美一个人，简直令人感到莫名其妙，不是阿谀奉承又是什么。

其三，学会寻找赞美点。只有找到对方值得赞美的闪光点，才能使赞美显得自然、真诚。

戴尔·卡耐基很小的时候，母亲就去世了。在他9岁的时候，父亲又娶了一个女人。继母刚进家门的那天，父亲指着卡耐基向她介绍说："以后你可千万要提防他，他可是全镇公认的最坏的孩子，说不定哪天你就会被这个倒霉蛋害得头疼不已。"

卡耐基本来就打算不接受这个继母，在他心中，一直觉得继母这个名词会给他带来霉运。但继母的举动却出乎卡耐基的意料，她微笑着走到卡耐基面前，摸着卡耐基的头，然后笑着责怪丈夫："你怎么能这么说呢？你看哪，他怎么会是全镇最坏的男孩呢？他应该是全镇最聪明、最快乐的孩子才对。"

继母的话深深地打动了卡耐基，从来没有人对他说过这种话啊，即使母亲在世时也没有。就凭着继母这一句话，他和继母开始建立友谊。也就是这一句话，成为激励他的一种动力，使他日后创造了"成功的28项黄金法则"，帮助千千万万的普通人走上成功和致富的光明大道。可是在她来之前没有人称赞过他聪明。

寸有所长，尺有所短。没有一个人没有长处没有优点。发现别人身上其他人还没有发现的优点，恰当地赞美，这样的赞美更令人动容。

2. 赞美要适时

交际中认真把握时机，恰到好处地赞美他人十分重要。当你发现对方有值得赞美的地方，就要及时大胆地赞美，千万不要错过机会。在别人成功之时，送上一句赞语，就犹如锦上添花，其价值可抵万金。人们在考了好成绩、评上先进、受到奖励的时候心情格外舒畅，如果再能听到一句真诚的夸赞，其欣喜之情可想而知。

看一看销售员接受的"适时赞美客户"培训，就知道在人际沟通中适时赞美对他人的影响有多大了。

第一，如果是新客户，不要轻易赞美，只要礼貌即可。因为大家不是很熟悉的情况下，贸然赞美客户，只会让他产生疑心或反感，弄不好会觉得你谄媚，适得其反。

第二，如果是老顾客，下次来的时候，一定要留意其服饰、发型等外貌特征有无变化，有的话一定要及时献上你的赞美，效果非常好。

第三，当客户挑选商品时，你要及时对客户的挑选献上赞美，夸奖客户有眼光。

第四，当客户决定购买商品时，你通过赞美坚定客户购买的信心。

3. 赞美要适度

能否把握好赞美的尺度直接影响赞美的效果。恰如其分、点到为止的赞美才是好的赞美。使用过多的华丽辞藻、过度的恭维、空洞的吹捧，只会使对方感到不舒服、不自在，甚至难受、肉麻、厌恶，其结果适得其反。假如你的一位同学歌唱得不错，你对他说："你的歌声是全世界最动听的。"这样赞美的结果只能使双方都难堪，但若换个说法："你的歌唱的真不错，挺有韵味的。"你的同学一定很高兴，说不定会情不自禁一展歌喉向你送上一曲呢。所以赞美之言不能滥用，赞美一旦过头变成吹捧，赞美者不但不会收获交际成功的微笑，反而要吞下被置于尴尬地位的苦果。古人说得好，过犹不及，就是这个道理。

三、赞美的技巧

赞美是一种最低成本、最高回报的人际交往法宝，但要做好并不是一件容易的事。如果不懂得赞美别人的技巧，就算你再真诚，也不会带来好的效果。

1. 赞美应具体

美国管理学家内梅罗夫博士建议，赞美他人时最好回想某一特定情况，描述出具体的行为。空泛的赞美，使人怀疑动机。比如，你太漂亮了，你很聪明，你真棒，诸如此类像外交辞令的程式化赞美，人家一定会觉得你不过是礼节性地敷衍一下罢了，常常会使人怀疑你的真诚。另外，当你夸一个人真棒、真漂亮时，他内心深处立刻会有一种心理期待，想听听下文，以求证实：我棒在哪里？我漂亮在哪里？此时，如果没有具体化的表述，是多么令人失望啊！

具体化的赞美，则显示真诚。夸赞别人越具体越好。如果你夸赞对方漂亮、聪明、很棒，就要能具体地说出他漂亮在哪里，他怎么聪明，他哪里让你感觉很棒。那么，赞美的效果将大不同。赞美一位女士："你太漂亮了。"不如说："你的眼睛很亮，皮肤又白，身材高挑，在美女群中很抢眼。"你的赞美肯定让她难以忘怀。说一个人演讲很棒，远不如说："你的演讲非常有思想性，特别是那句……"对方立刻体会到你对他演讲才华的真实肯定。具体化的赞美能够深入人心，与对方内心深处的期望相吻合，能够促进你和对方的良好交流。说一百遍"你真漂亮"，不如说一句"你今天的衣服搭配得很时尚"。

具体而详细地说出对方值得称道的地方，就需要用心观察对方。我们来看看成功赞美的例子。

有个小伙子乘出租车时，赞美司机驾驶技术高超："这么难拐的弯儿，您一把轮儿都不用修正，真是不简单！"这么一说，小伙儿对司机师傅的崇拜不言而喻，司机师傅听后一定会心花怒放，没准儿最后结账时，非要把一块多的车费零头给抹了。

如果你被一张照片打动，你可以说："这张照片色调真是太美了"或者"构图真棒"，但更出色的赞美是"你真是一个伟大的摄影家，你总是那么有洞察力，深邃却又细腻，你的照片就像是你的第三只眼，透过它呈现出来的世界是那么地动人。"

2. 赞美应自然

自然本身就是一种魔力。自然的赞美应该是出于内心的，不带任何功利的目的。即使你是在精心策划一次赞美，也要让对方觉得你是自然而然的。

《红楼梦》里有这样一段故事：有一次，贾宝玉因为史湘云、薛宝钗劝他为官为宦、入仕从政，便对史湘云、袭人等赞美林黛玉道："林姑娘从来说过这些混账话吗？要是她也说这些混账话，我早和她生分了。"黛玉这时刚好来到窗外，无意听见，"不觉又惊又喜、又悲又叹"。结果宝黛互诉肺腑，感情大增。在林黛玉看来，贾宝玉在史湘云、薛宝钗和自己三人中只赞美自己，而且不知道自己会听到，这种赞美是很难得的。如果宝玉当黛玉的面说这番话，好猜疑的林黛玉恐怕还会说宝玉打趣她或想讨好她呢！

无意的赞美，虽然看起来好似无心，可是常常能够获得很好的效果。因此，交际所希望的就是"让你的赞美天衣无缝"，有巧夺天工之妙。

> **聪明的编辑**
>
> 一位副刊编辑需要一篇连载小说，于是亲自去找一位并不怎么有名的作家，请他撰写一篇小说。
>
> 这位作家住在一间小房子里，编辑来访就坐在他的床沿上，彼此谈好写作的细节、交稿的方式等问题。
>
> 这位编辑临走前，在门外大声说："喂，老兄，这篇小说的事我全拜托你了！我就等着你的好消息了！"

编辑说话声音之大，感情是那样的真诚，连作家的妻子、邻居听到了都受到感染。没想到，就是这样一句话看起来好似无心之言，鼓励这位作家最终写出了很好的作品。

"看似无心"的赞美让人觉得是"无意"的，其实并非偶然。善于交际的人会巧妙地把化"有意"为"无意"，达到更好的赞美效果。做到这样并非难事，只需有一份诚心，善于琢磨，细心设计，避免浮躁，就可以做到。

3. 赞美应频率适度

英国著名的文学评论家和诗人塞缪尔·约翰逊说："赞扬，像黄金钻石，只因稀少而有价值。"大量的资料也表明，在一定时间内一个人赞美他人的次数，尤其是赞美同一个人的次数越多，其效果就很可能越差。任何人都需要获得赞美，可如果你太频繁地赞美别人，别人对你的赞美就觉得无所谓了，甚至还会认为你是一个沽名钓誉的献媚者。轻而易举的、频繁的赞美会使赞美变得太廉价。这样的赞美每多一次，别人就可能对你多一份警惕或反感。

美国心理学家研究表明：人们总是喜欢那些对自己的赞美度增加的人，对自始至终都赞美自己的人和由最初贬低自己逐渐发展到赞美的人，人们对后者更为喜欢。因此，相对来说，前者容易让人觉得他是一个"和事佬"，而对后者所产生的印象往往是：对方之所以赞美我，一定是经过考虑、分析的，有他一定的道理。从而认为对方很有判断力，进而更喜欢他。所以赞美他人要谨慎，不要天天都想方设法说别人的好话。人际交往中，频率适度的赞美应才会有效。

4. 间接赞美

借第三者的话来赞美对方的赞美方式就是间接赞美。间接赞美可以分为两种方式，一种是借第三者的话来赞美对方，另一种是赞美不在场的第三者。间接赞美往往比直接赞美的效果还要好。

第一种方式：借第三者的话来赞美对方。在一般人的观念中，第三者所说的话大多比较公正、实在。因此，聪明的赞美方式是以第三者的口吻来赞美，如此更能赢得被赞美者的好感和信任。比如，一个中学生中午去麦当劳买冰激凌时对服务员说："阿姨，我们同学都说你给的冰激凌又大又好。"结果那位服务员给的冰激凌多得快要溢出了。这个中学生借用同学的赞美之词，打动了卖冰激凌的阿姨，而且如此具体的赞美为她赢得了一个多得快要溢出的冰激凌。再比如，你见到甲某，对他说："前两天我和乙某谈起你，他对你推崇极了。"不管这是事实还是你的说话技巧，效果都是很好的。你不必担心，甲某不会去进行调查，看你是不是说了谎话，而甲某对你的感激之情一般都会超乎你的想象。如果碰巧乙某是甲某平素很敬重的人，那么他对你的感激就会更深。这种一箭双雕的事情，何乐而不为呢？

第二种方式：赞美不在场的第三者。背后颂扬别人的优点，比当面恭维更为有效。把对别人的赞许在与朋友闲聊时提几句，这些话通过朋友传到对方耳朵里，他一定会相信你的赞美是真诚的，因而更能增强赞美的效果。德国历史上著名的"铁血宰相"俾斯麦，当时为了拉拢一位敌视他的议员，便故意在别人面前赞美这位议员。俾斯麦知道，那些人听了自己对这位议员的赞美后，一定会将话传给他。果然不久之后，这位议员和俾斯麦成了不错的政治盟友。由此可见，背后说别人的好话，远比当面恭维别人效果要明显好得多。如果你当面说人家的好话，不免有点恭维、奉承之嫌，而且这种正面的赞美所产生的效果是很小的，甚至还可能会起相反的作用。当你的好话是在背后说时，人家会认为你是出于真诚的，是发自内心说他的好话，他才会领情并感激你。此外，若直接赞美的度不足会使对方感到不满足、不过瘾，甚至不服气；过了头又会变成恭维。如果用背后赞美的方法则可以缓和这些矛盾。一般情况下，你在背后说他人的好话，是很容易传到对方耳朵里去的。因此，多在第三者面前赞美你想赞美的人，是你与那个人融洽关系、增进友谊的最有效的方法。

间接赞美之词要有"闪光点"。称赞一个人时，与其称赞他最大的优点，不如发现他最不显眼，甚至连他自己也未曾发现的优点。因为他最大的优点已成为他性格中的一部分，在任何人看来都已不足为奇。如果经常称赞一个人这样的优点，可能会让这个人产生反感。而那些小小的优点，因为从未或很少有人发现，因此也就弥足珍贵。同时，你的发现与称赞为对方增添了一份对自己的认识，也增加了一次重新评估自己价值的机会。此外，你不同凡响的观察力还会获得对方的器重。

每个人都不会拒绝别人真诚的赞誉之词，包括杰出之人。但赞美之词一定要有闪光的地方，不可过于流于世俗。拿破仑对于奉承一向很反感，这一点他的士兵都知道。然而有一个聪明的士兵却对拿破仑说："将军，您是最不喜欢奉承话的，您真是位英明的人物！"拿破仑听后不仅没有斥责他，反而还十分自豪。这位士兵之所以赞美成功，就是因为他了解拿破仑的脾气秉性，深知他讨厌奉承的话；但他又很聪明，准确地赞美了拿破仑的这一"闪光点"。

事实上，世界上没有人会对别人的赞美无动于衷，只不过有人会赞美他人，有人不会赞美而已。大文豪萧伯纳曾说过："每次有人吹捧我，我都头痛，因为他们捧得不够。"可见，赞美是人人欢迎的，关键是赞美时是否巧妙，既有赞美之功效，又无拍马之嫌疑。这一点，通过间接赞美就可以圆满达成。

5. 从否定到肯定的赞美

"我对大家都有好感，你也不例外。"当我们听到交往对象这样评价自己时，心里不会起一丝波澜，因为这不过一句是不痛不痒的客套话罢了。

"我很少对他人表示佩服，只有你让我例外。"当我们听到这样的话时，心中不免暗暗得意，立马意气风发起来了。

这种赞美方式是从否定到肯定的方式。通常是否定一个人的过去，肯定他的现在；或否定他人，肯定对方。这种赞美方式常常会带来意想不到的效果。

比如，夸奖一个人性格好时可以说："开始我觉得你这人有些清高，时间长了，我发现你其实是挺随和的一个人。"夸奖一个人车技精湛时可以说："我记得你以前车技一般，现在怎么车开得这么好。"夸奖一个人的厨艺时可以说："我记得以前你做菜有点儿淡，现在怎么做得这么好吃。"这就是先否定一个人的过去，再肯定他的现在的赞美方式。人们听到这样的话时通常会忽视对方曾经的否定，更能记住对方现在的评价，反而更高兴。

夸奖一个人穿衣服有气质时可以说："你穿这套衣服太显气质了，同样是

第四部分　掌握沟通技巧　提升人际交往的能力

这件衣服,别人怎么穿不出这效果?"夸奖一位老师讲课好可以说"你讲课太有趣了,比以前的老师讲得好多了。"这就是否定他人,肯定对方的赞美方式。这样听话人会忽略掉否定的那一部分,而记住你的肯定。

当然,从否定到肯定的评价一定要掌握好度,千万不要让对方感觉到你的否定部分大于肯定的内容,赞美时要把重点放在肯定上,这样才能让别人感受到你的赞美之意。

> 唐伯虎的故事

一个豪绅大摆筵席为老母祝寿,请唐伯虎赴宴。酒酣耳熟之际,众宾客纷纷祝贺,说了许多华贵的绮丽贺词。这时,再美好的辞令也显得很平常。

唐伯虎来了一回"耸人听闻",他向主人献了一首诗。唐伯虎慢悠悠地对着寿星念道:"这个婆娘不是人。"听完第一句,举座皆惊,大家以为唐伯虎醉酒失礼,都不知该怎么办。唐伯虎还是慢条斯理地念下去:"九天仙女下凡尘。"

宾客拍掌称绝。唐伯虎又念:"生下儿女都是贼。"

刚缓和的神经又绷紧了,大家又被镇住了,鸦雀无声,听他念下一句:"偷得蟠桃献母亲。"

唐伯虎在公众场合露的这一手,别出心裁,自然语惊四座。

6. 让对方感觉绝无仅有的赞美

我们在赞美对方时,如果能够树立一种绝无仅有的标杆,那么这种赞美将更加具有感染力。比如,"在公司里我就佩服两个人,一个是王总,另外一个就是你了。""我很少佩服人,您是个例外。""我从来没想到这件大衣搭配这条丝巾这么好看。"

7. 回应别人的得意之事的赞美

人们说到得意的事情时,希望得到及时的回应。此时,给予适当的赞美恰到好处,可以通过"我也觉得很不错"等,表达自己的敬佩和感叹。美国排名第一的汽车推销员吉拉德在刚开始推销工作时,就曾经犯过一个错误。有一次他向客户推销汽车时,客户自豪地告诉吉拉德,她的儿子即将进入密歇根大学就读,而且运动成绩和将来的抱负都让她引以为荣。这时的杰拉德本应立刻回应"您的儿子真优秀"之类的赞美之词,可杰拉德那时一心想的都是推销汽车,根本没听客户说这些话,没有及时予以回应,他的表现让这位客户很不高兴,最后导致此次推销以失败告终。

8. 适度指出别人的变化的赞美

付出努力之后,每个人都希望能得到肯定。细心的人会留意这种小改变并及时指出,比如"你最近瘦了""这个设计做得真不错""你换头型了吧,更漂亮了"等，这会给对方一种你很在乎他的感觉。这种意义是"你在我心目中很重要，我很在乎你的变化"。如果穿了一件新衣服，在朋友们面前晃了几圈，谁也没看出来，不是很让人失望的事情吗？所以，看见别人穿了一件新衣服就要及时夸奖，合身的就夸漂亮，不合身就夸有特色（朝气之类的）。家人、同学、老师、同事，以及生意上的伙伴都是要夸的对象。只是一点点在意，就会为他人带来好心情，就可以拉近彼此间的距离，是很多容易做到的技巧。

9. 拿自己作对比的赞美

通常情况下，一般人很难贬低自己，如果你一旦压低自己同他人作比较，那么就会显得格外真诚。比如告诉对方，他帮你挑选的东西比上次你自己买的要好，对方一定会感到莫大的鼓舞，增加对你的好感。

10. 似否定实肯定的赞美

比如说一个人"不够狠""太低调"实为夸奖他"太善良""太谦虚"等。

11. 信任刺激的赞美

这种赞美方式大多用在上级鼓励下级、领导鼓励员工时使用，经典之语为"只有你……"。比如领导说："你的能力是最强的，点子也多，这个工作太难了，交给别人我都不放心，我只相信你，只有你能把这件事做好，相信你能马到成功。"有了这样的赞美与鼓励，员工会带着领导的信任，鼓足干劲，倾尽全力工作的。因此信任能给他人带来无穷的能量，能够激发他人无尽的潜能，运用信任刺激的方式来赞美他人不失为一个有效的激励方式。

12. 给对方没有期待的评价之赞美

如果你夸美女美，那么她不会有太多的感触，因为大家都这么说她。所以你就要说她有性格、有素质、有涵养。比如，你看见一个男人新发了一张自己的照片，可能已经有很多人在照片下面留言"哇，真帅""穿西装真好看""特别有气质"云云。但你就绝对不能这样说，你要说"都说人的左右脸会有所差别，有一半会更好看些，你照片里总是左脸，我觉得特别帅，看来你也更欣赏自己的左脸咯？"

> 以面带点
> 间接赞美别人

不直接赞美对方，而是针对对方的优点，大加赞美其优点所在的层面。这可以用一个关系式来表达这种赞美方式：我直接赞美B，因为A属于B，所以我间接赞美了A。这样以面带点，言在彼而意在此，不着痕迹，却使对方如沐春风。《围城》中的方鸿渐就是这样一位巧施赞美的能手。

方鸿渐经苏小姐介绍认识了苏的表妹唐晓芙，唐晓芙说自己是学政治的，

▶ 第四部分　掌握沟通技巧　提升人际交往的能力

给方鸿渐提供了一个信息。一般说来，女孩学政治是比较有野心且缺乏灵气的，因此苏小姐夸她道："这才厉害呢，将来是我们的统治者、女官。"方鸿渐从苏小姐的话里发掘出了闪光点，然后大加渲染了一番，说："女人原是天生的政治动物，虚虚实实，以退为进，这些政治手腕，女人生来就全有。女人学政治，那正是以后天发展先天，锦上添花了。曾有一种说法，说男人有思想创造力，女人有社会活动力。所以男人在社会上做的事该让给女人去做，男人好躲在家里从容思想，发明新科学，产生新艺术。我看此话甚有道理，女人不必学政治，而现在的政治家要想成功，都得学女人。政治舞台上的戏剧全是反串。老话说，要齐家而后能治国平天下，请问有多少男人会管理家务的？管家要仰仗女人。"

方鸿渐一席话说得唐晓芙心花怒放、喜不自禁。在这里，方鸿渐极巧妙地利用了间接赞美的方式。他赞美的逻辑关系式是这样的：方鸿渐直接赞美女人的政治才能，因为唐晓芙既懂政治又属于女人，所以方鸿渐间接赞美了唐晓芙。自然，这一番颇费心思的间接式赞美达到了他预期的目的。

任务训练

（1）想一想，你今天赞美过别人吗？你这个星期赞美过别人吗？你这个月赞美过别人吗？

（2）你的同学把教室打扫得干干净净，你怎样对他进行赞美。

任务十一　学会批评　让"忠言"不再"逆耳"

任务提出：学会批评。

任务目标：了解并掌握批评的技巧，恰当地运用于交际之中。

任务分析：

（1）在交际中，批评他人要含蓄。

（2）与人交际中要多鼓励对方，批评的话语要真诚并做到对事不对人。

（3）间接地指出他人过错，这样效果会更好。

基础知识

学会批评

人非圣贤，孰能无过，在人际交往与沟通中，往往会发现别人的缺点和过错，特别是比较深入的交往尤其如此。

一般来说，人都有自知之明。人们发现自己的错误后，会对过失的性质、危害、根源等进行一些反思。但是，"当局者迷，旁观者清。"自己的反思再深刻，总不如"旁观者"看得透彻。所以，当发现别人的过失时，及时地予以批评和指正，是很有必要的。有人说赞美如阳光，批评如雨露，二者缺一不可，这话是有道理的。

"良药苦口，忠言逆耳"，批评他人往往是"得罪"人的事，在与人交往中，批评让人非常为难。但是，之所以如此，恐怕主要还是我们批评他人时缺乏技巧的原因。医学发展至今，许多"良药"已经包上糖衣，早已"不苦口"了。那么，我们也来研究一下批评他人的技巧，让"忠言"不再"逆耳"。大学毕业生将来步入职场，在人际交往中会遇到很多需要批评别人的场合，学会批评一定会有助于交往水平的提高。

一、温暖的批评如春风化雨

批评是一门艺术，好的批评会让人知道错误的同时感到温暖，而不好的批评则会让人产生反感甚至是嫉恨。对批评艺术的巧妙运用可以使尴尬场面变得温暖感人。

温暖的惩罚

在英国的亚皮丹博物馆中，有两幅藏画格外引人注目。其中一幅是人体骨骼图，另一幅是人体血液循环图。说起这两幅藏画，里面有着一个引人入胜的故事。

原来，这两幅画是当年一个名叫麦克劳德的小学生的作品。麦克劳德从小充满好奇心，凡事总好寻根究底，不找到答案不肯罢休。有一天他突发奇想，想看看狗的内脏到底是什么样的，于是便和几个小伙伴偷偷地套住一只狗，将其宰杀后，把内脏一个一个割离，仔细观察。没想到这只狗不是别人家的，而是校长家的，且是校长十分宠爱的狗。对这事，校长甚为恼火，感到太不像话，如不严加惩罚以后还不知会干些什么出格的事。但是，到底如何进行处罚，经过反复考虑，权衡利弊得失，校长采取了一个十分巧妙的处罚办法：罚麦克劳德画一幅人体骨骼图和一幅血液循环图。麦克劳德很聪明，他知道自己错了，应该接受处罚，并决心改正错误。于是他认认真真、仔仔细细地画好两幅图，校长和教师看后很满意，认为图画得好，对错误的认识态度很诚恳，杀狗之事便这样了结了。这样的处理方法，既使麦克劳德认识到自己的错误，又保护了他的好奇心，还给了他一次学习生理知识的机会，使他对狗的解剖派上了用场。后来，麦克劳德成了一位著名的解剖家，与医学家班廷一起，研究发现了以前人们认为不可医治的糖尿病的胰岛素治疗方法，于1923年荣获诺贝尔生理学或医学奖。

校长对小麦克劳德杀狗事件的处理独具匠心，对我们颇有启发。如果当初这位校长对麦克劳德简单粗暴地严厉训斥，通知家长要他赔狗，那就有可能把麦克劳德身上闪光的探索欲、好奇心一同砍伐殆尽，很有可能后来他不会成为有名的解剖学家和医学家。相比之下，我们许多家长和老师，对孩子和学生错误的处理，往往简单生硬，不善于保护孩子的积极性，甚至做了扼杀他们好奇心的蠢事。

由此可见，批评的时候要遵循一定的原则。

（1）批评不应在公众场合进行，尤其是不要当着他所熟悉的人的面批评。否则，会使受到批评者感到"面子"受到伤害，增加他的心理负担，影响批评的效果。

（2）在批评的语气上也可以表现出含蓄。比如，要对方改正错误，用请求的语气说："请你做一些修改好吗？"对方会愿意接受。如果说："你马上给我改正过来！"对方肯定不愿意接受。

（3）适可而止，见好就收。心理学研究表明，一种批评如果反复进行，就会失去批评的作用，有的人批评他人时，以为自己占了理，就得理不饶人，批评个没完没了。其实这是最不高明的批评方法。聪明的人在批评人时，总是见好就收，适可而止。批评别人时，每次只提及一点或两点，切勿"万箭齐发"，让人难以招架。批评的问题太多会使对方难堪。批评的话也是点到为止，一经点明，对方已经听明白，并表示考虑或有诚意接受，就不必再说下去了。

（4）批评他人时，切忌用讽刺、挖苦对方的言辞。比如"就你了不起""你不就是……"等，因为这是一种轻视他人的态度，也是缺乏修养的表现。有经验的批评者，在批评他人时，会采用各种技巧提出事实，讲道理，循循善诱，不会用讽刺、挖苦的言辞或粗话等有辱对方人格的方式。批评他人时应该尽量在友好的气氛中结束，这样才能彻底解决问题。

不同的人由于经历、知识、性格等自身素质的不同，接受批评的能力和方式也会有很大的区别。在交际中，我们应该根据不同人的特点，采取不同的批评技巧。但这些技巧有一个核心，那就是不损害对方的面子，不伤害对方的自尊。

二、对事不对人的批评容易让人接受

批评他人的目的是为了让其明白并改正错误，所以批评他人一定要针对错误的行为而不是针对犯错误的人。法国大思想家伏尔泰曾说过这样一句话："我虽然不同意你说的，但是我誓死捍卫你说话的权利。"这句话道出了批评要对事不对人的真谛。

> 对事不对人

2002年，百度公司正处于快速发展中，一方面他们要面对独立流量带来的用户，另一方面他们还要为与之合作的门户网站提供搜索服务。当时丹尼主要负责百度服务器的稳定运行，因为百度服务器每天都要承受巨大的访问压力，这个压力已经接近了服务器承载的极限。如果访问人数再增加，就很可能导致百度服务器不稳定，严重影响用户的搜索体验。

然而，恰恰就在这个时候，销售部门新谈了一个门户网站，对方希望马上使用百度的搜索引擎服务。丹尼犹豫了，他知道如果开通这个服务，就可能超出了百度服务器的承载量。但由于种种原因，丹尼没能拒绝这个服务上线。结果连续两天，百度网站的稳定性都很差，用户搜索时经常得不到正常的结果，那个刚开通的服务不得不紧急下线。

对于这一情况，丹尼的上司罗宾是怎么处理的呢？正当丹尼惴惴不安地准备接受批评时，脾气暴躁的罗宾在例会上却没有对他发火，而是平静而很认真地说："丹尼，你的职责是保证百度服务的可依赖性，所以这次事故你有很大的责任，你要好好反思，以后不要犯这样的错误了。"

说完这些，罗宾马上把话题转移了，他对大家说："现在最关键的是怎么解决这个问题，赶紧讨论一下。"在讨论中，丹尼说出了自己准备的解决方案，罗宾非常认真地倾听，不时点点头，然后很投入地和他讨论解决方案中的细节。谈完事后，罗宾邀请丹尼周末一起参加娱乐活动。顿时，丹尼心头的乌云消散了，他能感觉到上司罗宾对他本人没有任何成见。

在人际交往与沟通中，批评别人是在所难免的，要想别人接受你的批评，务必要坚持对事不对人的批评原则，否则，就很容易伤害别人的自尊心，令批评的效果大打折扣。

怎样才能让被批评者感觉你对他没有成见，而只是在谈论事情本身呢？很多批评者是这样做的，他们在批评之后马上对被批评者说："我批评你是对事不对人，你不要往心里去。"

高经理在公司被称作"铁面人"，下属们都怕他，大家做什么事情都小心翼翼的，不敢蒙混过关。高经理对工作一丝不苟，脾气也很暴躁。一旦他抓住下属的错误，就会严厉地批评，公司里几乎所有的人都被高经理批评过，但是没有一个人讨厌他。因为每次批评完了，他都会说："我批评你是对事不

▶ 第四部分　掌握沟通技巧　提升人际交往的能力

对人。"而且下属也真切地感受到高经理对他们的批评是对事不对人的，他们私下总是说："高经理批评我们是为了让我们进步。"

这就是批评的艺术。批评人难免会得罪人，而一句"对事不对人"，就轻松化解了被批评者对自己的怨恨。这样可以让批评者的批评既有威力，又不至于得罪人。所以，懂得说这句话的批评者是聪明的。

当然，对事不对人的批评方式重在实质，而不是因为你事后补充一句"我批评你是对事不对人"，就能消除被批评者内心的不痛快。很多批评者常一边对被批评者说"对事不对人"这句话，一边却在做违背"对事不对人"原则的事情。结果不但没有解决问题，反而使人际关系更差。以下几个例子就是错误的批评方式。

错误1：批评他人时除了说事，还会附带人身攻击。

负责打字的行政文员小李在打合同时出现了几个错别字，客户发现后提醒了公司的主管改正。主管觉得没面子，便批评了小李："这么重要的文件你都打错字，你没长眼睛吗？一点责任心都没有，简直是废物。"小李生气地说："既然你觉得我是废物，还留我干什么，把我炒了得了。"

主管想提醒小李注意错别字，但没有达到预期的效果，两人的关系从此变得很僵。在这种情况下，即便主管事后对小李说："我批评你是对事不对人。"估计小李也不会原谅他，因为主管在批评他时攻击了他的人格，伤害了他的自尊。所以，要想让被批评者明白你是在对事不对人地批评他，那就千万不要在批评时攻击被批评者的人格。否则，你的言语伤害了下属之后，说一百句"对事不对人"也不管用。

错误2：对事不对人，但没有做到一视同仁。

某广告公司的制度比较松懈，公司开会时经常有人迟到。有一天，公司营销主管开营销会议，前面有两位员工姗姗来迟，营销主管没吭声，第三个员工迟到的员工来了，营销主管训斥了他一通。

事后第三个迟到的员工得知他并不是唯一迟到的人，觉得营销主管对他个人有意见，于是找营销主管理论。营销主管说："我是对事不对人。"但是这位员工说："对事不对人？那你为什么不批评前面两位迟到的同事，只批评我呢？"

营销主管为什么会批评第三位迟到的员工呢？其实原因很简单，他只是因为愤怒的情绪不断积累，到了第三位迟到者来到时，他才忍不住批评他的。然而，被批评的员工却不这么想，因为同样是迟到者，为什么主管不批评别人，唯独批评自己呢？由此可见，即便你对事不对人地批评员工，也要做到公平，让员工觉得你一视同仁。否则，就很容易得罪人。

117

错误3：对事不对人，但扯得有点远。

生产部门完成了一个订单，但品质未达到检测的标准，因此，公司的质检部主管不允许货出厂。生产部主管软磨硬泡，说了老半天也没成，最后他对质检部主管说："你怎么这么不信任我呢？如果产品到时候出问题了，我一个人来承担责任。"质检部主管也气呼呼地说："出了问题你负得起责任吗？到时候把你卖了也不够赔的。"

原本事情很简单，产品质量未达标就不能出厂，但是他们在沟通时争论的话题不再是产品的质量标准，而是信任不信任、够赔不够赔的问题，这已经严重跑题了。这也不属于对事不对人。

总结以上三种错误的对事不对人的批评方式，批评者一定要深刻地认识到：真正的对事不对人的批评是指客观地评论事情本身及事情结果，而不能攻击当事者的人格，也不能跑题。同时，还需做到一视同仁，公平对待，这样的"对事不对人"才能真正让人舒舒服服地接受你的批评，而不至于影响你们之间的关系。

三、巧妙的暗示让批评效果更好

当面指责、批评他人，很容易招来对方的反感、反抗情绪，而巧妙地暗示，让对方意识到自己的错误，并且不露声色地保护了对方的自尊心，对方会感激你，也会真诚地改正错误。所以说，巧妙暗示比直接批评更有效。批评者有必要掌握巧妙暗示的批评法则，这样可以避免在批评时引起对方的抵触、造成大家不愉快。

> 巧妙暗示

费城的范纳梅克先生经营着一家百货公司，每天他都会去百货公司一趟。有一次，他看到一位女客人在柜台前等着买东西，可是没有售货员去招呼她。售货员都去哪里了呢？他循声望去，发现几位售货员都聚在柜台远处的一角谈笑风生。

范纳梅克没有批评售货员们，而是一声不响地走向柜台，亲自招呼那位女顾客，然后他把成交的货物交给售货员包装，他自己就走开了。在这个过程中，范纳梅克一句都没批评售货员们，但是大家都意识到了自己的错误。从那以后，再也没有售货员在工作期间聚在一起聊天了。

巧妙暗示的批评法则最大的特点是具有一定的隐蔽性，这种隐蔽性很好地避免了批评者在批评时与被批评者直接对立，避免引起尴尬和不快。巧妙暗示的批评方式有多种形式，相比于前面案例中的做法，这些暗示法也许稍微复杂了一点，但在批评实践中也很有借鉴意义。

▶ 第四部分　掌握沟通技巧　提升人际交往的能力

1. 以故事暗示

当对方犯了错误，你不好直接批评他时，你可以给他讲一个与这个错误相关的故事。通过这个故事讲明一个道理，既生动形象，又增强了对被批评者的教育力。

老板让员工小胡负责记录公司的考勤情况，小胡觉得这个工作很容易得罪人，所以不愿意干，他说："过去我做事坚持原则，得罪了不少人，我不想再得罪人。"

老板没有批评他胆小怕事，而是讲了一个故事："某电影制片厂的导演想拍一部影片，四处寻找合适的演员。一天，他终于找到了合适的人选。这个人被选上了，非常高兴，特意理了发，换了新衣，还特意去医院拔掉了两粒犬牙。当他兴致勃勃地去面试时，导演却失望地说：'你身上最珍贵的东西就是那两粒犬牙，但是你把它们当成缺陷给毁了，现在影片不需要你了。'"

故事讲完之后，小胡明白了老板的弦外之音，知道坚持原则、办事认真是他最珍贵的品格，于是他接受了老板的工作安排。

如果老板直接批评小胡胆小怕事、不敢接受挑战，也许不但说服不了小胡，反而还会激起小胡的逆反心理，引起双方不愉快。但聪明的老板借用一个故事，巧妙地表扬了小胡坚持原则的长处，委婉地表达了批评之意，使小胡欣然接受任命。

2. 以笑话暗示

笑话，言语诙谐，幽默有趣。一则笑话可以增添谈话的幽默感，可以缓和批评带来的尴尬气氛，可以让他人在轻松的状态下接受批评。

有位员工向领导反映，午间休息时，有些同事不安静，影响了大家休息。领导找到不安静的同事，跟他们讲了一则笑话：

有位老人晚上入睡很难，恰好楼上住着一个上晚班的小伙子。小伙子每天晚上回家，双脚一甩，鞋子"咯噔"两下，重重地砸在楼板上。每次老人好不容易睡着，又被这声音惊醒。为此，老人多次找小伙子说这件事。

有一天，小伙子习惯性地把一只鞋子甩在地板上，忽然想起了楼下的老人，于是轻轻将另一只鞋放下来。第二天，老人埋怨小伙子："你每次甩两只鞋，把我吵醒之后我还可以重新入睡。可昨晚你只甩一只鞋，我一直在等你甩第二只鞋呢，搞得我一夜未眠。"

笑话讲完，几位不安静午休的员工纷纷意识到了领导的委婉批评。

3. 以轶闻暗示

轶闻是指世人不大知道的事迹和传说。用轶闻暗示别人，既可以增添批

119

评的趣味性，又能让被批评者意识到自己的错误，而且听起来还颇有趣味。而且通过名人轶事的影射，还能使被批评者感到自豪。

有位老板的秘书报告材料写得好，老板很喜欢他写的文章。但是他的字写得不好，每篇文章写完后，老板还要让人重新抄一遍才能用。为了鼓励秘书把字写好，老板给秘书讲了一个名人轶事，借以委婉地批评他。

老板说："柳亚子是著名的诗人，他写的诗文很受人欢迎，他的书法龙飞凤舞，流畅奔放，可惜别人都不认识，因为字迹太潦草。后来柳亚子的好朋友辛壶批评他的字迹潦草，说他写的字是'意到笔不到'。"

秘书听了老板讲的故事后，马上意识到老板在暗示他的字迹潦草，当即表示一定要把字练好。

从这些巧妙暗示中，我们可以发现批评的艺术是高深的。我们在运用批评的技巧时，一定要用得恰当，用得巧妙，要结合具体对象来运用。对于那种屡教不改、错误严重的被批评者，用暗示的批评方法是不适用的，而要给予严厉的批评甚至处分。对于那些自尊心强、自我反省意识强的被批评者，用暗示的批评方式才是最有效的。

四、严厉的批评是必需的，但要做好善后工作

在管理学上，有一个著名的理论叫"胡萝卜+大棒子"。这是一种暗喻，指的是运用奖励和惩罚相结合的手段，诱发他人做出你希望的行为。

无论是用胡萝卜引诱，还是用大棒威逼，抑或是两种手段相结合，都是有效的批评方式，对激发人的潜能具有重要的作用。这与俗话说的"打一巴掌，给两颗甜枣"的道理如出一辙，因为打了对方一巴掌，给对方造成了一定的创伤，给两颗甜枣可以抚慰对方内心的创伤。这样恩威并施、软硬结合，可以更好地激励对方、驾驭对方。日本索尼公司的创始人盛田昭夫就非常善于运用这种激励手段。

鲜花疗法

有一年，索尼属下的一家分公司生产的产品不合格，结果总部受到了很多客户的投诉。经过深入的调查，发现这种产品之所以不合格，不是产品的内在质量有问题，而主要是包装有问题，于是公司立即决定更换产品包装。

原本更换产品的包装之后，问题就迎刃而解了，可是盛田昭夫不想就此罢休，他把这家分公司的经理邀请到总部参加董事会，要求他在会上对这一错误作陈述报告。当分公司经理作完陈述，盛田昭夫当众严厉批评了他，并要求全公司以此为戒。

> 第四部分　掌握沟通技巧　提升人际交往的能力

该分公司经理在索尼公司工作了几十年，头一次在众人面前被如此严厉地批评，尴尬之余，他忍不住失声痛哭。会后，该经理迈着沉重的步子走出了会议室，心里在考虑是否要提前退休。这时盛田昭夫的秘书走过来，邀请他一块儿去喝酒，但他根本没有心思喝酒。在秘书的强拉下，两人走进了酒吧。

分公司经理说："我是被总公司抛弃的人，你怎么还请我喝酒？"

秘书说："董事长虽然批评了你，但并没有忘记你为公司所做的贡献，今天的事情也是出于无奈。会后，他知道你为此事很伤心，特意叮嘱我来请你喝酒。"在喝酒的时候，秘书说了一些安慰的话，缓和了该经理的情绪。喝完酒后，秘书陪经理回到家。

刚进家门，该经理的妻子就迎上来对他说："你们总公司对你真重视！"

经理听了觉得很奇怪，难道妻子是讽刺自己吗？这时，妻子拿来一些鲜花和一张卡片，卡片上写着："今天是你和妻子结婚20周年的纪念日，祝福你们。"

在妻子的解释下，该经理恍然大悟起来。原来，索尼总部对每位员工的生日、结婚纪念日都有记录。每当这样的日子，公司都会给员工准备礼品或鲜花。只不过，今天的鲜花有些特别，那是盛田昭夫特意订购的，并附上了亲手写的卡片，以勉励该经理继续为公司效力。

盛田昭夫真不愧是一位高明的批评专家。他在众人面前狠狠批评了犯了错的分公司经理，这完全是出于公司利益的考虑。批评之后，盛田昭夫让秘书邀请分公司经理喝酒，还给他送花、送卡片，这又体现了对他的重视和关爱，以安抚他的失落心情，免得他被批评彻底打垮了。盛田昭夫的这种批评方式，在索尼公司被传为美谈，大家称它为"鲜花疗法"。

其实，鲜花疗法就是在用"大棒"痛打员工之后，给员工递上的可口的"胡萝卜"，也是在打了下属一巴掌之后，给下属递上的两颗枣。面对下属的错误，管理者绝不姑息纵容，但是批评之后，也不应忘了安抚员工受伤的心。这种宽严结合、软硬兼施的管理手段既能警示员工不再犯同样的错误，又可以很好地激励员工为企业效力，真可谓一举两得。

美国著名企业家玛丽·凯曾经说过："决不可只批评不表扬，这是我严格遵循的一个原则。你无论批评什么表现或者批评哪个人，也得找点值得表扬的事情留在批评后。这叫'先批评，再表扬'。"高明的管理者在批评下属之后，不论是表扬下属，还是安慰下属，都能给下属传递这样的信息：我之所以批评你，是因为我重视你，这就是"爱之深，责之切"的道理。这样可以

121

激起下属奋发图强之心，使下属对企业死心塌地。

任务训练

（1）如果你是教师，对于班上某个经常旷课的同学，你该怎样对他进行批评？

（2）一个口才不好的同学参加了演讲比赛，如果你是评委，你怎样指出他的不足？

（3）在某次活动中，一位组织者很尽心尽力组织，但在组织过程中还是出现了一些差错。你会怎样批评他的过错呢？

任务十二 学会拒绝 该说"不"时会说"不"

任务提出：学会拒绝。

任务目标：灵活运用拒绝的技巧，营造更协调的人际关系。

任务分析：

(1) 正常的人际关系应该有拒绝。

(2) 把握拒绝的原则。

(3) 掌握拒绝的技巧。

(4) 灵活运用拒绝的技巧，练习说"不"。

基础知识

学会拒绝

在人际交往与沟通的过程中，人们总会面临对方各种各样的请求。答应对方的请求，帮助对方解决这样那样的问题，会促进双方的友谊和保证沟通的顺畅。但如果对方的请求是不合理的，或是违背自己做人原则、违背自己意愿的，严重干扰自己的生活的，我们要学会说"不"。

对于许多人来说，拒绝别人是一件很难办的事。当别人对他们提出要求时，他们不好意思张口说"不"，因为这样很可能会伤害对方的感情，造成两个人的关系疏远。但是有时如果答应别人的要求自己又确实有难处，或者自己会丧失许多东西。许多人在面对这种矛盾时都十分苦恼，不知该怎样办。

▶ 第四部分　掌握沟通技巧　提升人际交往的能力

不会拒绝的苦恼

她父母早逝，下面又有弟弟妹妹。她早就习惯了对弟弟妹妹的照顾，更习惯了他们对自己的要求。宁可苦了自己，勉为其难，也不拒绝弟弟妹妹的任何要求。

不仅对家人，对身边的朋友、同事提出的要求，也是有求必应。上学时，因为CAD学得好，每到交作业的时候，同学纷纷求她帮忙，为帮同学画图，她常常彻夜不眠；上班后，上司经常把不该她做的工作分配给她，她心里不愿意，但脱口而出的却总是"可以"；难得周末休息，本来想在家睡个"自然醒"，好友打电话找她陪逛街，她就算再烦再累，也总是说"行"。为此，她自己的生活经常搞得乱七八糟。

现实生活中，很多人不好意思和没有勇气说"不"，结果不仅给自己带来压力和伤害，还会给别人留下"无原则、好说话""懦弱"，甚至"好欺负"的不良印象，影响自己的社交形象。

在自己确有难处，或者如果答应别人的要求自己的利益会损失很大的情况下，我们就应该拒绝别人。但是拒绝别人做到尽量不伤害对方的情感，不影响双方的关系。

生活中，得体地拒绝别人，既能彰显你的人格，也能表现你的智慧。

拒绝的智慧

汉朝有一个名叫杨震的官员，为官清正廉明，深受老百姓喜爱。有一次，他向朝廷举荐了一个叫王密的贤能之士，不久此人便做了昌邑县县令。几年后，杨震被朝廷派到东莱任太守，途经王密的辖区昌邑县。王密得知杨震到此的消息，想起当年的举荐之恩，心里十分感激。于是，他特地带了十两黄金，在夜里前去拜见杨震。王密跪于地，手捧黄金，情真意切地对杨震说："要不是恩师当年的力荐，哪有学生今日的前程。学生无以为报，小小意思，还请恩师笑纳。"杨震扶起王密，严厉地斥责道："老朋友了解你的才德，你却不了解老朋友的心意，这是为什么？"王密深知杨震的廉洁，知道他不会轻易收礼，于是小声地对杨震说："恩师大可放心，学生夜里给您送礼，没有人知道的。"杨震叹息着说："老朋友啊，你太糊涂了，天知道，地知道，我知道，你知道，怎么能说没有人知道呢？"王密听后，羞愧地离开了，心里更加敬重杨震。

人际交往中的拒绝，不是一般的拒绝，应该在拒绝中体现出个人品德和个人修养。

123

一、拒绝的原则

1. 明确拒绝，避免造成对方的误解

有些人在拒绝对方时，因感到不好意思而不敢据实言明，模棱两可、犹豫不决，致使对方摸不清他的真实意思，而产生许多不必要的误会。比如像这样语意暧昧的回答："这件事似乎很难做得到吧！"本来是拒绝的意思，然而却可能被认为你同意了。这种情况下，如果你没有做到，反而会被埋怨你没有信守承诺。要据实向对方表明你的态度，好让对方有所准备，另想办法。

2. 尊重对方，不能伤害对方的自尊心

每个人都怕被别人拒绝，因而，在拒绝他人的时候，只要顾及对方的自尊心，尽可能不要直截了当的拒绝，伤及对方的面子，这样可以避免关系的紧张。为此，拒绝他人要注意时机、地点和方法。

二、拒绝的技巧

需要拒绝别人的时候，如果直截了当地说"不"，通常会使寻求帮助的人感到失望和尴尬。一个合乎对方期望的回答，即使是拒绝，也能让对方很容易地接受。

1. 正面拒绝的方法

正面拒绝，就是直接向对方陈述拒绝他的客观理由，包括自己的状况不允许、社会条件限制等。采用这种拒绝方式的前提是，通常这些状况是对方也能认同的，因此较能理解你的苦衷，自然会自动放弃说服你，并觉得你拒绝得不无道理。

正面拒绝别人，要为拒绝找一个合理的借口，即使这个借口带有欺骗的成分，只要不会伤害到对方，也是一个可取的办法。比如你的朋友请你吃饭，在席间要求你帮他做一些事情，你知道自己做不到，可是毕竟又吃了这顿饭，等于欠了对方的人情。你可以这样拒绝他："真不好意思，我认识的人已经调职了，恐怕帮不了你。"这样，对方既理解你的拒绝，又不会觉得没面子。

> 善意的谎言

同学之间互相借用对方的东西，原本是很正常的往来。可有时遇到那种不爱护、不珍惜别人东西的人，确实让人生气。遇到这种情况可以采取这样的方式应对：

第一，可以直截了当地说："这东西对我非常重要，如果是别人我是不会借的。"提醒对方小心使用。

第二，可以旁敲侧击地说："有些人借东西不爱护、不珍惜，让人看到心情不畅。"提醒对方改掉不珍惜别人东西的毛病。

第三，找一个合理的借口拒绝对方。在他（她）不知道你有的情况下，可以跟他说"没有"；如果他知道你一定有，可以跟他说"别人借走了，等还回来再借给你""我马上要用"或"别人前面已经借下了，一会来取，我不能失言"。

2. 巧借"第三方"的拒绝方法

当别人有求于你，而你又不好直接拒绝的情况下，可以巧借"第三方"来拒绝。这种方法有两种情况：

第一，当你不好意思直接拒绝对方时，可以尝试借用"第三方"来为自己解围。这种方法，对方往往更容易接受。

> 我做不了主

由于公司位于郊区，交通很不方便，所以王总打算将公司迁址到城区。肖静珍就跟经理说："您看，我弟弟正好有一个地方要出租，那里地方大，租金也比较便宜，您看可不可以……"

经理对肖静珍说："你也知道这件事是王总吩咐下来的。你知道吗？上次一个客户嫌我们公司远，就选择了其他公司，就为这，公司至少损失了100万元！所以，领导说必须要找一个交通便利的地方。你弟弟那个地方我知道，交通还是不方便。我实在是做不了主，不好意思。"

经理没有直接拒绝肖静珍，而是很巧妙地借用领导的话来表现出自己的爱莫能助，让肖静珍知难而退，最终达到自己的目的。

在采用这种方法拒绝他人的时候，需要注意一点：所借用的"第三方"要有一定的权威性。在上面的案例里，借用的"第三方"是拥有这件事情的决定权的领导。要让对方明白，不是我不帮忙，而是我力所不能及。这样，既拒绝了对方的请求，又不得罪人。这个"第三方"可以是领导，也可以是制度和道德底线等。

第二，请"第三方"转达你的拒绝。如果不方便当面拒绝对方，可以先答应"考虑一下"，再找一个合适的人转达你的拒绝。比如你的一位朋友邀请你去参加他的生日宴会，你原本已经答应了，可是在宴会上偏巧有一个你非常不想见到的人，你想拒绝参加宴会，又担心让朋友不高兴。那你就可以找一个你们共同的朋友，带上你要送给那个过生日的朋友的礼物，向对方表示你无法参加宴会的歉意。请"第三方"转达你的拒绝时必须注意两点：一是为了维护别人的自尊，涉及个人隐私的情况下，不适合用这种"请人转告"的拒绝方式；二是不要拖太长时间，以免耽误对方另寻他法，造成不必要的矛盾。

3. 给对方另指出路

当别人有求于你，而你没有能力帮助他的时候，你可以为他指出其他的出路来解决问题。

> 热心的拒绝

李丽当上某银行人事处处长后，就忙了起来，很多人都登门来求她帮忙，让她很是头疼。

有一天，一位老同学来到李丽家。老同学开门见山地说："我儿子大学毕业一年了，工作一直不顺心，想换工作，所以来找老朋友想想办法。"李丽热情地询问这位老同学的儿子所学的专业，老同学把儿子的资料递给李丽，看过资料后，李丽知道自己帮不了这个忙，因为不仅专业不对口，这个孩子的外语水平也不行，这明显不符合银行的要求。但是李丽也清楚，不能直接拒绝，否则就太不给老同学面子了。李丽先是对老同学儿子的优点夸奖一番，看老同学面露喜色，才不无遗憾地说："真是不巧，我们最近没有招聘人的计划，不过你别担心，我认识一个朋友，他那里似乎在招人。"说完，李丽把朋友的联系方式抄了一份交给老同学。虽然没有办成事，但那个老同学还是很感谢李丽。

4. 提出其他建议

当别人提出一个建议，而你又偏巧不喜欢这样做的时候，你可以通过提出其他建议的方法，巧妙拒绝对方。比如，周末的时候，你的朋友想让你陪她去逛街，可是你不愿意去人多的地方，你可以这样建议她："今天天气不错，不如去郊外走走吧，呼吸一下新鲜的空气。"这样巧妙地拒绝对方，虽然可能让对方有些扫兴，总不至于让他"太失望"。

5. 拖延时间的方式

有时对方在有其他人在场的情况下提出请求，你又无法答应这一请求，如果一口回绝可能让对方"下不来台"，伤害对方的感情。这种情况下不如采取拖延时间的方式，让对方自己感觉到你的拒绝，又不丢面子。比如，有朋友说"明天来我家吧。"可是你不想去，如果直接说"我没空，不想去。"肯定不合适，不如说"明天不行，下次吧"，这样拒绝的效果更好。

6. 用婉转的语气拒绝

同样是拒绝的话，由于表达方式的不同，给人的感觉也大相径庭。委婉表达拒绝，比直接说"不"更让人容易接受。

委婉拒绝的惯用句式通常有以下几种：

（1）遗憾型。

"有负您的期望，我很遗憾"，使用能表达出这一感情的词汇。

第四部分 掌握沟通技巧 提升人际交往的能力

- "难得您开一次口,我却实在是不能答应您,真的很抱歉"
- "真是太遗憾了,周五我全天外出……"
- "我其实非常想做您说的那项工作,可是月末各项工作异常繁忙……"

（2）过失型。

"勉强接受反而会给您造成不便",传达出这样的意思。

- "关于那件事,我接受的话反而会给您添麻烦,所以……"
- "我能力不足,反而会拖您的后腿,所以……"
- "我会尽力协助您,可是最近工作繁忙,我勉强应承的话,品质方面会打折扣,我也会过意不去……"

（3）替代方案型。

拒绝后给出替代方案。

- "这周是不行了,下周的话我可以帮忙。"
- "志愿者活动我胜任不了,捐助可以吗?"
- "很遗憾我无法出席,可以让××代替我去。"

7. 用幽默的方式拒绝

在与人交往的过程中,外交辞令式的拒绝让人感觉呆板、无趣,不仅让对方不满,而且暴露自己人际沟通能力差的弱点,影响自己的社交形象。如"这不符合规定""这恐怕不行""无可奉告"等。而幽默的拒绝方式,可以取得意想不到的效果。

幽默的拒绝

- 罗斯福当选美国总统之前,曾在海军中任要职。一次,一位挚友听说海军要在加勒比海建造潜艇基地,就向罗斯福求证并打探这个计划。罗斯福神秘地看了看周围,接着把身子靠向朋友,然后压低声音问:"你能保密吗?"朋友认为罗斯福要向他透底,就肯定地说:"当然能!"谁知罗斯福微笑着说:"我也能!"他的朋友先是一愣,继而哈哈大笑起来。

对每个人来说,拒绝他人特别是好友的请求,都是一个难题。对于自己能办但却不好办、不该办的事情,拒绝起来难度就更大。碍于面子不拒绝,肯定要坏事,但若拒绝不当,则会伤和气甚至失去朋友。罗斯福运用借力打力的幽默方式,巧妙地回应对方,既保守了军事机密,又没有伤害朋友的感情,这样的婉拒,堪称经典。由此看来,要友善地拒绝对方不合理的要求,采取"兵来将挡,水来土掩"的方式固然有理,但却悖情,花一点辗转腾挪的功夫,以幽默智慧应对,才是上策,才是拒绝艺术的最高境界。

- 1945 年,富兰克林·罗斯福第四次连任美国总统,《先驱论坛报》的一位记者去采访他，采访的话题是让罗斯福谈谈连任的感想。

关于总统的连任，美国有个不成文的规定，就是连任不得超过两届，但因为当时正值"二战"时期，非常时期非常对待，所以罗斯福在美国历史上破天荒地连任了四届。因此，这个问题很敏感，媒体公开谈论这个话题，稍有不慎就可能造成负面影响。所以罗斯福决定拒绝回答这个问题，然而，他又不能直接拒绝这位记者，于是他便想了个办法。

当那位记者提出采访要求时，他请那位记者吃三明治，记者愉快地吃下了第一块，罗斯福又请他吃第二块，他又吃了下去，罗斯福又请他吃第三块……那位记者一连吃了好几块，当罗斯福劝他继续吃的时候，他哭笑不得，脸上露出了非常难为情的神色。

见此情形，罗斯福便笑笑说："现在，你不需要再问我对于第四次连任的感想了吧！"

说完，两个人大笑起来，罗斯福就用这种方式巧妙地拒绝了那位记者的采访要求。

- 启功先生是我国著名的书法家和书画鉴定家，向他求学、求教的人非常多，老先生有些应接不暇，自嘲说自己真成了动物园里供人参观的大熊猫了。有一次启功先生患了重感冒起不了床，又怕有人敲门，就在一张白纸上写了四句："熊猫病了，谢绝参观；如敲门窗，罚款一元。"著名漫画家华君武先生知道后，专门画了一幅漫画，并题云："启功先生，书法大家。人称国宝，都来找他。请出索画，累得躺下。大门外面，免战高挂。上写四字，熊猫病了。"这件事后来又被启功先生的挚友黄苗子知道了，为了保护自己的老朋友，黄老写了《保护稀有活人歌》，刊登在《人民日报》上，歌的末段是："大熊猫，白鳍豚，稀有动物严护珍。但愿稀有活人亦如此，不动之物不活之人从何保护起，作此长歌献君子。"呼吁人们应该真正关爱老年知识分子的健康。

看到这个故事，我们哑然失笑之余，不得不佩服先生们的高明。启功先生是不得已而为之，因为他的身体实在支撑不起。直截了当地拒绝人们的所求不符合先生做人处事的原则，所以最后才采用了幽默式地拒绝，亦可以称之为无奈地拒绝。生活中不乏拒绝的故事，同是拒绝求人者，不同的拒绝方式给人的感受是不同的。有的拒绝能让人接受和理解，而有的拒绝则使人仇视和反感。可见，同是拒绝，还是应该多注意些方式，多讲究些艺术。

8. 耐心倾听，然后再说"不"

拒绝的过程中，除了技巧，更需要发自内心的尊重、耐性与关怀。若只是敷衍了事，对方其实都看得到。这样的话，有时会让人觉得你不是个诚恳

▶ 第四部分　掌握沟通技巧　提升人际交往的能力

的人，对人际关系伤害更大。

当你向别人提出要求时，最尴尬的是刚一出口，就立即遭到拒绝，让人感觉颜面尽失。所以，当别人向你提出请求时，不要急于说"不"，要耐心倾听，然后再委婉拒绝对方。这样做的好处是：第一，让对方先感觉到你尊重他，这是人与人之间建立良好人际关系的前提。第二，让对方感觉到你关心他，尽管你最后拒绝了他的请求，他也会认为你是可以相处的朋友。第三，通过倾听了解对方的处境和需要，尽管你不能直接帮助他，也可以针对他的情况，建议如何取得适当的支援。若是能提出有效的建议或替代方案，对方一样会感激你。

华歆设宴

三国时期的华歆在孙权手下时，名声很大，曹操知道后，便请皇帝下诏招华歆进京。华歆起程的时候，亲朋好友千余人前来相送，赠送了他几百两黄金和礼物。华歆不想接受这些礼物，但他想如果当面谢绝肯定会使朋友们扫兴，伤害朋友之间的感情。于是他便暂时来者不拒，将礼物统统收下来。并在所收的礼物上偷偷记下送礼人的名字，以备原物奉还。

华歆设宴款待众多朋友，酒宴即将结束的时候，华歆站起来对朋友们说："我本来不想拒绝各位的好意，却没想到收到这么多的礼物。但是，匹夫无罪，怀璧其罪。想我单车远行，有这么多贵重之物在身，诸位想想我是否有点太危险了呢？"

朋友们听出了华歆的意思，知道他不想收受礼物，又不好明说，不想使大家都没面子。他们内心里对华歆油然而生出一种敬意，便各自取回了自己的东西。

假使华歆当面谢绝朋友们的馈赠，试想千余人，不知道要推却到什么时候，也不知要费多少口舌，搞得大家都很扫兴，使大家都非常尴尬。而华歆选择在告别宴上巧妙拒绝大家的好意，只用了几句话便退还了众人的礼物，又没有伤害大家的感情，还赢得了众人的叹服，真可谓一箭三雕。

华歆为什么能够成功地谢绝馈赠呢？

这主要是因为华歆注意保全朋友们的面子，他在拒绝朋友时，没有坦言相告，而是找了一个对自己人身不安全的理由，虽然朋友们也知道他是在故意推辞，但不会以此为意。因为华歆委婉地拒绝他们并没有让他们丢面子。

任务训练

灵活运用拒绝的技巧，练习说"不"。

（1）你的朋友给你一根香烟并游说你去尝试，你对吸烟是十分反感的，你会怎样拒绝他？

（2）你的朋友在派对中给你一杯酒并游说你去尝试。你对酒是十分反感的，你会怎样拒绝他？

（3）你的朋友邀请你和他的朋友一起郊游。你在后天有一个测验并需要时间温习，而且你也不喜欢他的朋友。你会怎样拒绝他？

（4）你的朋友邀请你和他一起去唱卡拉OK，但你认为那种场所品流复杂，且你一向歌喉平平，你会如何拒绝他？

（5）你的同学游说你把头发染成红色，但你怕被训导老师责备，你会如何拒绝他？

（6）你的同学向你借钱，说是用作购买参考书之用，但你怕他不会还给你，又怕他是用作玩乐的，你会如何拒绝他？

（7）下星期三是你的朋友的生日，他会举行一个生日派对，并邀请你参加，但你有一位朋友即将前往美国读书，你已约好在当天为他饯行，那你会拒绝哪一位？如何拒绝？

任务十三　学会示弱　给别人一个机会

任务提出：学会示弱。

任务目标：学会在人际交往中适当示弱，赢得好人缘。

任务分析：

（1）在交际中要会反思自己，善于承认自己的弱点，学会示弱，不仅不会降低自己的身份，反而提高自己的信誉。

（2）在交际中要明白，示弱不是真的弱。

基础知识

学会示弱

《淮南子·缪称训》中记载了这样一段故事：老子求学于商容，有一次商

▶ 第四部分　掌握沟通技巧　提升人际交往的能力

容生病的时候，老子去探望，顺便求教。商容静默良久，见老子确实有心求学，便问他："人是先有牙齿，还是先有舌头？"老子回答说："先有舌头，因为人一出生就有舌头了，牙齿是后来长出来的。"这时候商容张开嘴巴，问："你看我的牙齿还在吗？"老子说："已经掉光了。"又问："舌头呢？"老子说："还在。"商容说："你知道为什么牙齿晚生而早落吗？因为它过于刚强。而舌头为什么得以长存呢？因为它柔软。这个道理不仅对牙齿如此，天下万物万事也都如此啊！"这就是老子常对弟子们说的"满齿不存，舌头犹在"的故事。

　　这段故事对现代人际交往也是一种启示，在当今激烈的社会竞争中，每个人都不甘示弱，正可谓强手如林。逞强、卖弄、炫富，在群体交往中，似乎谁都不甘示弱，想方设法让自己显现出处处都比别人强，甚至没有能力也要强装出来，无非为了炫耀自己，满足自己的虚荣目的，而内心的空虚与苦累，也只有自己知道。

一、示弱是人际交往中智慧的体现

　　示弱是一种智慧，是一种灵性的觉醒。示弱不是妥协，而是一种理智的忍让。示弱不是倒下，而是为了更好、更坚定地站立。人生是一种艰难的运行，绝不会风平浪静，既要拿得起，也得放得下，才能走得远。所以，为人处世如果适时示弱，有时也能成为赢家。

　　1. 适度示弱，获得同情

　　现实生活中，大多数人喜欢吃软不吃硬。因此，温言软语的央求、谦虚的请教往往比强势更容易得到认同。而且人们对于有勇气承认自己弱点的人，大概都存在着一种佩服的心理，也许敢于承认弱点和错误，本身就是一种英勇吧。谁无缺点？这时候的"示弱"更能够获得人们的理解，也更能获得生存和发展的空间。

　　举国闻名的雕牌洗衣粉当年曾经遇到国企改制，工厂面临倒闭，大量工人即将下岗。老总着急了，他要亲自参与广告策划，希望广告能够把现状以及担忧都反映出来。在他的监制下，广告出现了这样的电视镜头：一位下岗的妈妈到处找工作，跑了一天，累得不行，还是没有找到。孩子把衣服、洗衣粉放入洗衣机后睡着了。妈妈回到家时天已经黑了，孩子稚嫩的笔迹字条配上画外音："妈妈，我能帮你干活了！"这个广告打动了无数家庭妇女柔软的心。雕牌洗衣粉起死回生，而且一下子占了全国80%的份额。

　　据说宝洁公司对此不解，展开了市场调研。消费者回答说："人家都这么惨了，我们买点雕牌洗衣粉算什么？"可见示弱会获得大多数人们的怜惜。

在人际交往中，通常比较弱小的人更能够获得人们的怜惜，因为造不成威胁，所以更愿意提携，使得这些人更容易获得帮助。而如果显示自己的强大，难免让人意识到迟早会威胁到自己的地位，而拼命打压。人际交往中巧妙地运用示弱，正是运用了这种心理，人们常常忌讳自己的缺陷，千方百计扬长避短，造成"强大"的印象。但是强势并不一定能够让人们做出退步，如果在此时，暴露出自己的一个"小弱点"，或者紧张情绪，给人的印象无疑要比"强大"更有亲和力，让人们更乐于接受。

美国总统非常善于利用这一点来博得民众的好感，美国总统林肯在竞选中被对手抨击"两面派""带着两副面具"。林肯总统对着民众们，无奈而自嘲地说道："如果我有两副面具，我还会甘愿带着这一副吗？"，他曾经在多种场合自嘲"又穷又丑"，对于自己的相貌表示不满。而这次"一语双关"的示弱、自嘲，再次获得了民众好的好感。

示弱会让你面对诱惑、危险、欲望时，保持头脑清醒，能够克制住自己。"毋见小利，见小利，则大事不成"。

18岁的小王是一个农家少年，只身到北京的一家烫画店打工。刚来的时候，小王基本上什么都不懂，顾客来的时候也搭不上话，只能做些杂活。对老店员，小王很尊重。无论哪个老店员服务顾客他都主动过去帮忙，仔细观察、揣摩他们接待顾客的方法。店里规定两个人一起接待的顾客，可以平分提成，但小王都将提成给了老店员。大家很不理解，可小王自己觉得一点小的提成不算什么，重要的是每次接待顾客都能从老店员身上学到很多东西。自己不要提成，老店员不但不会觉得他和自己抢顾客，而且还愿意教他更多的销售技巧和烫画知识。就这样，两个月过去了，小王的销售业绩直线上升。第三个月他的业绩在店里排名第一。老店员们都惊诧于他的惊人业绩。五个月过去了，小王凭着优秀的业绩当上了店长。

2. 适度示弱，彰显美德

在人际交往中，示弱是一种智慧，有时候也会是一种美德，是一种大局观的体现，是一种无私品格的体现。

在战国时期，赵国的蔺相如凭借在"和氏璧"事件中的表现和在"渑池会"上的功劳被赵王封为上卿，职位比老将军廉颇高。廉颇很不服气，他对别人说："我廉颇攻无不克，战无不胜，立下许多大功。他蔺相如有什么能耐，就靠一张嘴，反而爬到我头上去了。我碰见他，得给他个下不了台！"这话传到了蔺相如耳朵里，蔺相如就请病假不上朝，免得跟廉颇见面。

有一天，蔺相如坐车出去，远远看见廉颇骑着高头大马过来了，他赶紧叫车夫把车往回赶。蔺相如手下的人可看不顺眼了。他们说，蔺相如怕廉颇像老鼠见了猫似的,为什么要怕他呢!蔺相如对他们说:"诸位请想一想,廉将军和秦王比,谁厉害?"他们说:"当然秦王厉害!"蔺相如说:"秦王我都不怕,会怕廉将军吗?大家知道,秦王不敢进攻我们赵国,就因为武有廉颇,文有蔺相如。如果我们俩闹不和,就会削弱赵国的力量,秦国必然乘机来打我们。我所以避着廉将军,为的是我们赵国啊!"

蔺相如的话传到了廉颇的耳朵里。廉颇静下心来想了想,觉得自己为了争一口气,就不顾国家的利益,真不应该。于是,他脱下战袍,背上荆条,到蔺相如门上请罪。蔺相如见廉颇来负荆请罪,连忙热情地出来迎接。从此以后,他们俩成了好朋友,同心协力保卫赵国。

当然,蔺相如这种示弱,不是委曲求全,不是逃避放弃,更不是不作为。老子说得好:"受国之垢,是谓社稷主;受国不祥,是为天下王。"承担国家的屈辱,才能称为国家的君主;承担国家的灾难,才配做天下的君王。同理,能承受住他人的误解,承受住一时的屈辱,承受住粗暴的情绪,以静制动,以柔克刚,无为而治,这才是强者真正的智慧。

常言道:尺有所短,寸有所长。不久前,有位大学毕业生,在择业招聘书上写下了自己"不太合群"的弱点。意想不到的是,招聘单位反而录取了他。在招聘单位看来,有些工作就适合这样的人来干,而实事求是地说出自己的个性弱点,恰恰又是其诚实守信的表现。真诚地袒露自己某些方面的弱点,往往是一种有益的处世之道。从这个意义上说,"示弱"不也是一种境界吗?

3. 适度示弱,保护自己

我们看到这样的自然景象:山谷中,大雪纷飞,雪花落满了雪松的枝丫,当积雪达到一定程度时,雪松那富有弹性的枝丫就会往下慢慢弯曲,直到积雪从枝丫上一点一点地滑落,这样反复地积、反复地弯、反复地落,风雪过后,雪松完好无损,而其他的树由于没有这个本领,枝丫早被积雪压断了、摧毁了;一堆石子压在草地上,小草压在了下面,小草为了呼吸清新空气、享受温暖的阳光,改变了直长方向,沿着石间的缝隙,弯弯曲曲地探出了头,冲出了乱石的阻隔。在重压面前,松树和小草选择了弯曲、选择了变通、选择了示弱,而正是这种选择,使它们生机盎然。

澳洲的一个故事中说:性烈之马一般生命较短。因为难以驯服,故不免被杀食肉;而那些"示弱"的马,因为较易驯服,往往能够赛场夺冠而被精心饲养,自然得以沿命。

加勒比海的海滩上有两种不同性格的蓝甲蟹:一种是较凶猛的,从不知躲避危险,与谁都敢开战;一种是温和的,不善于抵抗,遇到敌人,便翻过身子，四脚朝天，任你怎么捣它、踩它，它都不跑不动，一味装死。千百年后，人们发现强悍凶猛的蓝甲蟹成了濒危动物，而性情温和的蓝甲蟹反而繁衍昌盛，遍布世界上许多海滩。

动物学家通过研究发现，强悍的蓝甲蟹因为好斗，在相互残杀中死了一半；此外，因为其强悍而不知躲避，被天敌吃掉了一半。而会装死的蓝甲蟹，因为善于保护自己，显示出旺盛的生命力。我们常用毫不示弱来形容勇敢，但毫不示弱的蓝甲蟹却渐渐被自然界淘汰出局。

李康《命运论》曰："木秀于林，风必摧之；堆出于岸，流必湍之；行高于人，众必非之。"对于人类来说，面对压力不低头的是有个性的人，而适当地选择示弱、认输、放弃的人则是聪明的人。

选择放弃

瑞典人克洛普以登山为生。1996年春，他骑自行车从瑞典出发，历经千辛万苦，来到了喜马拉雅山脚下，与其他12名登山者一起登珠峰。但在距离峰顶仅剩下300英尺[①]时，他毅然决定放弃此次登峰，返身下山，这意味着前功尽弃、功败垂成。而他做出这个决定的原因在于，他预定返回时间是下午2点，虽然他仅需45分钟就能登顶，但那样他会超过安全返回的时限，无法在夜幕降临前下山。同行的另外12名登山者却无法认同他的明智决定，毅然向上攀登。虽然他们大多数到达了顶峰，但最终错过了安全时间，葬身于暴风雪中，让人扼腕叹息。而克洛普经过对恶劣环境的适应，在第二次征服中轻松地登上了峰顶。

如果克洛普也一味执着，不顾一切地去实现目标，那么将与其他同行者遭遇一样的结局。但是他学会了示弱，学会了审时度势、把握全局、以小忍换大谋，最终他攀上了成功之巅。人只有当机立断地放弃那些次要的枝节和不切实际的东西，他的征途才能风和日丽、晴空万里，才会豁然开朗地领悟"小舍小得、大舍大得、不舍不得"的真谛。

从自然界到人类社会，适当"示弱"不失为一种趋利避害的有效方法。

二、与人交往，学会示弱

1. 朋友相处，学会示弱

朋友相处中，学会示弱能增进友谊。朋友之间经常会因为对一些事物的看法不同而产生争论，争论的结果有三种情况：一是一方胜利，另一方心悦诚服，双方取得一致意见，这种结果比较罕见；二是一方胜利，另一方出于

---

① 1英尺=0.3048米。

种种原因表面服从，但口服心不服；三是双方各执己见，谁也说服不了谁，两败俱伤，最后不欢而散，甚至"掰了"。可见朋友间争辩对一件事情的看法是最容易伤感情的。卡耐基认为："不论你用什么方式指责别人，如用一个眼神、一种说话的声调、一个手势等，或者你告诉他错了，你以为他会同意你吗？决不会！因为你直接打击了他的智慧、判断力、荣耀和自尊心，这反而会使他想着反击你，决不会使他改变主意。"（《人性的弱点全集》卡耐基）争辩本身就是一种挑战，挑战的结果是对方迎战，无论谁取得了表面上的胜利，朋友之间的情谊都会受到不同程度的损害。

为了避免出现这种尴尬的局面，我们要学会示弱。朋友说的观点你不赞成，你可以不争辩。你完全可以把类似"我认为你说的不对""我不这么认为""我和你的观点不一样"这样的话换个说法。比如，你可以说"是这样的，我倒另有一种想法，但也许不对……"一句"也许不对"，有非常神奇的效果，因为它是向对方"示弱"的意思，"我可能不对""我也常常犯错"，这样说就很容易让别人接受你的观点。你们之间的会避免争论、争辩，甚至争吵的出现，而是和颜悦色、平心静气地交换看法，增进友谊。

朋友之间的"示弱"还表现为"寻求帮助"。朋友的情谊在互相帮助中得到升华。一味地强势，在朋友当中充当救世主的角色，从不向朋友寻求帮助，这样的友谊也不会长久。在帮助朋友的同时，也应该常常请求朋友帮助。请求朋友实际上是向朋友"示弱"，告诉朋友你在某些方面比我强，让朋友感觉到你需要他，他可以作为你某一方面的依靠，由此产生自豪感。与朋友相处，彼此之间的欣赏、交流、依靠和互助会让友谊长存。

2. 职场生存，学会示弱

在职场中与同事或领导相处，学会适当地示弱可以以退为进。

以退为进

电视剧《潜伏》中的主人公余泽成与他的竞争对手说话的时候经常会说："实话说我也有想法，但是我一个科长怎么能和你们处长竞争呢？"处处示弱，让别人对他疏于防范，最终他得到了"副站长"这个人人觊觎的职位。

职场上最看重的是踏实虚心、善于与人合作。假如你的表现过了火，老同事容易感到面临挑战，上司也会觉得你不好领导。这就是"过犹不及"的道理。假如你一味逞强，处处表现得锋芒毕露，会让人觉得你不善于与人合作。"示弱"是一种职场生存方式，要把握好示弱的分寸。适度示弱让老同事安心、上司放心，使得大家在工作中合作愉快；可以助你赢得和谐的人际关系；可以让你的职业发展更加顺利。但也不要过度示弱，因为过度示弱可能会给人留下"无能""懦弱""好欺负"的印象，落入被人鄙视的情境中。

> 初入职场"被撞腰"

一位24岁公司女职员的倾诉：

接到深圳那家知名企业的录用通知时，我着实忙乎了一番：除了对着镜子练习职业性的微笑外，我再一次把公司的情况作了了解。当我有节奏地踩着高跟鞋走进写字楼时，已经俨然像一个白领丽人了。

在下午的部门会议上，主管微笑着对我和另外一个同时招聘来的名叫王娜的女孩子说："你们先听听大家的发言，然后谈谈你们的想法。"果然不出所料，主管一定是要从侧面了解我们的能力了，幸亏我提前做了一些准备工作。

王娜发言了："大家的发言让我很长见识，我还要和大家多多学习，目前没有具体的想法，希望在大家的帮助下，我能尽快地熟悉业务。"王娜略带羞涩地说。没有想法怎么能进这家公司？一丝不屑在我的心头悄悄掠过。

主管微笑着将目光转向我。"我想，一个公司要想在竞争中得以生存，就必须与时俱进，但是我发现，我们的设计方案有一些地方还需要改进，比如客户服务这部分……"我侃侃而谈。"你很有想法，把建议写下来，下周交给我。"主管说道。那一刻，从他的眼神中，我读到了赞赏。

为了完成主管交代的工作，我查资料、整理数据，忙得不亦乐乎。而王娜则依然是一副稚嫩的学生腔，"老师，您帮我看一下这个可以吗？""老师，您的计划做得真有条理，能指导我一下吗？"她真像个初学者，而我则显得更有主见。即便是聊天，我也能以自己广博的知识和独特的看法，令众人另眼相看。

三个月的试用期很快过去，公司在我和王娜之间将二选一。那天下班前，主管将我叫到办公室，说道："张佳，和你相处三个月，觉得你的确是一个有才华、有思想的女孩，相信你有很好的未来，但是……"天啊！这样的结果让我始料不及，我甚至怀疑王娜留下是不是有什么其他背景。

冲出写字楼，我终于忍不住让泪水奔流。

"她哪里比我强？"晚上，在老师家里，我不服气地宣泄着自己的不满。老师微笑着说："我相信你的能力，也许王娜真的不如你，可是，王娜有一点却做得比你好，那就是她表现得谦虚，懂得示弱。其实，作为一个刚毕业的学生，企业最看重的是你的踏实虚心、善于与人合作。假如你的表现过了火，老同事容易感到面临挑战，上司也会觉得你不好领导。假如你的表现让人觉得你不善于与人合作，败下来是自然的。记住，只有为自己赢得一个舞台，才有展现舞姿的可能，而适度示弱是赢得这个舞台的'敲门砖'啊！"

▶ 第四部分　掌握沟通技巧　提升人际交往的能力

老师的话醍醐灌顶，给年轻气盛的我上了很好的一课。现在，我已在另一家公司就职，由于我在展现能力的同时又注意到示弱，很快就得到了老板的重用。

3. 家人相处，学会示弱

所有的人际关系都包括两个方面，一个方面是家庭内部的人际关系，另一方面是社会的人际关系。我们经常会注意在生活中怎样与朋友相处，在工作中怎样与同事相处，但常常会忽略最重要的家庭内部的人际关系，就是如何与家人相处。家人之间的相处包括夫妻、父母与子女等亲人之间的相处。家庭的人际关系是社会人际关系的基础，如果一个人在家里人际关系搞得一团糟，在社会上的人际关系他能搞得很好吗？社会人际关系中需要示弱，与家人相处同样需要示弱。

（1）夫妻相处，学会示弱。

夫妻相处需要学会"示弱"。歌剧男高音真·皮尔士的婚姻差不多有五十年之久了。他说："我太太和我在很久以前就订下了协议，不论我们对对方如何愤怒不满，我们都一直遵守着这项协议。这项协议是：当一个人大吼的时候，另一个人就应该静听。"静听的一方实际上就是"示弱"。这是很多夫妻和睦相处的秘诀。在夫妻关系中，女性适当地示弱更增添了女性的柔美。男性适当地示弱则能显示出博大的胸怀，能让老婆更佩服你，从而更体贴你。很多婚姻不幸的家庭，就是因为双方都强势，两个人争吵升级为战争，最后家庭破裂。

通常女性示弱表现为撒娇、流泪、含羞、微笑、静默等；男性示弱表现为不说话、掉头走开等。

会示弱的女王

有天晚上，英国维多利亚女王与丈夫吵了嘴。丈夫闷闷不乐，独自回到卧室，重重地关上了门。时隔不久，女王来卧室，见门紧闭，只好敲门。

"谁？"丈夫在里边大声问，"女王！"维多利亚傲慢、大声地答道。卧室门没开，里边悄无声息，女王只好再次敲门。里边又问："谁？""维多利亚！"女王如此回答。

卧室门照旧不开，也听不见里边任何动静。女王无奈，又再次的敲了门。"谁？"这回里边的声音比前两次响得多。

女王学乖了，柔声回答："您的爱妻维多利亚！"门缓缓地开了……

（2）父母与子女相处，学会示弱。

经常会听到有父母抱怨，自己很优秀，为什么养出的孩子没有遗传自己的基因，不自立、没主见，总让父母恨铁不成钢。事实上，他们始终没有意识到，正是父母的"优秀"阻碍了孩子能力的提升，若想孩子改变，必须先让自己改变，学会在孩子面前示弱。

父母一定要学会在孩子面前示弱，这是让孩子迅猛成长的法宝之一。当孩子面对一个无所不能的人的时候，他只有两个选择，一个是学习这个无所不能的人，追求完美，不能容忍自己的缺点；另外一个选择就是什么都不做了，因为这个能人什么都能做！反过来呢，如果能够在孩子们面前有那么一点的不完美，有那么一点软弱，孩子们就会变得宽容，变得坚强，成长为一个能够为家庭挡风遮雨、有责任的人！让孩子体会自己比成年人还要强大能够帮助他们建立自信并激发潜能。懂得向孩子示弱也是一种智慧。

儿子有了责任感

暑假，上大学的儿子在家，我在儿子面前也适当示弱。桶装的纯净水送来了，我不急于装水，而是告诉儿子近来腰不太好，有点不敢装水。儿子马上把水装好，并告诉我，以后只要他在家，桶装水都由他来装。我的示弱，大大激发了儿子的责任感，他觉得自己长大了是男子汉了，应该为家长承担重活了。

该低头时就低头

被称为美国人之父的富兰克林，年轻时曾去拜访一位德高望重的老前辈。那时他年轻气盛，挺胸抬头迈着大步。一进门，他的头就狠狠地撞在门框上，疼得他一边不住地用手揉搓，一边看着比他的身子矮一大截的门。出来迎接他的前辈看到他这副样子，笑笑说："很痛吧！可是，这将是你今天访问我的最大收获。一个人要想平安无事地活在世上，就必须时刻记住：该低头时就低头。这也是我要教你的事情。"富兰克林把这次拜访得到的教导看成是一生最大的收获，并把它列为一生的生活准则之一。富兰克林从这一准则中受益终生。后来，他功勋卓越，成为一代伟人。他在他的一次谈话中说："这一启发帮了我的大忙。"言外之意思即是：做人不可无骨气，但做事不可能总是仰着高贵的头。

任务训练

（1）你在应聘一个工作，但你的学习成绩并不太好，在应聘的面试中你怎样说出你的学习成绩不太理想？

（2）在工作中犯了错，你怎样承认的错并做到自我批评？

（3）你是领导，安排下属做一项工作，但下属做得令你很不满意，这时

▶ 第四部分　掌握沟通技巧　提升人际交往的能力

你是怎么对下属说的？

任务十四　学会应变　摆脱人际交往困境

任务提出：学会应变。

任务目标：掌握应变技巧，在人际交往中，学会应变。

任务分析：

（1）学会在交际中应对令人尴尬的局面。

（2）学会在交际中察言观色。

（3）做到入乡随俗，适应不同的交际环境。

基础知识

学会应变

生活中的变化客观存在，应变是事物发展与世界改变的客观需求。从多方面提高自己的应变能力，是有效沟通的需要，也是人类生存发展的需要。

在现实生活中，人们随时随地都要面对变化。这些变化可能是社会大局势的变化，可能是生活细节的变化，也可能是个人的精神世界的变化。其中有些可能很突然，有许多常人意想不到的变因，要求人们紧急处理，容不得有太多的时间考虑，这个时候就要考验人的应变能力。变化面前，不得不做出应变。有些变化关系到一个人生活问题，甚至关系到一个人的生存问题，如果不做出应变，自己就会身受其害，或者将置身于难以想象的困境里，甚者会威胁到生命；相反，如果一个人在变化面前能够应变自如，就能挽回不必要的损失，摆脱不必要的烦恼，远离生活的困境。为此，人必须具备良好的应变能力。那么，如何才能够具有应变的能力呢？

一、要善于察觉环境的变化

出门看天色，进门看脸色，这是一种交际行为。观其天色，可推知阴晴雨雪；看其脸色，便可知人的情绪。知情绪，便能善相处；善相处，便能心相通；心相通，便能达到一致。因此，学会察言观色，确是不可忽视的为人处世之道。

学会察言观色，留意对方的表情，互谅互让，该治则治，当止即止，就能减少很多不必要的纠纷，求得和睦相处。

我们如果能在交际中察言观色、随机应变，也是一种本领。有位记者颇有经验，懂得采访的"火候"。当他去采访同国外球队刚交锋的"国脚"们时，一进门，看见守门员铁青着脸，圆睁着眼，觉得休息间气氛沉闷，赶紧退了出来，取消了这次采访。后来，才得知"国脚"们吃了败仗，正在怄气，如果记者当时不看脸色，硬要采访吃败仗的"将军"，非挨骂不可。

可见，察言观色，及时地改变先前的决定，及时地或退或进，及时地控制自己的喜怒哀乐，那么，人际交往就一定能更加和谐。

当然，那种为了一己之私而阿谀奉承、吹牛拍马，唯上司命令是从，专看别人脸色行事的"小人"理应受到人们的鄙弃。

人的思想情绪通常会通过一些肢体语言流露出来，了解一些肢体语言的秘密对于我们在人际交往中理解对方的情绪、调整自己的沟通策略会有一定的帮助。

1. 各种体态传递出的信号

（1）身体倾斜。喜欢一个人，往往会朝他倾斜过去。这是对他和他的话感兴趣的迹象。一个人非常感兴趣的时候，身体会朝前倾斜，而双腿往往会向后缩。如果某人坐着的时候朝你这边倾斜，意味着他正对你表示友好。当你不喜欢某人，感到和他在一起很乏味，或者很不舒服的时候，你往往会向后倾斜。

（2）模仿别人的动作。要想知道自己对别人是否有吸引力，只要看看他们是否模仿你的动作就行了。如果你们彼此模仿对方的肢体语言，那么有可能其中之一或者你们两个人对对方都有好感。模仿别人的意思是你希望像对方一样。

（3）前后摇晃。这种动作说明某人不耐烦或者很焦虑。成年人在不舒服的时候前后摇晃，或者很焦虑的时候用这种方法让自己平静下来。

（4）烦躁不安。如果某人烦躁不安的话，说明此人正在暗示别人他感到很不舒服，或者某事让他很烦躁。或许他没有说实话，或者他想离开自己所待的场所。

（5）偏着脑袋。把脑袋偏向一边说明此人很有兴趣，正在倾听你说的话。你已经吸引了他全部的注意力，他正在全神贯注地听你说话。

（6）朝前伸的脑袋。朝前伸的脑袋表示一种迫近的威胁。就像往前伸的下巴一样，这是一种攻击性的动作，暗示某人正准备对眼下的问题采取一种进攻性或者有敌意的方法。

（7）挠头。要不是头上有虱子或者头皮屑的话，挠头说明某人感到很困惑或者对某事没有把握。

（8）耸肩。当人们耸肩的时候，这意味着他们没有说实话，不坦率，或者觉得无所谓。正在撒谎的人往往会有快速的耸肩动作。在这种情况下，耸肩不是故意的，而是下意识地在努力表现得很镇定，但是，实际上并没有达到这种效果。

2. 含义丰富的双臂

手臂的姿势有着很丰富的含义，它们会告诉你某人的情绪变化。通过理解不同的手臂姿势的含义，可以帮助我们了解手臂所传达的信息。

（1）交叉的双臂。

这是一种防御性的姿势，说明某人感到很不自在，希望能够保护自己。这也可能意味着此人正在疏远你。当某人感到不安全的时候，他往往会占据较少的肢体空间。

双臂抱在胸前的人如果说他们是用这种方法坚持己见、鼓舞自己的话，其实还意味着他们会拒绝你提供的任何立场。伴随这种姿势的还有紧张和不安。把双臂抱在胸前还非常明显地说明了此人想要掩饰什么。所以当你看到某人把双臂交叉放在胸前的话，这意味着此人想撤退。胸部很丰满的女性或者感到不舒服的人常常也会采取这种姿势。

（2）双手叉腰。

如果双手放在臀部，肘部从身体两侧突出来的话，这意思是说"离我远点儿"或者"别跟我待在一起"。正如人类学家戴思蒙德·毛里斯所说的那样，这是一种"拒绝拥抱的姿势"。这也是一种非常自信、非常自立的表现。

如果某人想在社交场合把他人排斥在小圈子之外的话，他会通过把一只手放在臀部的姿势来传达出这个信息。

（3）打开的双臂。

双手紧扣放在背后意味着坦诚，有这种姿势的人其实是在暗示：他们无须保护自己。这种姿势是自信的表现。军人们在稍息的时候常常双手握拢，放在背后。他们是放松的，坦诚的，没有什么可以隐瞒的。

（4）挥动的手臂。

在很多地区文化中，挥动的手臂作为正常交流的一部分，是用来帮助表达谈话中某种观点的。但是在西方文化中，挥动的手臂有着完全不同的含义，它意味着某人无法自控，非常情绪化，或者很生气。

3. 流露感情的双手

双手如何摆放非常能够说明某人的情感状态。下面是一些手势的含义。

（1）藏起来的双手。

如果某人在说话的时候把双手藏起来的话，比如放在口袋里，他可能在隐瞒一些很重要的信息，一些不想示人的、对个人很重要的事情。

（2）愤怒的双手。

紧握的拳头往往意味着此人不想把自己的情感表达出来。无论你何时看到某人在说话的时候握着拳头，那么此人一定是在生气或者感到很难过。如果大拇指藏在拳头里的话，那么此人通常感到很危险，很害怕或者很担忧。在握拳的时候拇指相扣，就像双手环抱一样，也是一种自我保护的方法。说话的时候用食指朝外指着，或者不停地快速动来动去，这也暗示了某人内心埋藏着怒火。

（3）撒谎的双手。

一个不坦率的人手部的动作通常缺少表现力。双手不是握着拳头，就是合拢，或者放在口袋里。注意某人在说话的时候手握得有多紧：越紧就意味着越紧张。

当某人抓住某样东西的时候，比如一把椅子，看起来似乎要紧紧地抓住现实不放。爱自我控制的人往往很紧张，很缺乏安全感，其实他们真正想控制的是其他一些东西。因此，要做到这一点，他们就可能会撒谎，或者努力避免体验一些很强烈的情感。

（4）诚实的双手。

反之，当某人很诚实的时候，他的手掌通常是摊开的，手指是伸直的。这表现出了此人的坦率和对他人的兴趣。这是一种接受他人的手势，意味着此人愿意结识你，并且欢迎你和你的意见。摊开的手掌还意味着你比较容易受到他人的影响。反之，一个手背向外的人通常不太善于接纳别人，也不够坦诚，而且很孤僻、很保守。

（5）固执的双手。

如果你看到某人的大拇指是僵直的，而其他手指伸得直直的，或者握成拳头，这说明此人紧紧抱着自己的观点不放。要想一个有着这种手势的人接受你的观点，那是非常困难的。

（6）不耐烦的双手。

在桌子上轻叩手指或者把手在桌子上敲得咚咚响，这说明此人很不耐烦或者很紧张。还有就是，手里不停地拨弄东西，都说明此人很缺乏安全感，很紧张、很不安。这样的人没有自信，需要摸着一些实实在在的东西才觉得自在。

（7）有压迫感的双手。

指甲断裂，爱啃或者撕去手上的死皮，双手绞在一起，不安地摆弄着什么东西，这些都是烦躁不安的表现。尽管人们内心的骚动不安可能在谈话中并不明显，可是以上这些无意识的动作都是人们感到有压迫感的时候爱做的。这些动作还可能意味着愤怒和沮丧。

（8）感到很舒适的双手。

如果某人感到很舒服的话，这种感觉可以通过他的双手反映出来。手部动作有力而又沉着，但是很流畅，一点儿也不机械。双手紧握放在脑后，或者双手叉腰都是在表现自己的安全感，这意味着他们感到很舒服，很自在。

（9）自信的双手。

一个很自信的人经常会有反映自信心的很多手部动作。十指交叉拱成塔状就是一种表现自信的手势。教师、政治家、律师，以及那些传播信息的人常常会有这种手势。人们在谈判的时候也有这种手势

4. 常用手势的含义

（1）掌心向下的招手动作。在我国，向别人招手，并要求他向你走过来，一般为掌心向下，手掌上下轻微晃动；但在美国这是叫狗的动作。

（2）跷起大拇指手势。在我国和其他一些国家，一般都表示顺利或夸奖别人。但也有很多例外，在美国和欧洲部分地区，表示要搭车；在德国表示数字"1"；在日本表示"5"；在澳大利亚则表示骂人。与别人谈话时，将拇指翘起来反向指向第三者，即以拇指指腹的反面指向除交谈对象外的另一人，是对第三者的嘲讽。

（3）V形手势。这种手势常用来表示"胜利"。在英国、新西兰等国家，手心向外的形手势是表示胜利；若手心向内，就变成骂人的手势了。

（4）举手致意。举手致意也叫挥手致意，用来向他人表示问候、致敬、感谢。当你看见熟悉的人，又无暇分身的时候，就举手致意，可以立即消除对方的被冷落感。要伸开手掌，掌心向外，面对对方，指尖朝向上方。

（5）OK手势。拇指、食指相接成环形，其余三指伸直，掌心向外。这种手势在美国表示"了不起、顺利"的意思；在日本、韩国，则表示金钱；在泰国表示"没问题"；在法国表示"零"或"毫无价值"。

神态、动作、表情达意

眯着眼——不同意，厌恶，发怒或不欣赏

走动——发脾气或受挫

扭绞双手——紧张，不安或害怕

向前倾——注意或感兴趣

懒散地坐在椅中——无聊或轻松一下

抬头挺胸——自信，果断

坐在椅子边上——不安，厌烦，或提高警觉

坐不安稳——不安，厌烦，紧张或者是提高警觉

143

正视对方——友善，诚恳，外向，有安全感，自信，笃定等

避免目光接触——冷漠，逃避，不关心，没有安全感，消极，恐惧或紧张等

点头——同意或者表示明白了、听懂了

摇头——不同意，震惊或不相信

晃动拳头——愤怒或富攻击性

鼓掌——赞成或高兴

打呵欠——厌烦

手指交叉——好运

轻拍肩背——鼓励，恭喜或安慰

搔头——迷惑或不相信

笑——同意或满意

咬嘴唇——紧张，害怕或焦虑

抖脚——紧张

双手放在背后——坦诚，没有戒心，没有敌意

环抱双臂——愤怒，不欣赏，不同意，防御或攻击

眉毛上扬——不相信或惊讶

二、入乡随俗

世界天宽地广，方言俚语如海如林，同样一句话、一件事，在不同的地方，意义就完全相反，他以为侮辱，你以为尊敬。因此，"入境而问禁，入国而问俗，入门而问讳"。入乡随俗，这对于社交的成败是至关重要的。

入乡随俗，但不能生搬硬套，犯教条主义的错误，否则必会造成尴尬的局面。

> 变通是一种能力

有位先生要去访问美国，临行前，他看了许多介绍美国情况的书，其中《美国一月游》书中介绍：接待访客的美国朋友都是自己驾车接客，为表示平等，访客要与驾车者并排而坐，体现不把对方当成"车夫"的意思。他记住了这个细节。在访美期间，无论到什么地方，都按照书中的规矩"前排就座"，一直平静无事。

可是，一次应邀去一户人家做客，却遇到了新情况。送他回旅馆的是一对夫妇，在快上车时，他发现这对恩爱的老夫妻已经坐前排了。翻译没有说明理由，请他坐后排，可他却坚持坐前排，以示对驾车人的尊重。听了翻译

的说明，太太便让出座位到后排来。开车后，他发现两位老人神色有异，心想：难道我坐错位了吗？他有点不放心，便通过翻译告诉他们书中提到的这种规矩，大家听后都笑了，那位老太太说："没关系，我本来应该把那个位子让给你坐，在美国，我也曾经当着人家的面递东西。"

这位先生一听知道坏了，她言下之意，我同她一样失礼了。错在哪里？原来他犯了"只知其一，不知其二"的错误，书中提到的是一种情况，另一种情况是，当驾车者有太太陪同时，前排右边的位子就变得尊贵起来，只能由太太独享。

各个国家和各个民族在长期发展的过程中，都形成了自己独特的忌讳。随着国门打开，各国友人之间的往来相当频繁。如果交往中犯了忌，会使异域的朋友十分不高兴。

三、打破沉默

有些人保持沉默是因为无话可说；有些人保持沉默是因为懂得说话要适时。

社交中的沉默有两种，一种是对社交有益的沉默，一种是对社交有害的沉默。对前一种沉默我们应该学会使用和理解，对后一种沉默则应努力避免和打破。

1. 打破自己造成的沉默

如果是自己太清高、架子大，使人敬而远之，从而造成了对方的沉默，则应从完善自己的个性着手，在社交场合中主动些、热情些、随和些。

如果是自己太自负、盛气凌人，使对方反感，从而造成了沉默，则要注意培养谦虚谨慎的品德，多想想自己的短处。

如果是自己口若悬河，讲起话来漫无边际、无休无止，从而导致了对方的沉默，则要注意自己讲话应适可而止。

2. 打破对方造成的沉默

如果对方流露出对此话题不感兴趣而不想开口的情绪，那就要马上转移话题，选择对方乐于谈论的事情进行交谈，或故意创造机会让对方自己转移话题。

如果对方自我防卫的机制太多，不宜轻易开口，那么就要努力创造非正式交谈的气氛，鼓励对方无顾忌地坦率地交谈。

3. 打破双方关系造成的沉默

如果是因为双方互不了解，不知谈什么得体，那么就应主动做自我介绍，并使交谈面涉及尽可能广泛的领域，从中发现双方的共同话题。

如果因为双方过去曾经发生的摩擦或隔阂而造成了沉默，那么就应该高姿态，求大同存小异，或者干脆把过去的隔阂抛在脑后，仿佛什么也没有发生似的，热情地与之攀谈，增强信任和友善的气氛。

4. 打破环境造成的沉默

如果对方觉得这个环境不适合他发表意见，那么可以换个环境，也许他就愿意敞开思想来谈。

如果对方认为环境中的个别因素妨碍了交谈，在可能条件下，可以排除那些干扰因素，使对方能积极地参与交谈。

没有千篇一律的打破沉默的固定模式。交际者要根据具体的时间、地点和对象的心理特点，以及造成沉默的原因采取不同的有效的对策。打破沉默的艺术是社交艺术的重要组成部分，需要在交际实践中逐步体验和摸索，才能运用自如。

四、应付羞辱

一个人遭到他人羞辱后，一般会有如下反应：

（1）用猛烈的暴力攻击、伤害对方来发泄自己的愤怒。这种类型的人多内向、压抑，遭到他人的羞辱时无法排解，怨气越积越多时就变成了仇恨，最后如火山爆发般释放出来，造成了惨痛的后果。他人并没有感觉对他的伤害，而被羞辱者的忍耐却已到达极限，极易产生暴力行为。但事后伤人者冷静下来后又感到懊悔万分：为什么一件小事竟酿成如此大错？

遇到这种情况，要做到三点："轻松一点儿，幽默一点儿，乐观一点儿"，不要绷得太紧，就可避免不好结果的发生。

（2）用信念化解羞辱。有这样一个中年妇女，她没什么文化，始终只是一个普通打工者。为了负担儿子上学的费用，她常年在外打工，工作辛苦却只有微薄的工资。二十几年间，历经种种艰难困苦，无论受到什么委屈她都没绝望，坚强地挺了过来。因为她内心有一个坚定的信念：始终坚信自己的儿子会成为优秀的人！就是这股信念支撑着她熬过了二十多年！后来，儿子奋发图强，以优异的成绩大学毕业，分到重要的工作岗位，有了一个幸福的家庭。她的信念变成了现实，也过上了幸福的生活。

（3）用幽默来化解羞辱。如相声演员侯宝林在"文革"时期被批斗，别人一喊"打倒侯宝林"，他就扑通一声倒下，惹得台上台下哄堂大笑。红卫兵说他不老实，他说，"你不是要打倒我吗？我配合你们，怎么是不老实呢？"就这样，他用智慧、幽默来化解了羞辱，可以想象，他内心是不会为遭到的羞辱感到悲痛欲绝、痛不欲生、愤而自杀的。再就是把它变成一种动力来激励自己向人生更高的目标奋进。

（4）把羞辱变成持久奋进的推动力。"天将降大任于斯人也，必先苦其心志，劳其筋骨，饿其体肤。"羞辱是上天给一个人走向成功的鞭子，我们不能因"鞭打"的痛苦而丧失希望，而是应清醒地看待刺激与羞辱，以此为动力，奋发图强，走出自己的成功之路。

> 成功的路

1985年，辞去护士工作的吴士宏凭着自学的英语基础和勇气应聘跨进了IBM的大门。可是她在最初的工作却是每天端茶倒水、打扫卫生，虽然仅仅充当着一个保洁员的角色，她却为这个安全而又能解决温饱的环境感到满足。可是接连发生的几件事改变了她的命运。

一次她拖着平板车买办公用品回来，被门卫拦在大楼门口。门卫故意要检查她的外企工作证，她没有证件，进进出出的人投来异样的眼光，她内心充满了屈辱，却无法发泄，她暗暗发誓：这种日子不会久的，绝不允许别人把我拦在门外。

还有一件事使她的尊严再次受到沉重打击。一位香港女职员，倚着自己资历老，经常使唤别人替她做事，也经常使唤吴士宏做这做那的，有一次竟指责吴士宏偷喝她的咖啡！吴士宏气得浑身颤抖，她把对方逼贴在墙角，要她当众承认错误。事后她对自己说：有朝一日，我要有能力去管理公司里的任何人。

这两件事强烈地刺激了吴士宏，她发誓要彻底改变现状。她每天比别人多花6小时来工作和学习。最终，她在所有应聘者中，第一个做了业务代表，不久又升为经理，随后成为去美国本部工作学习的第一人。后来，她成为第一个IBM华南区的总经理。

五、应付语言伤害

"你真的没救了！"

"啊！多么漂亮的衣服，只可惜你穿上太不合身。"

"还在浪费时间练小提琴？死了这条心吧，你永远也拉不了你母亲那么好。"

诸如此类伤人的话我们几乎天天听到，有意和无意说这类话的人可能会使你因此而一蹶不振。

在很多情况下，你可能会因为自己受到无缘无故的伤害而发展成一种保护自己和以牙还牙的心理。然而，你这样做只会使你陷入"反击—被反击"

的无端纠缠与烦恼之中。我们其实有更好的办法来对付它。下次当你面临如此境地时,不如照以下几个办法去做。

1. 冷静分析

几乎所有以语言伤害别人的人都是事出有因,他们的内心郁闷难解,一有机会就要发泄自己心中的怨气与愤怒,他们如此并非真正是单独针对你。设身处地一想,心里也就好受得多,记住,退一步海阔天空!

2. 发出信号

对那些一而再、再而三好挑剔的人用发信号的方法对他们进行事先警告是防止被伤害的有效方法。

3. 反唇相讥

借对方的话,机智地加以运用,使说话者自觉无理。用恰当的言辞抵御进攻。你的回击应该恰如其分,不仅要恰当地选择词汇,而且用词的程度也应讲究。回击一个技巧不高的进攻者,你就不必花费更多的精力,那样既不道德又会显得你心胸狭窄。也就是说,回击的语言选择必须恰如其分,语言的自卫过程应该"适可而止",任何时候你都毫无理由去进行过分的回击。

4. 置若罔闻

随他说去,将逆耳之语当耳边风,乐得一身轻松。我们要学会原谅,原谅别人是人类得以生存的本领。

> 做个聪明而机智的人

以下举出一些最为基本的羞辱的问答法:

1. "你有毛病吗?"

必是他认为你犯了什么不可饶恕的大错,因此用这样否定你思想、能力、态度的质问来羞辱你。

(1) 当它是一句医生的问话时,你这样回答:"有,消化不良。"或者"有,肝炎。"

(2) 引起你的心病了,你说:"有,就是罪恶感,因为以前有一个问我这样一句话的人让我揍了!"

(3) 你没有心情开玩笑的话,可以严肃一点地说:"有是有,不过只要走开了就会好些。"然后你大跨步离开这儿。

2. "你父母怎样教养你的?"

谈话之中突然牵扯到父母,这是最令人冒火的事,但是你千万别为父母受了指责而生气,他的目标是惹你发火。

(1) 别上钩,你说:"我是爷爷、奶奶带大的。"

(2) 你默想一会儿,再说:"我记不得了,恐怕得麻烦你自己去请教

▶ 第四部分　掌握沟通技巧　提升人际交往的能力

他们。"

（3）做肯定的答复回敬他："我只记得一点，那就是不可以问这样没有礼貌的问题。"

3."你自以为是什么人？"

（1）不要动怒，索性把他的话说清楚："依你看我要是某某人才够资格和你说话，是吗？"如果对方说"是"，这时，你可以反击一下问他："那你自以为是什么人？"

（2）谦和一点，用开玩笑的方式说："天气不好时，我自以为就是拿破仑。"或者："现在吗？我自以为是一个受害者。"

（3）停顿一下，指指旁边的人说："我自以为是他，你再问问他自以为是谁？"

4."你开玩笑！"

这话本来无伤大雅，但是说话人带有不屑的表情和讥嘲的口吻，就是有意要使你出丑了。

（1）表示你留意到他的态度："我是在开玩笑，可是你忘记听了之后应该笑啊！"

（2）当作他的一项要求："好！你要听什么笑话？"

（3）故意以为他在猜测："对！我正在开玩笑！"

5."难道没有人告诉过你……"

当然省略号部分一定是你的某项缺点或错误言行。当着众人的面对你说此话并非是善意的。

（1）当作他自己曾有这种切身的经验："好像没有，你常常有这样经验吗！"

（2）承认你有过这种经验："有是有的，可这样讲话的人我从来不理他。"

（3）煞有介事地想起来："嗯，有的，不过那个人是个心理变态者。"

6."别人都喜欢。"

言下之意："你不喜欢，那就是你有毛病。"

（1）表示不信任他的调查结果："真的？没有一个是假装喜欢？"

（2）他的调查引起了你的兴趣："你说得对，可你没有问他为什么喜欢？"

基础知识

任务训练

（1）和同学发生了口角，出现了不和，你怎样打破这种僵局？

149

(2) 同学用语言羞辱你或用语言伤害你，你是怎么应付的？
(3) 假设你要去西藏，去之前你需要了解哪些藏族的风俗？
(4) 列举在学习和生活中你是怎样做到了察言观色的？

任务十五　学会电话沟通　拉近心与心的距离

任务提出：学会电话沟通。

任务目标：掌握电话沟通技巧，实现有效沟通。

任务分析：

(1) 塑造良好电话沟通形象。

(2) 掌握电话沟通技巧。

(3) 正确使用电话沟通语言。

基础知识

学会电话沟通

电话沟通是人与人之间无须见面就可以实现信息共享和情感交流的沟通手段。现代人几乎已经离不开电话了。然而，生活中并非每个人都懂得如何进行电话沟通。成功的电话沟通，让学习和工作上的沟通更便利，可以提高效率；让亲朋好友间的相互问候和推心置腹更容易，能够增进感情。失败的沟通不仅不能实现沟通的目的，反而会给工作、学习和人际沟通带来不良影响。所以，掌握电话沟通的技巧，学会用电话与人交流对于人际沟通是非常重要的。

一、用美好的声音通话

人们在交往中特别重视自己给别人的第一印象，给人的第一印象好，大家打起交道来心情愉快，事情也会办得更顺利。但是打电话是双方不见面的一种沟通方式，对方看不到你的外表和神态，怎样给对方留个好印象呢？

人们常说"闻其声而知其人"，说的就是声音在交流中所起的重要作用。在通话中，清晰的发音，热诚、亲切的语调，平缓的语速，适中的语音，都会将你的礼貌、热情、体贴、良好的职业素质和个人修养传递给对方，让你给对方留下不错的印象，为沟通的成功打下基础。

1. 通电话时要保持良好的心情

即使对方看不见你，但你欢快的语调会感染他，带给他开心和愉快。由

第四部分 掌握沟通技巧 提升人际交往的能力

此，对方会对你产生极佳的印象。不能带着不良情绪通电话。生活中，每个人都难免出现愤怒、沮丧、悲伤等不良情绪，但不能把这样的情绪带到人际沟通中去，因为它会给对方带来不快，有时还会让对方产生误会，造成沟通不畅或失败，影响人际关系。所以，通话之前要调整好心态，克制自己的不良情绪，不让对方有所察觉，保证沟通正常进行。

2. 通电话时要保持微笑的表情

"声音是人的第二张脸"，虽然看不到彼此，但由于面部表情会影响声音的变化，对方却可以听出你的心情。所以即使在电话中，也要抱着"对方看着"的心态去应对。微笑讲话，对方必能感受到那份愉悦，接下来的谈话必能顺畅。

> 听得见的微笑

服务让群众感受到"听得见的微笑"

95598是抚顺供电公司的客户服务热线电话，22位女职工一天24小时，面对94万个用电用户，平均每天接听呼入电话1200个。她们展开服务竞争，看谁回答用户的电话最有感染力、最精通业务、最让人满意，并且每周都分析评比。于是，22位女职工的办公桌上都摆放着一面镜子，接听电话的时候，她们都面对镜子微笑。她们发现微笑时接听电话不一样，微笑是能听得见的。从此，"听得见的微笑"开始在抚顺的大地上传播。

3. 通电话时要保持正确的姿势

通话过程中绝对不能吸烟、喝茶、吃零食，即使是懒散的姿势，对方也能够"听"得出来。如果你打电话的时候，弯着腰躺在椅子上，对方听你的声音就是懒散的、无精打采的；若坐姿端正，所发出的声音也会亲切悦耳，充满活力。因此打电话时，即使看不见对方，也要当作对方就在眼前，尽可能注意自己的姿势。

4. 通话时要保持恰当的音高

过低的通话的声音不仅可能让对方无法听清，而且会带给对方低落的情绪。但是通话的声音也不能过高，否则会让对方产生你不耐烦的想法。如果在公共场所太大声音打电话会吵到周围的人，引起他人的反感。通话声音的高低以通话时对方听得清楚为标准。

> 强迫"听"

在报上看到这样两则新闻：

新闻一：昨日，在较场口上班的许先生，被着着实实地干扰了一把。昨天上午8时，他乘坐871路公交车赶去上班。途经两路口时交通缓堵，大家

151

趁机闭目养神，车上一位30来岁的少妇打起了电话："你怎么还没走？都快九点了，赶紧去上班……"听口气，她应在与丈夫通话。

由于她声音太大，全车其他乘客将她"训"老公的话听了个一清二楚，"快点走！你信不信我马上打车回来查岗？"许先生事后对记者说，听到这番话，车上不少人皱起了眉头，更多的人朝她投去有些不满的目光，但少妇浑然不觉。许先生苦笑："这种家事没必要喊得大家都知道吧？别人尴尬，偏偏她不觉得。"

新闻二：上周日，小陈前往急救中心探望病人。在一楼急救病房的过道上，遇见一名男子站在走廊肆无忌惮地大声讲电话。电话核心内容是安排菜谱："你去买只鸡炖淡菜，再炒个茄子、莴笋和回锅肉，反正你自己看着办……"

小陈说，男子讲了足有七八分钟，走廊上的加床病人几乎无法休息，大家一个劲盯着他。最后，有人小声说了句："凭什么强迫大家听他家里鸡毛蒜皮的事？"该男子才挂断了电话，匆匆离去。

二、用得体的语言通话

得体的通话语言是指通话过程中所使用的准确、简洁、礼貌、含蓄的语言。它会给对方留下良好的交际印象，是电话沟通顺畅的一个重要保证。

怎样做到用得体的语言通话呢？

（1）使用合适的问候语：在接打电话时，第一时间用合适的语言问候对方："早上好""下午好""晚上好"或"您好"等。

（2）恰当明确自己的身份。接打电话时，先问候，再介绍自己的身份，告诉对方自己是谁，以免因双方误打误接，或再次询问而浪费时间。明确自己身份时，要考虑具体情况。一般个人电话，直接介绍自己的名字；公务电话要按照"单位""部门"和"姓名"的顺序明确身份。

（3）用简洁明了的语言讲清沟通内容。通话礼仪中有个"三分钟法则"，就是强调要把握通话时间，长话短说，废话少说，没话不说。通话之前考虑好要说的事情，避免因为准备不充分边想边说；如果是复杂的事情，还应把要点事先写下来，以备提示。切忌语无伦次、啰里啰唆，撂下电话后才发现还有事情没说清楚或漏掉了。在生活，尤其是工作中，简洁明了的通话会给对方留下专业、干练、思路清晰、说话有条理和工作能力强的好印象。亲朋好友间打电话交流感情虽然可以不受时间限制，但也要思路清晰、表达明确。

（4）用礼貌的语言结束通话。通话结束时，应礼貌地说"再见"，不可以随意挂断电话。

（5）用委婉的语言通话。谦和礼貌的语言是良好个人素质的体现，表达对对方的尊重和理解，同时也给自己留有余地。通话过程中，尽量避生硬、命令、要求的语气；学会使用请求、商量、道歉等温和的语气说话。比如，你想知道对方的名字，不要说"你叫什么名字？"要这样问："请问您贵姓？""能把你的名字告诉我吗？""告诉我您的名字，好吗？"

电话沟通中有时会出现为难的情况，一方因为一些原因想结束通话，如果直接向对方表明，又担心引起对方不愉快。这种情况下，要结束通话的一方可以采取一些办法，委婉表达要结束通话的意思。比如，重复要点法："小张，你找我就是为了办这个事。我知道了，回头考虑一下再给你回复吧！"；询问法："小张，还有什么事吗？""小张，还有什么要求？"；制造情况法："小张，对不起，有电话进来了，我们回头再聊好吗？"

电话沟通中的"魔术语"：你好、您好、请、请稍等、好的、谢谢、不客气、对不起、再见等。

三、礼貌处理打错的电话

多数人都会有拨错电话和接到错拨电话的经历。这样的事情处理不好，会给对方或身边的人留下不礼貌的印象，影响自身的交际形象。

拨错电话时，默不作声就放下电话会使对方不高兴，觉得你没有礼貌。礼貌的做法是：应首先真诚地向对方致以歉意，并报出你所拨打的号码，以便查明是你拨错了号，还是你记错了号码。比如，"对不起，我拨打的号码是×××××××"，弄清楚打错电话的原因后，应说"是我拨错号了，打扰您了，真是对不起。"或"是我记错号了，打扰您了，真是对不起。"

接到错拨的电话时，也应该礼貌应对。生活中，如果对方第一次打错电话，相信大多数人都会心平气和，礼貌应对，但如果对方连续两次打错了，心情就会截然不同了。多数人态度一般会比较烦躁，回答冷漠，并生硬地挂断电话。其实，我们应该换位思考，宽容地谅解对方的失误，如果可能的话，并给予必要的热心帮助。无论面对相识的人，还是陌生的人，都应该尽量带给他人一种积极的情绪和正能量，让大家感到温暖和善。这样才能建立和谐的人际关系。以生硬的态度对待打错电话者，甚至斥责对方，彼此只会产生负面消极的情绪，彼此都不愉快。

四、选好打电话的时间

如果主动给对方打电话，要选择好通话时间，不要打扰对方的重要工作或休息。根据具体情况，拨打电话通常要尽量避开这些时间：

(1）往单位拨打业务电话：避开刚上班的时间和快下班的时间。

(2）因为工作拨打个人电话：避开非工作时间。

(3）拨打私人电话：避开个人休息时间，尤其不宜太早或过晚的时间。

通话时间的长短要控制好，切忌不顾对方的感受，电话聊起来没完。如果对方当时不方便接听电话，要体谅对方，及时收线，等时间合适再联络。如果可以，先给对方发给短信，方便时再电话联系，千万不可重复长时间拨打。

五、妥当转接电话

如果电话要找的人不在或正在忙着其他事不能抽身，接电话的人不要只告诉对方"他不在"或"他正忙"，还要告诉打电话的人你想怎样帮助他，让对方感到你乐于帮助。如："对不起，陈先生现在正在接另一个电话/陈先生出去了，请问我可以帮他留言吗？/我可以让他打电话找你吗？/您可以过五分钟后再打来吗？/如果你愿意的话，请留下您的姓名和电话号码，我让他打电话给您，您看行吗？"等。转接电话过的程中，要捂住话筒，使对方听不到这边的其他声音，不要大呼小叫地喊人接电话。

六、注意通话场合

不注意通电话的场合随意通话是不符合礼仪规范的，会使你的交际形象大打折扣。现实生活中，应注意打电话的场合，掌握一些有关通话场合的要求和禁忌，塑造良好的通话形象。

(1）会场：会议中间铃声不断响起，有人在台下没完没了地拨打、接听电话，这已经成了大家深恶痛绝的事情。在现代社会，很多人确实需要在同一时间内处理几件事，但要从维护群体利益出发，应尽量拖到会后解决，或提前到会前解决，而不应该在会议现场随意接打电话。我们要学会换位思考，如果你正在发言，下面有人在没完没了地打电话，你高兴吗？会场上随意打电话会影响会场气氛，是对发言的人的不尊重和对其他参会人员的干扰，非常令人反感。其他一些不适合通电话的公共场合还有图书馆、阅览室、教室等。

(2）电影院、严肃的音乐会和舞蹈演出现场：如果是观看电影、听严肃音乐会、看舞蹈演出等，严禁手机铃声干扰。通常情况下，应当关机。因为即便是铃声设置为振动，也不宜拿起来接听或者突然站起来走到门外去。任何响动都有可能破坏整体气氛，影响演出者的表演情绪和其他人的欣赏。

(3）医院：到医院去探访病人，要提前将手机铃声调至振动，以免影响病人休息；在探访病人的过程中尽量不要接听电话，应该等到探访结束再拨回去；不得不接听的重要电话，接听时声音尽量要轻，同时力求简短。住院的病人不能拿着电话与外界煲电话粥，以此打发时间，以免影响其他病人休息。在医院里有检查设备的场所最好关机，以免干扰设备的正常运行，从而影响检查结果的准确性。在医院里通电话应考虑到周围人的心情，以免引起他人的厌烦。

（4）公务拜访、宴请场合：公务或商务拜访他人、宴请客人时都不宜拨打、接听电话。因为拜访和宴请都是一种比较正式和隆重的场面，行为上就要显得非常尊重对方。在这种场合还与场外的人交谈，会让人感觉不受尊重。

（5）做客或待客的场合：到别人家做客或在家里接待客人时不能频频接打电话。到别人家里做客时，不停地拨打、接听电话，会让主人怀疑你拜访的诚意或感到难堪。同样，有人来做客时，主人频频接打电话是对客人不礼貌的行为，会让客人感到不受重视，有"来得不是时候"或"不受欢迎"的感觉。

（6）与人交谈的场合：在与人交谈时拨打电话是极不礼貌的，应该绝对禁止。在与人进行正式交谈时，也一定不能接听电话。在与人进行非正式交谈时，如果有事可以接听电话，但要说声"对不起"，并且一定要注意接电话的态度和措辞。比如，不能对着电话里的人呵斥、不能用脏话、不能怒气冲冲，否则正在与你交谈的人会因为你的不良情绪而变得坐立不安。尤其是与长辈交谈时，更要避免发生这种情况。

（7）就餐的场合：参加宴会或与人一起进餐时，不能对着餐桌打电话，要离开餐桌。如果是茶话会，或者不方便离开餐桌，则要侧转身子，用手遮挡一下，防止唾沫溅到饭菜上，而且通话声音尽量控制在最低，以免影响他人进餐。

七、电话沟通的其他技巧

电话沟通有以下几项技巧：

（1）把握接电话的时机：最完美的接电话时机是在电话铃响的第三声接起来。如果你在电话第一声铃响后接起来，对方会觉得突然；如果你在电话铃响了很多次才接，对方会多少有点不悦。当然，迟接电话首先要表示歉意，如"对不起，让您久等了。"

（2）专心聆听并适当应答：放下手头任何事情，专心致志地听对方讲话。不要在接听电话的同时做其他事情。不要让任何事情分散你的注意力。否则是很不礼貌的，对方也很容易觉察到你心不在焉。

（3）重复和确认，以避免误会，或不致遗漏重要的信息。

（4）不方便接听的电话，一定轻声告知对方。比如，"对不起，正有事，回头给你去电话"。事后则一定要主动给对方回电话。

> 错在哪里？

- 下午3点多，记者拨打某机关办公电话，好几遍才接通。"喂，你找谁？"电话那头传来懒洋洋的男中音。"请问张处长在吗？"记者连忙接话。"不在！"声音硬得像钢。"请问怎么找他？""不知道！"接着便是"啪"的一声，电话挂断了。

- "哇，好好漂亮哟！""好好玩哟！"昨日中午1点半许，记者到某医院住院部探望朋友。只见走廊过道上一长发女子在用手机煲"电话粥"，还不时传来一惊一乍的叫声，"请您小点声音，病人在休息！"病人的家属几次上前好言相劝，她却置若罔闻。半小时后，一名护士走过来，长发女子才停止了大呼小叫。

拓展知识

1. 从通话习惯看个性

（1）全心全意倾听对方谈话的人：双方电话进行沟通时，如果一方出现身体前倾，同时伴随着有效的面部表情，并做出一些相应的动作与姿势。这种类型的人往往性格随和，生性友善，对待工作与生活都充满自信心，他们通常自制能力较强，可以很好地操控自己的生活。

（2）与人通话三心二意，并没有停下手中的活计的人：这种人往往性格急躁，说话做事都会争分夺秒，通常富有进取精神，无论是工作还是生活中，他们都会态度积极，并认真负责。

（3）与他人通话时，保持一种悠闲舒适的姿势的人：生活中有些人在与他人通话时，会舒服地坐着或躺着，给人一种悠闲自得的感觉。拥有这种习惯的人通常性情稳定，做事头脑冷静。有时候可能实际情况并不乐观，但他们却给人一种泰山崩于前而色不改的气势。

（4）与他人通话中，信手涂鸦型的人：这种类型的人通常与他人通话中会经常用笔在纸上乱画。生活中，这类人往往具有艺术才能，他们通常具有丰富的想象力，但是很多时候却不切合实际。他们性格往往乐观向上，面对生活中的难题，时常保持一种积极向上的乐观态度，因而更容易让他们解决掉生活中的难题。

（5）谈话中不停地缠绕电话线的人：这种类型的人往往性格开朗，生性豁达，无论对待生活还是工作，总是一副玩世不恭的态度。他们通常会自我

> 第四部分　掌握沟通技巧　提升人际交往的能力

安慰，这类人最大的优点就是懂得知足，因此，他们看起来会活得无忧无虑，安于现状。

2. 从握话筒的姿势看个性

（1）与人交流中，用手紧握话筒的人：这种类型的人往往生性外圆内方，表面上看来可能有些圆滑世故，实际上他们通常个性坚毅，如果一旦下定决心的话，他们会坚持到最后。相反那些轻握话筒的人，则无法拥有这种持之以恒的精神，做起事来三分钟的热度，他们打电话通常只是为了宣泄内心的不满罢了，很少耐心倾听对方的倾诉，但这类人却具有独创性。

（2）习惯手握话筒中间的人：正常情况下，手拿话筒的位置应处在中间，让话筒与口和耳朵保持一定的距离。因此，采用这种握法的人往往性格温和，做事沉着冷静，属于温和型性格的人。这类人与人交往时，总会表现得沉稳平情、温和、大方，常见的银行职员或文秘会采用这种握法。

（3）手握听筒上方的人：人际交往中，习惯用这种握法的多为女性。这种类型的人往往带有神经质，性格属于歇斯底里型。喜欢独自相处，不喜欢热闹的气氛。有的时候他们情绪波动很大，为一件小事可能会生很大的气。但情绪转换较快，通常让人摸不透。

（4）手握听筒下方的人：这种握法十分受男性的青睐，有这种习惯的人通常富有冒险精神，而且体力充沛。这种类型的人往往行动能力强，对于他人托付的工作能够很爽快地完成。如果是女人的话，则好恶感较强，有时会表现得过于任性，但是却不缺乏温柔细致的一面。

（5）听筒远离耳朵的人：拥有这种习惯的人，不仅社交能力较强，且行动能力也很强。他们往往对自己满怀信心，且自我表现欲强烈，个性要强。如果是女生的话，则会显得过于好强，甚至会给人一种强悍的感觉。

人际交往中，电话差不多是每个人每天必须接触的物件。与他人交往，如果你想要从对方习惯里了解他的个性特征的话，建议你可以从他打电话的方式入手。只要你能够细心观察、认真总结，相信你也可以成为一个通过电话识人的高手。

3. 世界各国使用手机有哪些不同的通话礼仪？

由于文化的差异，世界各国的人们在使用手机通话时的习惯也都各不相同，比如有些国家在会议时接电话是很平常的事，但在另一些国家便会成为最不礼貌的行为。一起学习一下世界各国手机通话礼仪吧！

（1）美国：在公共场合美国人更习惯将手机调至静音状态或直接关闭。在公共场合接电话尽量小声也是一个不成文的规定。除非比较紧急，美国人一般不会在晚上九点之后给人打电话。

（2）埃及：在埃及，进入通话主题前，长达 5 分钟的寒暄是很常见的。通话过程中，埃及人会全神贯注地听电话那头的人说话。埃及人对于自己电话号码的隐私并不是很忌讳。

（3）俄罗斯：俄罗斯人拿起听筒之后不会首先发话，或者事先问你是谁。

（4）法国：法国人认为在电话里大声说话是非常不礼貌的行为。在公共场合拒接电话是可以被接受的事情。一般情况下法国人不会轻易在电话中透露个人信息。

（5）中国：中国是手机用户大国，国人习惯随时随地接打电话。电话无人接听时，国人会让电话响十几次才挂断并马上重拨。

（6）印度：在印度，即便是晚上十点给别人打电话都是很常见的事情。听到超响的铃声以及在图书馆里打电话的现象很平常。印度人相比发短信更愿意直接打电话。

（7）日本：日本人认为在公共场合用手机通话是一件不礼貌的事情。日本家庭当中，由家长接听电话的习惯非常普遍。在日本驾车或者骑自行车打电话是被明令禁止的事情。

（8）英国：英国和美国一样，通常电话开头人们就会礼貌地互致问候。人们接电话前，响铃不会超过六声。在英国，通话时吃东西是一件极其不礼貌的事情。

（9）泰国：泰国人以不分场合的疯狂接电话次数而闻名。一般情况下，电话铃一直响并且不挂断是可以被接受的事情。工作中不接电话是非常不礼貌的事情，即便是不愿意接。

（10）意大利：意大利人接电话时大都以"Pronto"开头，意思是长话短说。意大利人可以容忍在会议时打电话，但一般还是会关机。在意大利，语音邮件回复时超过 30 秒会被认为很不礼貌。

任务训练

1. 电话礼仪自我评估

序号	问题	"经常如此" 1 分，"偶尔" 2 分，"极少" 3 分．
1	拨打或接听电话经常说"喂，你是谁?"	
2	从不说"您好"或"早上好"	
3	如果着急时，会打断别人的讲话	

第四部分 掌握沟通技巧 提升人际交往的能力

续表

序号	问题	"经常如此"1分,"偶尔"2分,"极少"3分.
4	因为一些主观的原因,常会误解对方的意思	
5	接听或拨打电话时很少会准备纸和笔	
6	被很多朋友批评没礼貌	
7	在电话里直接说"是"或"不是"	
8	经常一边听电话,一边做其他事情	
9	喜欢和别人聊天,打电话平均时间超过3分钟	
10	能解决的问题马上解决,否则让他找别人	
11	转电话时经常是将电话转过去就挂掉了	
12	经常会碰到回答不了的关于岗位的问题	
13	接听电话很少模仿别人的语气	
14	平时说话很快,电话里也是如此	
15	听不到对方的声音,会大声说"喂"	
	得分	

37分以上优秀;22~37良好;22分以下有待改善。

2. 用委婉的电话沟通语言表达下面这几句话的意思。

(1) 你找谁?

(2) 有什么事?

(3) 你是谁?

(4) 不知道。

(5) 你说什么?

(6) 不对。

第五部分

修炼交际品质 改善人际交往的现状

学习目标

【知识目标】
（1）掌握与不同身份的人交往的基本原则。
（2）掌握不同场合与人交往的基本礼仪。

【能力目标】
（1）能够恰到好处地与不同身份的人交往。
（2）能够在不同的场合与人得体交往。
（3）当交往出现障碍时能够正确地处理问题。

【情感目标】
（1）认识与不同身份人交往的重要性。
（2）得体的举止神态会提升个人魅力，营造良好交际环境。
（3）提高对人际交往重要性的认识。

任务十六　学会与身边的人和谐相处

任务提出：学会与人相处，打造好人缘，是你生活与事业成功的基础。
任务目标：能够在不同的环境与不同的人建立良好的人际关系。
任务分析：
（1）与同学建立真诚健康的友谊。
（2）与老师相处，学会感恩、尊重和欣赏。
（3）与父母相处，懂得孝敬、尊重和换位思考。

(4) 与同事相处，要真诚、包容，注重礼节、把握尺度、懂得合作。
(5) 与上司相处，要懂得理解、服从，要自信乐观，要勇于承担责任。

基础知识

学会与身边的人和谐相处

一、与同学建立良好关系

现在和我们相处最多的人就是同学了，每天都要互相沟通各种不同的东西：思想、学习、希望、感情、需要。与同学建立良好关系，你的生活会更丰富、更有意义而不那么复杂。做得不好，我们的日子就只有在别人误解、灰心丧气、虚度光阴、向人解释和被人疏远中度过。同学之间的友谊是一笔珍贵的财富。同学会帮你分担烦恼、分享快乐，让你的生活更加缤纷多彩。但是，同学之间相处也有很多的学问，生活、学习中的一件小事，如果处理不当，也会产生矛盾，甚至"断送"友谊。如何跟同学们建立良好的关系呢？

（一）同学相处要掌握基本原则

1. 平等尊重原则

平等是人际交往的前提，尊重是建立人际关系的基础。人与人交往不论出自何种目的、利用何种方式，其实质都是人们心灵的沟通。而每个人的内心对得到平等与尊重的需要都是十分的自然而强烈。小学读过《萧伯纳和小姑娘》这篇课文，说的是萧伯纳受到苏联作家协会的邀请，到苏联度假。期间，遇到了苏联小姑娘娜塔莎，两人玩得很愉快。即将告别的时候，萧伯纳说："你回去后，可以告诉你的妈妈，就说跟你玩儿的是世界上有名的作家萧伯纳。"没想到，小姑娘立即说："你也可以跟你的妈妈讲，跟你玩儿的是苏联小姑娘娜塔莎。"大文豪不禁惭然，他曾感慨地说："一个人不论成就多大，他在人格上与任何人都是平等的。"

同学之间也存在着家庭背景、学习成绩、性格气质等多方面的差异。但在交往中，只有用平等的心态，自信对自己，真诚对他人，彼此尊重，交往才能继续，关系才能持久。

2. 相容互助原则

相容是指人际交往中的心理相容，指人与人之间的融洽关系，与人相处是的包容、包涵、宽容与忍让。与人交往时不能用一个标准要求别人，要学会求同存异、体谅他人，凡事要换位思考，学会设身处地地为他人着想，从而营造和谐的人际氛围。

良好的人际关系在相容的同时，还应该是互利互助的。人们在交往的过程中通过物质的、精神的或感情的交流，以获得满足感。因此，当同学遇到困难时，我们应该真诚地给予力所能及的帮助，像雪中送炭一样帮助同学渡过难关。送人玫瑰，手留余香。相信这样的相互帮助，是产生快乐的源泉。

一个人问上帝："为什么天堂里的人快乐，而地狱里的人一点也不快乐呢？"上帝说："你想知道吗？那好，我带你去看一下。"他们先来到地狱，走进一房间，看见许多人围坐在一口大锅前，锅里煮着美味的食物，可每个人都又饿又失望。原来他们手里的勺子太长了，没法把食物送到自己的嘴里。上帝说："我们再去天堂看看吧。"于是他们来到另一个房间，看见的是另一幅景象，虽然人们手里的勺子也很长，可是这里的人都显出快乐又满足的样子。这个人很奇怪。上帝笑着说："你看下去就知道了。"开饭了，只见这里的人们用勺子把食物送到别人的嘴里。

3. 诚实守信原则

诚实守信是指一个人心胸开阔、坦诚真挚，不欺骗。成功的沟通和交流者，其最具优势的一点就是能做到诚信。在交往中说话算数，不轻易许诺，不胡乱猜忌，能让你成为一个最受欢迎的交流对象。哪怕一件小事，答应了就要做到，不要忽视了小事的作用。一个人可以没有出色的外表、出色的谈吐，但绝对不能没有诚信。

4. 彼此愉悦原则

同学之间的交往我们定义为友谊。友谊是魔法师的魔法，会把一个人的欢乐变成几个人共有的欢乐，把一个人的幸福变成几个人共同的幸福。有句德国谚语："你怎样冲着森林叫嚷，森林就会给你怎样的回声。"中国有一句俗语："患难见真情。"在遇到困难、麻烦时，我们渴望得到朋友的帮助，患难中的友谊更加珍贵。友谊有助于排解烦恼和忧愁。所以，我们要学会关心别人、欣赏别人。当我们身上的优点被朋友认可时，我们会感到由衷的喜悦。

（二）同学之间相处也要掌握一定的技巧

1. 学会赞美

对很多人来说，能被人注意到自己小的优点和长处，并得到赞美，他会很感激赞美的人，产生好感的程度也就会增加。不过赞美的人也要记住，赞美要适度、要真心，如果小题大做，只能起到反作用。虽然当面的赞美是必要的，但是背后的赞美也是不可忽视的。背后的赞美也许不为人知，却会让人感到你的真心。

2. 学会倾听

生活中，最有魅力的人一定是一个倾听者，而不是滔滔不绝、喋喋不休的人。倾听，不仅仅是对别人的尊重，也是对别人的一种赞美。我们知道，在社交过程中，最善于与人沟通的高手，是那些善于倾听的人。给别人说话的机会，一方面是表示你的谦逊，而使别人感到高兴；另一方面可以借此机会，观察对方的语气神色，给你一个思考的机会，这是个两全其美的方法。

3. 学会合作

"团结就是力量"这句话的意思大家肯定都懂，在我们的日常生活中只有合作才能有更大的力量，才能顺利轻松地到达成功的彼岸。合作是一种极为普通的行为，我们在做任何事情的时候，都应该记住这句话：只有合作，才能进步；只有合作，才能发展。

4. 学会理解

理解是爱。每个人都有自己的情感世界，都希望得到别人的理解，也希望理解别人。假如你真诚地理解别人，会意外地发现你得到的理解要比过去多得多；而只希望别人理解自己，却不会理解别人的人，永远不会如愿以偿。因为理解是爱，爱是真诚而且是相互的。学会理解，其实最终我们是在善待自己。

或许我们做不到"海纳百川，能容乃大"的宽宏，但是我们却可以用一颗坦诚、恳切的心去面对身边的人与事。多一份理解，就多一份温暖；多一份理解，就多一份感动；多一份理解，就会多一层美好。

5. 学会宽容

法国作家雨果曾经说过："世界上最广阔的是海洋，比海洋更广阔的是天空，比天空更广阔的是人的胸怀。"人际交往、待人处事，如果没有宽容，就没有友情，没有了宽容就失去了善。宽容是一种美德、一种修养，也是衡量一个人层次高低的标准。

6. 学会换位思考

换位思考就是设身处地地为他人着想，即想人所想，理解至上。换位思考是人对人的一种心理体验过程。将心比心、设身处地，是达成理解的不可缺少的心理机制。换位思考是一种理解、一种关爱。学会了换位思考在人际交往中就能化解一些矛盾、冲突、不愉快和误解。学会换位思考，理解和体会"已所不欲勿施于人"的含义，遇到问题多从对方的角度考虑，以真诚的态度、友善的情怀，化解矛盾，从而修复人际关系。

7. 学会拒绝

成功的人都是那些敢于说真话的人，我们要善于接受，也要敢于拒绝。

163

每个人都会有或多或少的苦恼。有时候，对于痛苦，我们会选择逃避，会选择掩饰，或者选择忍耐，但就是想不到拒绝。因为温良谦恭让的教育，使我们似乎既不敢拒绝，也不会拒绝。很多时候，我们因为害怕伤害别人，就一直在伤害自己。其实成功的人都是那些敢于说真话的人，关键是你怎么去说。要做一个真实的自己，才活得更坦荡无悔。

> **拒绝痛苦**

有人去找禅师求得解脱痛苦的方法，禅师让他自己悟出。第一天，禅师问他悟到什么？他说不知道，禅师便举起戒尺打了他一下。第二天，禅师又问，他仍说不知道。禅师举起戒尺又打他一下。第三天，他仍然没有收获，当禅师举手要打时，他却挡住了。于是禅师笑道："你终于悟出了这个道理——拒绝痛苦。"确实这样，我们可以拒绝生活中的痛苦，虽然我们无力去阻挡要降临的事情。

> **记住这个道理**

一个和尚挑水喝，两个和尚抬水喝，三个和尚没水喝。

一只蚂蚁来搬米，搬来搬去搬不起，两只蚂蚁来搬米，身体晃来又晃去，三只蚂蚁来搬米，轻松抬起进洞里。

（三）与同学之间出现了矛盾要知道怎样去化解

1. 主动检讨，化解矛盾

情绪有时是很难控制的，所以矛盾的发生也是不可避免的。一旦发生矛盾，常见的情况是越想越生气，导致矛盾激化。俗语说得好：一个巴掌拍不响。事情发展到不可收拾的地步，不可能是一个人的事。作为当事人，首先应该考虑自己哪里做得不对，对自己的行为进行自觉反省，通过反省觉察自己的过错后，一种求和的愿望就会油然而生。然后换位思考，站在对方的立场上，想想对方为什么会那样做，将心比心、设身处地地想对方生气是一种正常的反应，是人之常情。有了这些想法之后，就会主动向对方发出一系列试探性的和解信号。

2. 气量恢宏，不计前嫌

有这样一个故事：两个好朋友去沙漠中旅行，一个人做了一件对不起朋友的人，他的朋友把这件事记在了沙子上。然后他们继续前行，那个人又救了他个朋友一命，然后他的朋友把这件事记在了石头上。他很好奇，就问他的朋友："为什么一件事记在了沙子上，而一件事记在了石头上呢？"他的朋友说："朋友做了对不起我的事，我记在沙子上，让他在我的心里随风而消失。而朋友救了我一命，我要把他记在石头上，就像永远铭记在我心一样。"

第五部分　修炼交际品质　改善人际交往的现状

这个故事告诉我们，应该气量恢宏地对待朋友之间的矛盾，不能把矛盾永远放在心里，那样的话，不利于和谐相处。对于别人帮助过自己的地方才应该永远记在心间。

历史上有名的"将相和"，为我们化解矛盾做了很好的典范。相信如果我们能做到蔺相如和廉颇那样，那么就不会有化解不了的矛盾了。

二、怎样与老师相处

老师不仅是知识的传播者，也是人生路上的启蒙者、领路人。因此与老师建立良好的师生关系，会使人一生受益。与老师相处要坚持以下几点：

1. 懂得感恩

有人说，师恩如山，因为高山巍巍，使人崇敬。还有人说，师恩似海，因为大海浩瀚，无法估量。教师在学生的心目中，是"真的种子，善的信使，美的旗帜"。尊师重教自古以来就是中国的传统美德，"善之本在教，教之本在师"。教师是知识、伦理道德、价值观念的传授者，在社会上承担着"传道、授业、解惑"的责任。每一个人的成长都离不开老师。老师会帮助学生发扬优点、克服缺点，引导他们提高认识。作为学生，应当尊重老师。尊师不仅体现在对老师有礼貌，还体现在对老师辛勤劳动的理解，并用优异的成绩来报答老师的辛勤工作。他们或者严厉，或者和蔼，或者高傲，或者低调，或者曾经批评过你，或者曾经表扬过你，正是由于他们的存在，才使得我们对于自己有了足够的信心，对于未来有了足够的希望。

名人故事

著名的物理学家、化学家玛丽·居里夫人，对她的法语老师欧班女士一直怀着深厚的感情。一天，欧班老师收到了一封挂号信，寄信人是"玛丽·居里"。欧班老师难以相信这封信真是给自己的，一位举世闻名的科学家，怎么会给一个普通教师写信呢？她拆开信读了起来。读完信，泪水涌出了眼眶，原来写信人是她20年前的学生小玛丽。在信中，居里夫人向欧班老师深表敬意，还寄来了往返的路费，请她去做客。

久别的师生见面了。居里夫人在家里接待了自己少年时代的欧班老师。她亲自下厨房做菜，向老师祝酒。欧班老师觉得十分幸福。

后来，居里夫人回祖国参加华沙镭研究所的开幕式。这天，华沙的著名人物都簇拥在居里夫人周围，他们中有国家领导人，有著名科学家，有居里夫人的亲友。大会快要开始的时候，居里夫人忽然从主席台上走下来，穿过捧着鲜花的人群，来到一位坐在轮椅里的老年妇女面前。居里夫人深情地亲吻了她，推着她的轮椅向主席台走去。回到台上，居里夫人向大家介绍，这位老人就是自己中学时代的欧班老师。会场里的人见到这情景，都向她们鼓起掌来。老人的脸上挂满了激动的泪水，她的学生在成为世界名人之后，对她还是那样热爱，那样尊敬。

2. 做到尊重

诗人把老师唤作"课堂里的树"，说老师的语言，是"富有光泽的树叶"。歌唱家以"老师的窗前彻夜明亮"来赞颂老师的鞠躬尽瘁、无私奉献。赞美老师，是对老师的一种肯定、一种尊重。

首先，要在认识上、感情上去理解老师、体贴老师，不能简单地认为老师是为了某种功利而从事教书育人的工作，记住"那块黑板擦去的是功利，写上的是真理"，我们要理解老师的价值取向。

其次，要尊重老师的劳动。课堂上要认真听讲、积极思考，这也是尊重。在学习中采取进取的心态和严谨的风格，积极参与活动、认真完成学习任务也是对老师的尊重。有创新意识，对老师的教学提出建议，同样也是尊重老师的一方面。

再次，要接受老师的教育。在成长过程中，有错误是在所难免的，可关键是能否知错就改。如果能，那既表现出我们的宽广胸怀，也表现出对老师的尊重。遗憾的是有些同学知错但不改错，恶意顶撞老师。所有的一切，无一不透露着不可理喻、缺乏改错的胸襟和无知、愚蠢。因此，每一个同学都应该知错就改，接受老师的教育，这同样也是对老师的尊重。

此外，要养成使用礼貌用语并主动向老师问好的习惯。如果你主动说了一句"老师好"，不仅反映出你的高尚品格，体现出你文明礼貌的素养，还增进了师生感情。

名人故事

毛泽东向老师敬酒

毛泽东八岁进家乡一个私塾念书，拜毛禹珠为师，一直读到十三岁。后来，谈起少年时的情形，他还特别感谢毛禹珠先生对他进行的启蒙教育。1959年6月25日，毛泽东同志来到阔别32年的故乡韶山，特意邀请自己在私塾读书的老师毛禹珠一起吃饭。席间毛泽东热情地向老师敬酒，毛禹珠老先生说："主席敬酒，岂敢岂敢！"毛泽东笑着回答："敬老敬贤，应该应该！"

曾子避席

曾子是孔子的弟子，有一次他在孔子身边侍坐，孔子就问他："以前的圣贤之王有至高无上的德行，精要奥妙的理论，用来教导天下之人，人们就能

▶ 第五部分　修炼交际品质　改善人际交往的现状

和睦相处，君王和臣下之间也没有不满，你知道它们是什么吗？"曾子听了，明白老师孔子是要指点他最深刻的道理，于是立刻从坐着的席子上站起来，走到席子外面，恭恭敬敬地回答道："我不够聪明，哪里能知道，还请老师把这些道理教给我。"

　　在这里，"避席"是一种非常礼貌的行为。当曾子听到老师要向他传授时，他站起身来，走到席子外向老师请教，是为了表示他对老师的尊重。

　　3. 学会欣赏

　　小学阶段，大多数学生尊重老师，有点儿畏惧老师，唯老师意向是瞻。中学时期，学生渐渐长大，对社会有了自己的不太成熟的想法，对老师的态度也在一步步地试探、摸索、改变。到了大学，我们会感到老师的某些观点与学生有了较大的分歧。有时，对某一领域的新知识的理解与掌握也与学生有了差距，不像以前那样了不起了。那么，我们应该怎样处理现在的师生关系呢？很重要的一点就是学会欣赏。

　　学会了欣赏老师，在与老师交往中形成了一种愉悦、和谐的关系。老师都是普通人，同样有缺点、有优点，也都有自己的出色闪光之处。以欣赏的心态看待每个老师的闪光点，就如同能理性地看到自己的缺点一样，是成熟，是智慧，也是进步的开端。

　　学会欣赏老师，自然就会架起沟通的渠道，老师身上的优秀品格、渊博的知识，自然就会顺着渠道源源不断地淌过来。如此这般，也会使学生心情愉快、学习轻松。

欣赏老师

　　子贡以太阳、月亮喻孔子。孔子的学生子贡，聪颖好学。一次，鲁国大夫叔孙武叔在人前贬低孔子、抬高子贡，子贡非常气愤。他当即以房子为喻，说老师的围墙高十数丈，屋内富丽堂皇，不是一般人看得到的；而自己不过只有肩高的围墙，一眼就可望尽。他还把老师孔子比作太阳和月亮，说他光彩照人，不是常人所能超越的。孔子死后，子贡悲痛万分，在孔子墓旁结庐而居，一直守墓6年。

　　公元前521年春，孔子得知他的学生宫敬叔奉鲁国国君之命，要前往周朝京都洛阳去朝拜天子，觉得这是个向周朝守藏史老子请教"礼制"学识的好机会，于是征得鲁昭公的同意后，与宫敬叔同行。到达京都的第二天，孔子便徒步前往守藏史府去拜望老子。正在书写《道德经》的老子听说誉满天下的孔丘前来求教，赶忙放下手中刀笔，整顿衣冠出迎。孔子见大门里出来一位年逾古稀、精神矍铄的老人，料想便是老子，急趋向前，恭恭敬敬地向老子行了弟子礼。进入大厅后，孔子再拜后才坐下来。老子问孔子为何事而

167

来，孔子离座回答："我学识浅薄，对古代的'礼制'一无所知，特地向老师请教。"老子见孔子这样诚恳，便详细地抒发了自己的见解。

回到鲁国后，孔子的学生们请求他讲解老子的学识。孔子说："老子博古通今，通礼乐之源，明道德之归，确实是我的好老师。"同时还打比方赞扬老子，他说："鸟儿，我知道它能飞；鱼儿，我知道它能游；野兽，我知道它能跑。善跑的野兽我可以结网来逮住它，会游的鱼儿我可以用丝条缚在鱼钩来钓到它，高飞的鸟儿我可以用良箭把它射下来。至于龙，我却不能够知道它是如何乘风云而上天的。老子，其犹龙邪！"

三、怎样与父母相处

父母是给予我们生命的人，他们的爱与牵挂也会伴随我们生命的始终。作为子女，你知道应该怎样回报父母的这份爱与牵挂吗？

1. 百善孝为先——学会孝敬父母

父母在，不远游。天下最不能等的事，就是孝顺。百善孝为先，《二十四孝》历来为国人所传诵，孝顺的人多被人们所赞扬。《水浒传》中假李逵遇上了真李逵，本遭杀无赦，但一句"家中有80岁老母"，便被留下一条性命。有个打爹骂娘的不孝子，逼得爹娘难以生存，失手之下杀了他。法院审理此案期间，周围的邻居纷纷联名上书请求法院宽恕两位老人，一致谴责不孝子的恶行。人心是杆秤，那定盘星是"孝顺"。

有些人并非不赞同孝顺，但认为孝顺可以等一等、缓一缓。譬如上学读书时，认为父母年轻力壮，挣钱供儿女都书应该，用不着儿女孝顺；参加工作后，认为父母无病无忧，个人结婚生子拉家带口，顾不上孝顺；人到中年后，儿女尚未成家，自己里里外外太辛苦，没机会孝顺；转眼年过半百，自己也鬓染白霜，腿脚迟缓，已无能力再孝顺。所以孝顺不能等待。孝顺没有大道理可讲。让老人欢喜、高兴就是孝顺。

名人故事

1962年，陈毅元帅出国访问回来，路过家乡，抽空去探望身患重病的老母亲。陈毅的母亲瘫痪在床，大小便不能自理。陈毅进家门时，母亲非常高兴，刚要向儿子打招呼，忽然想起了换下来的尿裤还在床边，就示意身边的人把它藏到床下。

陈毅见到久别的母亲，心里很激动，上前握住母亲的手，关切地问这问那。过了一会儿，他对母亲说："娘，我进来的时候，你们把什么东西藏到床底下了？"母亲看瞒不过去，只好说出实情。陈毅听了，忙说："娘，您久病卧床，我不能在您身边伺候，心里非常难过，这裤子应当由我去洗，何必藏着呢。"母亲听了很为难，旁边的人连忙把尿裤拿出，抢着去洗。

陈毅急忙挡住并动情地说："娘，我小时候，您不知为我洗过多少次尿裤，今天我就是洗上10条尿裤，也报答不了您的养育之恩！"说完，陈毅把尿裤和其他脏衣服都拿去洗得干干净净，母亲欣慰地笑了。陈毅元帅是个大人物，有繁忙的公务在身，但他不忘家中的老母亲。在百忙中抽空回家探望瘫痪在床的母亲，为母亲洗尿裤，以关切的话语温暖抚慰病中的母亲。虽然陈毅元帅为母亲所做的只是一些平常得不能再平常的小事，但从这些平常的小事，看出了他对母亲浓厚的爱。他不忘母亲曾为自己付出的点点滴滴，理解母亲的艰辛和不易，知道报答母亲的养育之恩。他的一片孝心，值得天下所有儿女学习效仿。

2. 尊重父母——学会感恩

落叶在空中盘旋，谱写着一曲感恩的乐章，那是树叶对滋养它的大树的感恩；白云在蔚蓝的天空中飘荡，绘画着那一幅幅感人的画面，那是白云对哺育它的蓝天的感恩。从婴儿呱呱坠地到哺育他长大成人，父母们花去了多少的心血与汗水，编织了多少个日日夜夜。自从我们睁开眼睛看这个世界，就沐浴着爱的阳光成长。是父母的爱伴我们度过了人生的每一个艰难的时刻，伴我们走过了人生每一个不如意的春天，让我们到达了成功的彼岸。

（你也是这个孩子吗）

父爱如山，母爱深似海。我们应该永远铭记父母的生养之恩，学会感激、学会感恩，让父母多一丝微笑，少一份忧愁；让父母越活越幸福，越活越开心。

很久以前有一棵苹果树。一个小男孩每天都喜欢来到树旁玩耍。他爬到树顶，吃苹果，在树荫里打盹……他爱这棵树，树也爱和他一起玩。随着时间的流逝，小男孩长大了。他不再到树旁玩耍了。

一天，男孩回到树旁，看起来很悲伤。"来和我玩吧！"树说。"我不再是小孩了，我不会再到树下玩耍了。"男孩答道，"我想要玩具，我需要钱来买。""很遗憾，我没有钱……但是你可以采摘我的所有苹果拿去卖。这样你就有钱了。"男孩很兴奋。他摘掉树上所有的苹果，然后高兴地离开了。自从那以后好长时间男孩没有回来。树很伤心。

一天，男孩回来了，树非常兴奋。"来和我玩吧。"树说。"我没有时间玩。我得为我的家庭工作。我们需要一个房子来遮风挡雨，你能帮我吗？""很遗憾，我没有房子。但是，你可以砍下我的树枝来建房。"男孩砍下所有的树枝，高高兴兴地离开了。看到他高兴，树也很高兴。但是，自从那时起男孩又是很久没再出现，树很孤独，伤心起来。

突然，在一个夏日，男孩回到树旁，树很高兴。"来和我玩吧！"树说，"我很伤心，我开始老了……""我想去航海放松自己。你能不能给我一条船？""用我的树干去造一条船，你就能航海了，你会高兴的。"于是，男孩砍倒树干去造船。他航海去了，很长一段时间未露面。许多年后男孩终于回来了。"很遗憾，我的孩子，我再也没有任何东西可以给你了。没有苹果给你……"树说。"我没有牙齿啃。"男孩答到。"没有树干供你爬。""现在我老了，爬不上去了。"男孩说。"我真的想把一切都给你……我唯一剩下的东西是快要死去的树墩。"树含着眼泪说。"现在，我不需要什么东西，只需要一个地方来休息。经过了这些年我太累了。"男孩答到。"太好了！老树墩就是倚着休息的最好地方。过来，和我一起坐下休息吧。"男孩坐下了，树很高兴，含泪而笑……

这是一个发生在每一个人身上的故事。那棵树就像我们的父母。我们小的时候，喜欢和爸爸妈妈玩；长大后，便离开他们，只有在我们需要父母亲，或是遇到了困难的时候，才会回去找他们。尽管如此，父母却总是有求必应，为了我们的幸福，无私地奉献自己的一切。

看了这则故事，你也许觉得那个男孩很残忍，但我们何尝不是这样呢？你是怎样想的，会怎样去做呢？

3. 换位思考——学会体谅

爱的表现有不同，父母对子女的爱有时表现为关心，有时表现为付出，而有时也表现为抱怨，抑或是唠叨。父母也是普通人，有他们的喜怒哀乐，有他们的好恶与追求。在生活中我们学会体谅父母，能够设身处地地为父母着想，这才是成熟的表现。

名人故事

丘吉尔是20世纪闻名全球的英国首相。作为一名杰出的政治家，他领导英国人民抵御外敌、振兴民族经济的种种建树，早已载入史册。而另一方面，作为一个儿子，他对母亲的拳拳孝心，也堪为世人楷模。

丘吉尔21岁时，父亲因病去世。处理完丧事后，为了继续发展自己的事业，丘吉尔不得不眼含泪水离开慈爱的母亲，到远离家乡的南非去闯荡。身在他乡异地的丘吉尔时常挂念着居住在伦敦家中的母亲，为排解母亲丧夫后的悲痛和孤独，他时常写信报告自己的事业进展和南非的趣闻来宽慰母亲，并每月按时给母亲寄足够的钱以供生活开支。

▶ 第五部分　修炼交际品质　改善人际交往的现状

　　五年后，披着一身攻克比勒陀利亚战火烟尘归来的丘吉尔，惊异地发现已逾46岁却依然光艳照人的母亲要嫁人了。而母亲将要嫁的韦斯特竟然比母亲小20岁，比丘吉尔只长两个星期。消息一经透露，社会一片哗然。大出意外的丘吉尔日夜难寐，看着母亲那双企盼的双眼，是摇头，还是点头呢？二十多年来母亲的养育之恩、抚育指引之情，此时一幕幕浮现于心头。有感激，也有痛苦。作为儿子，作为孝子，以顺为先，无顺从之心，何称有孝呢！通达开明的丘吉尔，为了母亲的幸福，顶住流言、冲破世俗，决然顺从了母亲的心愿。因为儿女给母亲的爱再深挚也难以弥补感情的空白，"妈妈，你应该享有新的幸福……妈妈，结婚吧！"

　　丘吉尔带着弟弟亲自为母亲举行了隆重的婚礼，并为新婚母亲献上艳丽的鲜花，祝愿母亲再婚幸福。但是，正如丘吉尔原先所担心的那样，母亲的这段婚恋在13年后步入了终点，两人在理解与怀念中分道扬镳了。时任英国首相的丘吉尔得知此事后，马上把母亲接到自己家中，让妻子带着母亲外出游玩，竭尽全力抚慰母亲心灵的又一次创伤。

　　此后不久，丘吉尔出国访问了一个多月，当他返回伦敦家中时，妻子急忙告诉他一个令人震惊的消息：年过花甲的老母亲不听儿媳的劝阻，又谈恋爱了，男方竟然是比丘吉尔还小3岁的蒙塔吉，而此人曾对丘吉尔出言不逊。

　　当丘吉尔耐心听完忐忑不安的老母亲向自己表白寂寞孤单的隐私后，他还是理智地压抑自己的怒气，反过来安慰有些局促不安的母亲说："妈妈，为了您的晚年生活幸福快乐，儿子可以舍弃与蒙塔吉的一切个人恩怨，只要你们两人愿意结婚，我完全支持您！"但是，在对母亲这次结婚是否还要大张旗鼓地设宴庆贺这个问题上，首相夫人却持否定态度，理由是：62岁的母亲第二次再婚已是遭平常人耻笑的事情，何况是堂堂英国首相丘吉尔的母亲呢！但丘吉尔却并不这样认为，他以为母亲的幸福高于儿子的一切利益，家人应以老母亲的意愿为准。62岁依然不减浪漫情趣的母亲愿意把婚事办得热热闹闹，丘吉尔就在著名的伦敦大酒楼又一次为母亲举办了盛大的再婚喜宴。丘吉尔热情地向母亲和蒙塔吉举杯祝福，并以儿子的身份发表了热情洋溢的贺词，博得了所有在场人的由衷称赞。丘吉尔的人格使蒙塔吉深深折服，此后，他没有辜负首相的一片敬老之心，对其母精心呵护，两个人恩爱有加。

　　丘吉尔就以这种极致的孝心和坦荡的胸怀，成全了母亲人生最后七年的黄昏之恋，让母亲尽享了最后的人生欢乐。母亲詹妮在数年之后即将告别人生的弥留之际说道："我为英国留下一个丘吉尔，这是我一生的价值！"

　　是的，母亲是超凡脱俗的，儿子是平凡伟大的！

　　"您的幸福是至高利益"！这句话会使多少现实中的子女，觉得心中有愧，

171

无地自容呢。

4. 跨越代沟——学会沟通

与父母沟通的四大法宝——尊重、理解、体谅、慰藉。

一般来说，父母与子女距离最远的时期是在青少年时期。因青少年时期孩子的生理、心理发展都渐趋成熟，他们都有一种成人感，对父母的权威带产生一种挑战和逆反心理。他们不再听父母的话，做个乖孩子，而是与父母对着干，以显示自己已不再是孩子，而是大人，他们也希望父母把自己当作成人看待。青少年与父母在思想观念、生活经验、社会阅历等方面存在着较大差异，两代人之间往往存在着互不理解、隔阂较深的现象，这就是通常说的"代沟"。

到了大学，人的自我意识迅速发展，独立性越来越强，认为自己已经长大了，凡事喜欢自己做主，反对父母的干预。而在这个飞速发展的时代，父母确实从观念意识到知识信息，都与孩子有了越来越多的差异。因此，在尊重、理解、体谅的前提下，及时与父母沟通，是建立良好的家庭关系的必然渠道。

四、怎样与同事相处

同事，也是伙伴和朋友。只要我们保持一颗真诚热情的心，可以在单位里交到很多朋友的。

1. 与同事相处也要掌握一定的原则

（1）主动真诚，宽容大度。

很多同学在找工作时既不担心实力、也不害怕没有机遇，最担心的恰恰是人际关系。这种担忧从另一个侧面反映了当代大学生对社会关系的隐忧，因为职场与学校毕竟文化相差较大。因为初来，同事对你的感觉还比较陌生，可能有一些人会产生自卑的感觉，好像觉得自己是局外人一样。这点可以理解，但不应成为你的负担。你可以通过自身实力展现自己，并使自己尽快融入工作氛围中。只要你本着真诚待人、勤学为主的原则，相信可以为你开拓较为良好的人际局面。如果你能在工作中表现出良好的个人修养和素质，相信会给同事留下较好的印象。

（2）注重礼节，把握尺度。

和同事相处一定要注重礼节，平时见面要主动打招呼；要谦虚，不能自傲。和别人约好的时间，一定要准时。如果不能到，一定要让别人有心理准备。听别人说话要正视对方的眼睛，不要左顾右盼。这些细节问题，往往是不能忽略的。

▶ 第五部分　修炼交际品质　改善人际交往的现状

办公室是闲话的滋生地，工作间歇，大家很愿意找些话题来放松一会儿。为了不让闲聊入侵私域，最好围绕新闻、热点、影视作品谈天，避开个人问题，这样可以放得开，而且无害。

其实同事的关系也是一种很微妙的"化学反应"，也许一件小事就能让同事之间的关系很好，也可能很坏，关键是在于这个"度"。

（3）精诚团结，合作共赢。

工作是一台大机器，员工就好比每个零件，只有各个零件凝聚成一股力量，这台机器才可能正常启动。这也是同事之间应该遵循的一种工作精神或职业操守。所以作为一名在职人员，尤其要加强个体和整体的协调统一。因为员工作为企业个体，一方面有自己的个性，另一方面，就是如何很好地融入集体，而这种协调和统一很大程度上建立于人的协调和统一基础之上。所以，无论自己处于什么职位，首先需要与同事多沟通，因为你个人的视野和经验毕竟有限，避免"独断独行"的印象。况且，随着社会分工的越来越细，这种沟通协调也是必需的。当然，同事之间有摩擦是难免的，即使是一件事情有不同的想法，我们也应遵循"对事不对人"的原则，及时有效地调解这种关系。不过从另一角度来看，此时也是展现自我的好机会。用成绩说话，真正令同事另眼相看。即使有人对你有些非议，此时也会"偃旗息鼓"。当然有了成绩，也不应滋生骄傲的情绪，好像觉得高人一等。我们应该意识到：工作是一种团队合作精神，成绩是大家共同努力的结果。

2. 与同事相处应注意一下问题

（1）练好内功是根本。

事实上，人际关系的好坏首先取决个人的性格和经历的事，其次取决于相处的技巧。所以，在职场中修炼自己的性格远比按照书本练习技巧有效得多。

在与同事的相处中，要做到：待人真诚，乐于帮助；人与人彼此不同，只有善于发现别人优点，接纳别人的人，才能赢得大家普遍的欢迎；换位思考，理解和体谅别人的价值取向；礼貌而不必谦卑，保持适当距离；不轻易流露对他人的喜恶，不打探他人隐私；善于拒绝自己做不了的事或承担不了的责任。

（2）学会相互体谅、支持与合作。

作为同事，我们没有理由苛求别人为自己尽忠效力。要获得支持，先要体谅别人。彼此工作有轻重缓急，所以平时建立良好关系是关键，有需要时才能获得帮助。

（3）掌握分寸。

在办公室里要做有心人，有些话不可乱讲，否则会招来不必要的麻烦。

你知道哪些话在办公室里是不能随便说的吗？

①薪水问题最好不交流。

很多公司不喜欢职员之间打听薪水，因为同事之间工资往往有不小差别，所以发薪时老板有意单线联系，不公开数额，并叮嘱不让他人知道。

②家庭财产之类的私人秘密最好不主动去谈。

不是你不坦率，坦率是要分人和分事的，从来就没有不分原则的坦率。就算你刚刚新买了别墅或利用假期去欧洲玩了一趟，也没必要拿到办公室来炫耀。

③私人生活最好不在办公室说。

无论失恋还是热恋，别把情绪带到工作中来，更别把故事带进来。办公室里容易聊天，说起来只图痛快，不看对象，事后往往懊悔不迭。"己所不欲，勿施于人"，如果你不先开口打听别人的私事，自己的秘密也不易被打听。

④不说一些野心勃勃的话。

在办公室里大谈人生理想显然滑稽，打工就安心打工，雄心壮志回去和家人、朋友说。因为野心人人都有，但是位子有限。你公开自己的进取心，就等于公开向公司里的同僚挑战。能人能在做大事上，而不在大话上。

（4）出现问题及时沟通。

同事与你在一个单位中工作，几乎日日见面，彼此之间免不了会有各种各样鸡毛蒜皮的事情发生，引出各种各样的瓜葛、冲突。这种瓜葛和冲突有些是表面的，有些是背地里的，有些是公开的，有些是隐蔽的，种种的不愉快交织在一起，便会引发各种矛盾。同事之间有了矛盾并不可怕，只要能够面对现实，积极采取措施去化解矛盾，同事之间仍会和好如初，甚至比以前的关系更好。

要化解同事之间的矛盾，应该采取主动态度，不妨尝试着抛开过去的成见，更积极地对待这些人，至少要像对等待其他人一样地对待他们。一开始，他们会心存戒意，而且会认为这是个圈套而不予理会。这个时候要有耐心，将过去的积怨平息的确是件费功夫的事儿。要坚持善待他们，一点点地改进，过了一段时间后，你们之间的问题就如同阳光下的水，一蒸发便消失了。

如果同事的年龄资格比你老，你不要在事情正发生的时候与他对质，除非你肯定你的理由十分充分。更好的办法是在你们双方都冷静下来后解决，即使在这种情况下，直接地挑明问题和解决问题都不太可能奏效。你可以谈一些相关的问题，也可以用你的方式提出问题。如果你确实做了一些错事并遭到指责，那么要重新审视那个问题并要真诚地道歉。类似"这是我的错"

这种话是可能创造奇迹的。

你做出以上努力以后，基本可以化解同事之间的矛盾。如果遇上一些顽固不化的人，在你做出努力后，他仍然不愿意和你和解，这时你也不要难过，遇上这样的人，谁也没办法，问题并不在你，你只管放心地去工作，别理会这类人就是了。

拓展知识

1. 学会与不同类型的同事打交道

每一个人，都有自己独特的生活方式与性格。在公司里，总有些人是不易打交道的，比如傲慢的人、死板的人、自尊心过强的人等。所以，你必须因人而异，采取不同的交际策略。

（1）应对过于傲慢的同事。

与性格高傲、举止无礼、出言不逊的同事打交道难免使人产生不快，但有些时候你必须要和他们接触。这时，你不妨采取这样的措施：

其一，尽量减少与他相处的时间。在和他相处的有限时间里，你尽量充分地表达自己的意见，不给他表现傲慢的机会。

其二，交谈言简意赅。尽量用短句子来清楚地说明你的来意和要求。给对方一个干脆利落的印象，也使他难以施展傲气，即使想摆架子也摆不了。

（2）应对过于死板的同事。

与这一类人打交道，你不必在意他的冷面孔，相反，应该热情洋溢，以你的热情来化解他的冷漠，并仔细观察他的言行举止，寻找出他感兴趣的问题和比较关心的事进行交流。

与这种人打交道你一定要有耐心，不要急于求成，只要你和他有了共同的话题，相信他的那种死板会荡然无存，而且会表现出少有的热情。这样一来，就可以建立比较和谐的关系了。

（3）应对好胜的同事。

有些同事狂妄自大，喜欢炫耀，总是不失时机自我表现，力求显示出高人一等的样子，在各个方面都好占上风。对于这种人，许多人虽然看不惯，但为了不伤和气，总是时时处处地谦让着他。

可是在有些情况下，你的迁就忍让，却会被当作是一种软弱，反而使他更不尊重你，或者瞧不起你。对这种人，你要在适当时机挫其锐气。让他知道，山外有山，人外有人，不要不知道天高地厚。

（4）应对城府较深的同事。

这种人对事物不缺乏见解，但是不到万不得已，或者水到渠成的时候，他绝不轻易表达自己的意见。这种人在和别人交往时，一般都工于心计，总是把真面目隐藏起来，希望更多地了解对方，从而能在交往中处于主动的地位，周旋在各种矛盾中而立于不败之地。

和这种人打交道，你一定要有所防范，不要让他完全掌握你的全部秘密和底细，更不要为他所利用，从而陷入他的圈套之中而不能自拔。

（5）应对口蜜腹剑的同事。

口蜜腹剑的人，"明是一盆火，暗是一把刀。"碰到这样的同事，最好的应对方式是敬而远之，能避就避，能躲就躲。

如果在办公室里这种人打算亲近你，你应该找一个理由想办法避开，尽量不要和他一起做事。如果实在分不开，不妨每天记下工作日记，为日后应对做好准备。

（6）应对急性子的同事。

遇上性情急躁的同事，你的头脑一定要保持冷静，对他的莽撞，你完全可以采用宽容的态度，一笑置之，尽量避免争吵。

（7）应对刻薄的同事。

刻薄的人在与人发生争执时好揭人短，且不留余地和情面。他们惯常冷言冷语，挖人隐私，常以取笑别人为乐，行为离谱，不讲道德，无理搅三分，有理不让人。他们会让得罪自己的人在众人面前丢尽面子，在同事中抬不起头。

碰到这样的同事，你要与他拉开距离，尽量不去招惹他。吃一点儿小亏，不要计较；听到一两句闲话，也应装作没听见，不恼不怒，与他保持相应的距离。

2. 学会这样与同事相处

（1）无论发生什么事情，都要首先想到自己是不是做错了。如果自己没错，那么就站在对方的角度，体验一下对方的感觉。

（2）让自己去适应环境，因为环境永远不会来适应你。即使这是一个非常非常痛苦的过程。

（3）大方一点。不会大方就学大方一点。如果大方真的会让你很心疼，那就装大方一点。

（4）低调一点，低调一点，再低调一点。

（5）嘴要甜，平常不要吝惜你的喝彩声。好的夸奖，会让人产生愉悦感，但不要过头到令人反感。

（6）如果你觉得最近一段时间工作顺利得不得了，那你就要加小心了。

(7) 有礼貌。打招呼时要看着对方的眼睛。

(8) 少说多做。言多必失，人多的场合少说话。

(9) 不要把别人的好视为理所当然，要知道感恩。

(10) 手高眼低。

(11) 遵守时间，但不要期望别人也遵守时间。

(12) 信守诺言，但不要轻易许诺。更不要把别人对你的承诺一直记在心上并信以为真。

(13) 不要向同事借钱，如果借了，那么一定要准时还。

(14) 如果不是很熟悉，不要轻易借钱给同事。

(15) 不要推脱责任（即使是别人的责任，偶尔承担又能怎样？）。

(16) 在一个同事面前不要说另一个同事的坏话。如果有人在你面前说某人坏话时，你要微笑。

(17) 避免和同事公开对立（包括公开提出反对意见）。

(18) 经常帮助别人，但是不能让被帮的人觉得理所应当。

(19) 与许多同事闲聊，话到嘴边留三分。

(20) 对事不对人；对事无情，对人要有情。

(21) 常检查自己是不是又自负了，又骄傲了，又看不起别人了。

(22) 忍耐是人生的必修课。

(23) 新到一个地方，不要急于融入其中哪个圈子里去。等到了足够的时间，属于你的那个圈子会自动接纳你。

(24) 有一颗平常心。没什么大不了的，即使遇到坏事，也要往好处想。

(25) 好心有时不会有好结果，但不能因此而灰心。

(26) 待上以敬，待下以宽。

(27) 如果你带领一个团队，在总结工作时要把错误都揽在自己身上，把功劳都记在下属身上。当上司和下属同时在场时要记得及时表扬你的下属。批评人的时候一定要在只有你们两个人的情况下才能进行。

五、怎样与上司沟通

上司也是活生生的人，是人就需要沟通和理解。摆出上司的样子，是因为工作的需要，但内心深处他还是愿意别人对他关心、了解的。

1. 了解并尊重上司

有些上司能力平平、成绩寥寥，没有引以为豪的地方。但不能因此就认为这样的上司是不中用的人，他一定有某种优点，他的上司才会提拔他。总之，不论他是否值得你敬佩，你都必须拥护他。这种类型的上司心里会强烈地希望得到部下的拥护。如果下属们能够对外宣传上司的优点，一旦传到了他的耳中，他就会更严格地要求自己，更加关心部下。因此，对于这类上司要拥护尊重。你不妨在私下场合或者公开场合，多向上司问好，多为上司着想。上司肯定会记在心里，一遇合适的机会，一定会回报你的好意。

应该对上司的背景、公司的历史、工作习惯、奋斗目标及他喜欢什么等了如指掌。不要以为这是在讨好上司，而是避免在其情绪不良时打扰他，或去请求工作。

2. 维护上司的形象

良好的形象是上司经营管理的核心和灵魂。你应该经常向他介绍新的信息，使他掌握自己工作领域的动态和现状。在有上司出席的会上，不要大声炫耀你的新信息，而应在会前向他汇报，让他在会上谈出来。经常向上司献计献策，会对你有益处的。

3. 正确理解上司的指示

在上司眼里，效益是其生命线。那些办事干净利索、效益高的能人，无疑最易得到其赏识。所以，这就要求你在本职岗位上，把提高效益作为提升自己业绩的突破口。此外，你还要适时"充电"提高自身素质，这样工作起来才可以得心应手。同时，周到、缜密的思路也是必不可少的。当你向上司汇报工作或是接受任务时，如能迅速开动脑筋，谋划出自己的思路并向上司陈述，那么你已经向成功跨进了一步。上司不希望下属思路不周、丢三落四、摸石头过河，更不喜欢老是惹麻烦或是拖尾巴的下属。可以说，高效率是唤起上司对你赏识的一种快捷方式，而清晰的思路则缩短了你与上司的距离。

4. 公私分明，关系适度

不要卷入上司的私人生活，过分的亲密会使上司感到自己的地位受到威胁，同时也会导致同事对你的不信任。只有尽职尽责地工作，才是保持与上司良好关系的基础。

5. 勇于承认错误，承担责任

如果你违反了单位纪律、工作规则，就应对自己的过失负责，应深知承认错误并非羞耻之事。相反，被人揭穿了仍死不承认，才是不明智的。

拓展知识

做一个合格的员工

1. 工作勤奋，准时守纪

对于自己承担的一份工作，一定要尽心尽力去完成。同时，对于自己身边的一些小事也要力所能及地去做。不要以为烧开水、打扫卫生、整理报纸这些事情与你的分内工作无关而从不去做。另外，按时上下班、不随便请假，也是一个好员工必须做到的。

2. 自信乐观，精力充沛

整洁的着装，微笑的面庞，传递出你的自信与乐观，并给人带来愉快的感受。对于上司安排的工作，总能愉快地回答："我马上去做。"并能及时、准确地完成任务。时间久了，上司会逐渐把重要的任务交给你。

3. 遇到困难冷静处理

工作中难免会遇到困难，但对困难的处理方式却大不相同。当遇到困难时，要用不带情绪起伏的语气告知上司："我们的工作似乎不太顺利。"要让上司感到困难并非无法解决，这样上司会和你一起去研究应付的策略。

4. 勇于承担责任

如果工作中由于疏忽出现了失误，一定确保第一时间想上司汇报，以积极诚恳的态度承担责任，并想好补救的措施。

5. 让上司及时了解你的工作进展情况

接受一项任务后，一定要有计划地按步骤实施。同时要定期向上司汇报工作进展情况，让上司清楚知道你的工作取得哪些成绩，同时还有哪些问题会很难解决。这样，上司会感到你是一个思路清晰、办事稳妥，可以信赖的一个员工。

上司不喜欢的几种表现：

（1）遇到问题，事不关己，漠不关心。

（2）凡事三缄其口。

（3）墨守成规，没有创新。

（4）背后议论上司。

（5）随遇而安，不思进取。

（6）追逐名利。

（7）拒绝加班。

态度决定一切

你有过丹尼斯的想法吗？

迈克·丹尼斯是美国南部一所著名大学的商学院毕业生，刚毕业时，意气风发、踌躇满志，立志要干一番事业，做成功人士。

可进公司三个月后，他就觉得自己已经无法在这个公司生存下去了，决定辞职。这件事情被他的好朋友杰夫·唐知道了。

"你这个公司很有名气的,我觉得你在空司的发展空间很大,为什么一定要辞职呢?"杰夫·唐问道。

"因为部门的同事都是小心眼,个个鼠目寸光,还有所有的同事都看我不顺眼,处处跟我过不去。最重要的是,经理是个无能之辈,在他手下,我没有出头之日,迟早要被废掉!我已经忍无可忍了,要是不辞职的话,迟早要崩溃。"迈克·丹尼斯有些愤怒。

"为什么这么说呢?"杰夫·唐说。

"经理总是把活都给大家,什么都不干,你说他有什么本事?同事总是给我很多的活,这明明是跟我过不去嘛!还有,他们老是嘲笑我。你说,我能不辞职么?我要是再干下去,用不了多久,就会崩溃!"迈克·丹尼斯说。

"如果你是经理,你会怎么做呢?"杰夫·唐说。

"我不知道,我也没必要知道,我又不是经理。"迈克·丹尼斯说。

"从商学院毕业,你应该明白,作为管理者,他的主要任务不是冲锋到一线去,而是要解决下属工作中的困难,为本部门争取到更多的资源。他要像其他人一样什么都干,那么,他就不是管理者了,他变成了员工。这个是经理所扮演的角色决定的。"杰夫·唐说。

"可是,他也总不能把什么事情都让我们干吧?"迈克·丹尼斯语气虽然有些缓和,但还是一脸的不服。

"那你说他每天都是干些什么?是喝茶、看报纸、聊天吗?我想不是。你得站在他的位置上想想,为了协调部门内部的工作,他需要做些什么;为了协调部门间的工作,他又需要做些什么;为了解决下属遇到的问题,他需要采取什么措施;还有,他还要预测工作中会出现的问题,等等,这些都是他的职责,他怎么能什么都没干呢?"杰夫·唐反问道。

迈克·丹尼斯开始沉默。

六、怎样与陌生人相处

1. 克服心理障碍,主动与陌生人交往

在建立人际关系网络时,最令人头疼的一件事大概就是怎样自如地和陌生人交往。其实,与陌生人交往的最大障碍,就是自己的心理障碍,除此之外别无障碍。只要你回忆一下别人主动与你交谈时的内心的激动就会明白:无论是认识别人还是被别人认识,都是令人愉快的事情。

你可能有过这种经历:在一个相互都不熟悉的聚会上,90%以上的人都在等待着别人来与自己打招呼,也许他们认为这样做是最容易也是最稳妥的。但其他不到10%的人则不然,他们通常会走到别人面前,一边主动伸出手来,

第五部分　修炼交际品质　改善人际交往的现状

一边做自我介绍。

主动向别人打招呼和表示友好的做法，会使对方产生"他乡遇故知"的美好感觉和心理上的信赖。如果一个人以主动热情的姿态走遍会场的每个角落，那么，他一定会成为这次聚会中最重要、最知名的人物。

有人说，大人物与小人物的最主要区别之一，就是大人物认识的人比小人物多得多。而大人物之所以能够认识更多的人，就是因为他们总是乐于和陌生人交往。从这一点上看，做一个大人物并不难，只要你能主动地把手伸给陌生人就可以了。

当你尝试着向陌生人伸过手去，并主动介绍自己时，你就会发现这比被动地站在那里要轻松、自在多了。一旦这种做法成为习惯，你就会变得更加洒脱自然，朋友会越来越多，事业也越来越兴旺发达。

"自来熟"

美国前总统罗斯福是一个善于和人交往的能手。在早年还没有被选为总统的时候，有一次参加宴会，他看见席间坐着许多不认识的人。如何使这些陌生人都成为自己的朋友呢？他稍加思索，便想到了一个好办法。

罗斯福找到了自己熟悉的记者，从那里把自己想认识的人的姓名、情况打听清楚，然后主动走上前去叫出他们的名字，谈一些他们感兴趣的事。

此举使罗斯福大获成功。后来，他运用这个方法为自己竞选总统赢得了众多的有力支持者。

懂得怎样无拘无束地与人结识，是人们必备的一个社会生存技能，这能使我们扩大自己的朋友圈子，并使生活变得更丰富。而罗斯福所用的那种主动与陌生人打招呼并保持联系的办法，正是许多大人物都普遍采用的做法。

不过，这对一般人来说大概做起来并不容易。在现实生活中，许多人似乎都有"社交恐慌症"，其集中表现就是不愿意主动向别人伸出友谊之手。

美国一位著名记者怀特曼指出：害怕陌生人这种心理，我们大家都会产生。例如，在聚会上我们想不到有什么风趣或是言之有物的话可说的时候，在求职面试中拼命想给人留下好印象的时候。实际上，无论何时何地，只要我们遇到了素不相识的陌生人，心里都会七上八下，不知道该怎样打开话匣子。

然而，仔细想想，我们的朋友哪一个不是原来的陌生人呢？正因如此，所以怀特曼又说："世界上没有陌生人，只有还未认识的朋友。"假如运气好的话，和偶遇的陌生人还会发展成为忠贞不渝的朋友。

因此，我们必须有效克服社交恐慌症，这是与陌生人交往的最大障碍。

要想克服社交恐慌症，首先要克服的就是自卑感。哲人说："自卑就像受了潮的火柴。再怎么使劲，也很难点燃。"如果总是表现得犹犹豫豫、缩手缩脚，别人自然也认为你真的很无能，不愿和你交往。

自卑不仅会使自己陷于孤独、胆怯之中，而且会造成心理压抑。受这种心理的支配，人们就会越来越不敢主动去和陌生人交往，在社会上也越来越封闭。

克服自卑感的方法有很多，最有效的就是对自己进行心理暗示。比如，在和陌生人交往感到恐慌时，你不妨想一想：我的社交能力虽然还不够好，但别人开始时也是这样的，不管做什么事，开始时都不见得能做好，多做几次就会更好了，其实大家都是这样的。

问题的关键在于，你必须敢于走出与陌生人交往的第一步。实践出真知，练习多了，你就不再会感到害怕、胆怯、腼腆、羞涩了。这样就会使自己的社交能力大大提高。

2. 懂得交往礼仪，保持必要的人际距离

人与人之间实际存在着看不见的界限，这就是个人领域的意识。一般来说，人际交往中空间距离可以分以下四种：

（1）亲密距离。亲密距离在 45 cm 以内，多用于情侣或夫妻间，也可以用于父母与子女之间或知心朋友间。两位成年男子间一般不采用此距离，但两位女性知己间往往喜欢以这种距离交往。亲密距离属于很敏感的领域，交往时要特别注意，不要轻易地采用亲密距离。

（2）私人距离。私人距离一般在 45 ~ 120 cm 之间，表现为伸手可以握到对方的手，但不易接触到对方的身体，这个距离对讨论个人问题是很合适的，一般的朋友交谈多采用这一距离。

（3）社交距离。社交距离在 120 ~ 360 cm 之间，属于礼节上较正式的交往关系。办公室里的工作人员多采用这种距离交谈。在小型招待会上，与没有过多交往的人打招呼可采用此距离。一般与陌生人也采取此距离。如果超越此距离，会给对方造成一定的压迫感。

（4）公共距离。公共距离指大于 360 cm 的空间距离，一般适用于演讲者与听众，以及非正式的场合。

人们之间的交往，选择和保持合适的距离是极为重要的。人际交往是一个过程，是一个相互了解、相互深入，并逐渐暴露的过程。与陌生人交往要大方有礼，同时要保持距离。通过几次谨慎而又有分寸的交往，你会对对方有一个大概的了解，以决定自己是否真有必要和对方进一步交往。

第五部分　修炼交际品质　改善人际交往的现状

任务训练

（1）用 5 分钟的时间，聆听身边人的倾诉、抱怨或唠叨，你要做出得体的反应。眼耳并用，宽容、接纳、与之交流，善意引导、鼓励对方表述心声等。

（2）互送心意卡，把你想说但一直没有说的感谢的话、赞美的话、致歉的话写下来，送给同学。

（3）三人合作完成一个任务，最好是从没有合作过的同学。策划一个班级春游活动，有完整的策划书。评出最优秀合作团队。谈谈合作过程中的感悟。

（4）给你小学、中学或现在的老师打个电话，或写一封信，说说你对他的感恩或欣赏。

（5）说一说你和老师之间发生的愉快的事情。

（6）说一说你和老师之间发生的不愉快的事情，看看怎样沟通才能化解你们的矛盾。

（7）说说你眼中的爸爸和你理想中的爸爸。

（8）给父母打个电话，说说你对他们的惦念。

（9）大声说出你对父母的感恩。

（10）你送过父母礼物吗？你记得父母的生日吗？你经常什么情况下给父母打电话？

（11）同事经常私下里谈论上司的生活、性格等，你应该怎么做呢？

（12）说一说你实习的过程中与同事之间发生的愉快或不愉快的事情。

（13）上司安排一个很急的任务，但与你的关系不大，看到同事很焦急，你应采取什么态度？

（14）参加同事周末组织的郊游、聚餐等活动，应该怎样表现呢？

（15）怎样了解你即将去工作的公司？

（16）你了解你上司工作的作风吗？

（17）上司给你分配任务后，你应该怎样去做？

（18）上司给你的工作提出的建议，你认为不妥，怎样处理呢？

（19）由于你的疏忽造成了工作的失误，怎么办更合适？

（20）上司分配给你的工作，进展不顺利，怎么办？

（21）家里有些不愉快事情，上班后不良情绪都挂在了脸上，可以吗？

（22）当有同学约你通宵网吧、当你明知道同学向你借钱只为上网打游戏、当一个你并不心仪的同学向你表示爱意的时候，你是否会说"不"、敢于说"不"，又怎样说"不"呢？

（23）解决"爱的冲突"。

爱的冲突	化解冲突的办法	沟通关键词

- 时常记住父母的良苦用心，发生矛盾时不闹对立。
- 经常主动与父母谈心，让他们了解自己的学校生活和朋友关系。
- 有事多和父母商量，听取他们的意见，特别是父母不太放心的事情，不要自作主张。
- 提出购买物品的要求时，先要了解家庭的支付能力，并反复权衡购买物品的必要性。
- 了解父母的工作，体谅他们的难处和面对的压力。

综合测试：了解你的交流与沟通能力

一、你是一个善于沟通的人吗？

1. 你刚刚跳槽到一个新单位，面对陌生的环境，你会怎样做？
A. 主动向新同事了解单位情况，很快与新同事熟悉起来。
B. 先观察一段时间，逐渐接近与自己性格合得来的同事。
C. 不在意是否被新同事接受，只在业务上下功夫。
2. 你一个人随着旅游团去旅行，一路上你的表现是怎样的？
A. 既不请人帮忙，也不和他人搭话，自己照顾自己。
B. 游到兴致处才和别人交谈几句，但也只限于同性。
C. 和所有人说笑、谈论，参与他们的游戏。
3. 因为你在工作中的突出表现，领导想把你调到你从未接触过的岗位，而这个岗位你并不喜欢，你会怎样做？
A. 表明自己的态度，然后听从领导安排。
B. 认为自己做不好，拒绝。
C. 欣然接受，有挑战才更有意义。
4. 你与爱人的性格、爱好颇为不同，当产生矛盾的时候你怎样做？
A. 把问题暂时放在一边，寻找你们的共同点。

> 第五部分 修炼交际品质 改善人际交往的现状

　　B. 妥协，假意服从。
　　C. 非弄明白谁是谁非不可。
　　5. 假设你是一个部门的主管，你的下属中有两人因为不合常到你面前互说坏话，你怎样处理？
　　A. 当着一个下属的面批评另一个下属。
　　B. 列举他们各自的长处，称赞他们，并说明这正是对方说的。
　　C. 表示你并不想听这些，让他们回去做事。
　　6. 你认为对于青春期的孩子的教育应该是怎样的？
　　A. 经常发出警告，请老师协助。
　　B. 严加看管，限制交友，监听电话。
　　C. 朋友式对待，把自己的过去讲给孩子听，让他们自己判断，并找些书给他们看。
　　7. 你有一个依赖性很强的朋友，经常打电话与你聊天，当你没有时间陪他的时候，你会怎样做？
　　A. 问他是否有重要事情，如没有，告诉他你现在正忙，回头打给他。
　　B. 马上告诉他你很忙，不能与他聊天。
　　C. 干脆不接电话。
　　8. 因为一次小的失误，在同事间产生了不好的影响，你怎么办？
　　A. 走人，不再看他们的脸色。
　　B. 保持良好心态，寻找机会挽回影响。
　　C. 自怨自艾，与同事疏远。
　　9. 有人告诉你某某说你坏话，你会怎么做？
　　A. 从此处处提防他，不与他来往。
　　B. 找他理论，同时揭他的短。
　　C. 有则改之，如果觉得他的能力比你强，则主动与他交往。
　　10. 看到同龄人都小有成就，而你尚未有骄人业绩，你的心态如何？
　　A. 人的能力有限，我已经做到最大努力，可以说问心无愧了。
　　B. 我只是没有那样的机遇。
　　C. 他们也没什么真本事，不过会溜须拍马而已。
　　11. 你虽然只是公司一名普通员工，但责任心很强，你如何把自己的意见转达给最高领导？
　　A. 写封匿名信给他。
　　B. 借送公文的机会，把你的建议写成报告一起送去。
　　C. 在全体员工大会上提出。

12. 在同学会上，你发现只有你一个还是"白丁"，你的情绪会是怎样的？

A. 表面若无其事，实际心情不佳，兴趣全无。

B. 并无改变，像来时一样兴致勃勃，甚至和同学谈起自己的宏伟计划。

C. 一落千丈，只顾自己喝闷酒。

13. 在朋友的生日宴会上，你结识了朋友的同学，当你再次看见他时你会怎样做？

A. 匆匆打个招呼就过去了。

B. 一张口就叫出他的名字，并热情地与之交谈。

C. 聊了几句，并留下联系方式。

14. 你刚被聘为某部门的主管，并知道还有几个人关注着这个职位，上班第一天，你会怎样做？

A. 把问题记在心上，但立即投入工作，并开始认识每一个人。

B. 忽略这个问题，让它消失在时间中。

C. 个别谈话，确认关注这个职位的人。

15. 你和小王一同被领导请去吃饭，回来后你会怎样做？

A. 比较隐晦地和小王交流几句。

B. 同小王热烈地谈论吃饭时的情景。

C. 绝口不谈，埋头工作。

评分标准：

题目	1	2	3	4	5	6	7	8	9	10	11	12	13	14	15
A	2	0	1	2	0	1	2	0	1	2	0	1	0	2	1
B	1	1	0	1	2	0	1	2	0	1	2	2	2	1	0
C	0	2	3	0	1	2	0	1	2	0	1	0	1	0	2

0~10分：在与人沟通方面你还很欠缺，你基本上是个我行我素之人，即使在强调个性的今天，这也是不可取的。你性格太内向，这使你不能很好地与人沟通。在与人沟通的过程中，内向的性格是你的一大障碍。你应该在认识到自己的不足的同时，尽量改变这种性格，跳出自己的小圈子，多与人接触，凡事看看别人的做法。这样，你就有希望成为一个受欢迎的人。

11~25分：你的沟通能力比上不足比下有余，再加把劲儿，就可以游刃有余地与人交流了。你的缺点是做事求完美，总希望问题能解决得两全其美，而实际是不可能的。提高你的沟通能力的法宝是主动出击，这会使你在人际交往中赢得主动权，这样，你的沟通能力自然会迈上一个新的台阶了。

26～30分：你可以大声地对别人说：与人沟通，我行。因为你知道如何表达自己的情感和思想，能够理解和支持别人。所以，无论是同事还是朋友，无论是上级还是下级，你都能和他们保持良好的关系。但值得注意的是，你不可炫耀自己的这种沟通能力，否则会别人认为你是故意讨好别人，是虚伪的。尤其是在不善于与人沟通的人面前，要隐而不要显，以真诚去打动别人，你的好人缘才会维持长久。

二、测试你的倾听能力。

说明：本测试的目的是评价一个人的倾听能力，对下面30道题进行真实地选择。"一贯"选A，"多数情况下"选B，"偶尔"选C，"几乎从来没有"选D。

1. 力求听对方讲话的实质而不是它的字面意义。
2. 以全身的姿态表达你在入神地听对方说话。
3. 别人讲话时不急于插话，不打断对方的话。
4. 不会一边听对方说话一边考虑自己的事。
5. 做到听批评意见时不激动，耐心地听别人把话说完。
6. 即使对别人的话不感兴趣，也耐心地听别人把话说完。
7. 不因为对说话者有偏见而拒绝听他说话。
8. 即使对方地位低，也要对他持称赞态度，认真地听他讲话。
9. 因某事而情绪激动或心情不好时，避免把自己的情绪发泄在他人身上。
10. 听不懂对方所说的意见时，利用反馈地听的方法来核实他的意思。
11. 你经常能正确地理解对方的意思。
12. 利用反馈地听的方法鼓励对方表达出他自己的意思。
13. 利用归纳法重述对方的思想，以免曲解或漏掉对方转达的信息。
14. 避免只听你想听的话，注意对方的全部思想。
15. 以恰当的姿态鼓励对方把心里话都说出来。
16. 与对方保持适度的目光接触。
17. 既听对方的口头信息，也注意对方所表达的情感。
18. 与人交谈时，选用最合适的位置，使对方感到舒服。
19. 能观察出对方的言语和心理是否一致。
20. 注意对方的非语言符号和心理是否一致。
21. 向讲话者表达出你理解了他的感情。
22. 不匆忙下结论，不轻易判断或批评对方的话。
23. 听话时把周围的干扰因素排除到最低限度。

24. 不向讲话者提出太多问题，以免对方产生防御反应。

25. 对方表达能力差时不急躁，积极引导对方把思想准确地表达出来。

26. 在必要时边听边做笔记。

27. 对方讲话速度慢时，抓住空隙整理出对方的主要思想。

28. 不指手画脚地替讲话者出主意，而是帮助对方确信自己有解决问题的办法。

29. 不伪装，认真听别人讲话。

30. 经常锻炼自己的倾听能力。

评分标准：A、4分；B、3分；C、2分；D、1分。

结果分析：总分在105～120分之间，说明你的倾听能力为"优"；89～104分为"良"；73～88分为"一般"；72分以下为"劣"。

三、认识他人情绪能力测试

说明：察言观色实际上反映了一个人认识他人情绪的一种能力，是人际交往中一项重要技能，你要了解自己认识他人情绪的能力。请你如实回答下面的15个问题，"能"选A，"不能"选B，"不一定"选C。

1. 看到别人握手时，你能感觉到他们之间的亲疏关系吗？
2. 在自由市场购物时，你能够根据商人的表情判断他的要价是否合理吗？
3. 当朋友含糊其辞地答复你的请求时，你能够判断出他的真实态度吗？
4. 当别人留你在他家吃饭时，你能够判断出是真心的还是礼节性的吗？
5. 你能通过语气、语调、语速等判断他人的肯定、否定或犹豫的态度吗？
6. 在你周围的熟人中，你能清楚地说出他们之间不同的亲疏关系吗？
7. 你能对好友的脾气、性格进行较为贴切的评价吗？
8. 当你被别人表扬、赞赏时，你能察觉他的真实意图吗？
9. 你能根据别人接电话时的表情、动作和语调判断他与通话人的关系吗？
10. 你能够举出几个善于掩饰表情和不善于掩饰表情的熟人吗？
11. 你能够准确地察觉到家人的情绪变化吗？
12. 你能从别人收礼物的表情上看出他们是否喜欢这个礼物吗？
13. 你能够发现与你谈话的人注意力不集中吗？
14. 你能够根据亲疏程度给朋友排序吗？
15. 在对某人是否应该当先进举手表态时，你能判断哪些人真正赞成，哪些人随大流，哪些人反对吗？

评分标准：

第五部分　修炼交际品质　改善人际交往的现状

题目	1	2	3	4	5	6	7	8	9	10	11	12	13	14	15
A	1	3	3	1	3	1	2	3	3	1	1	1	3	1	3
B	2	1	1	3	1	2	3	2	1	2	2	3	2	3	1
C	3	2	2	2	2	3	1	1	2	3	3	2	1	2	2

结果分析：根据得分多少分析评定，将认识他人情绪的能力分为三种水平：

敏感型（36～45分）：特点是能够准确地认识他人的喜、怒、哀、乐等不同的情感反应；能够判断他人内心深处隐藏的情绪；能够听出他人言语中的弦外之音。这种类型的人善于处理各种复杂的人际关系，在事业、家庭等方面交易掌握主动权。但这种类型的人也很容易走向另一个极端，自作聪明，对他人品头论足，在不适当的场合和时机戳穿他人的掩饰。

适中型（26～35分）：特点是能够分辨出他人的积极情感和消极情感，也能够认识到他人对某人的亲属关系以及对某事物的兴趣爱好，但是不善于细心观察和剖析他人的内心感受，缺乏对别人感情微妙变化的关注。这种类型的人给人的印象是忠厚、老实、值得信赖，因此，容易被人接纳。要注意不要被别人伪装的情感愚弄和欺骗。

迟钝型（15～25分）：特点是对别人的喜、怒、哀、乐无动于衷，缺乏同情心，很少主动帮助别人，并具有攻击倾向。这种类型的人是典型的情感自我中心主义者，他们不知道适时地结束交谈或挂电话，只听他一个人喋喋不休；任何时候的话题中心都是他自己，全然不顾及他人的兴趣。如果分数过低，可能具有感情障碍症，最好去找心理医生或采取其他治疗措施。

四、说服技巧测试

当你试图说服上级或是影响上级决定时，总是会有各式各样的状况发生。以下是针对此类问题设计的7道题目，请选择你认为最适当的答案。

1. 我已经向上级提出建议，但是他却没有给我任何的响应，我应该：
A. 问上级："你是否需要再花一点时间思考？"
B. 问上级："你是否有什么疑问或者建议？"
C. 重复刚刚报告内容的重点。

2. 当上级提出相反的观点时，我应该：
A. 仔细地和上级讨论，化解疑虑。
B. 要求上级说明反对原因。
C. 试图转移上级的注意力，不做任何评论。

3. 上级不认同报告的部分内容，针对这部分内容我也已经做出回答，之后我应该：

A. 直接说："好，那我就开始进行。"

B. 问上级："还有没有其他讨论的地方？"

C. 保持沉默，等待上级是否提出其他不同的想法。

4. 上级已经同意我的提案，所以应该：

A. 直接说"谢谢"，然后尽快离开。

B. 对于上级的支持表示感谢。

C. 和上级讨论接下来采取的行动。

5. 我已经完成报告，上级也说："你的报告非常好，不过有些重要的部分没有提到。"这时我应该：

A. 保持沉默，等待上级指示。

B. 再补充说明其他相关的数据或是资料。

C. 问上级："可否让我知道是哪些内容？"

6. 上级只认可部分提案的内容，但是我认为除非他完全同意，否则无法执行。这时我应该：

A. 持续说服上级，直到他同意所有的内容。

B. 首先理清我们双方都同意的部分，稍后再讨论意见有所不同的部分。

C. 直接放弃，反正要上级完全同意是不可能的事，不如重新调整报告内容之后再讨论。

7. 当我向上级提出建议时，他却回答说："这个想法很好，但是我还要再考虑考虑。"我应该：

A. 直接说："好的，我再另外约时间讨论。"

B. 询问上级是否认为报告内容有不清楚的地方。

C. 简短说明如果不及早行动，公司就可能丧失某些优势。

参考答案：

（1）B，你得先了解上级对你的建议到底有什么样的看法，才能开始下一步。

（2）B，你必须了解上级为什么反对你的建议，是不是有其他的考虑。

（3）B，不要以为一切就此拍板定案，最好再多问一次，确认没有其他的问题。

（4）C，如果你的上级同意你的意见，接下来最重要的就是决定工作进度以及完成目标。

（5）C，不要急着辩驳，询问上级到底缺少了哪些重要的内容。

（6）B，知道何时该结束讨论也是很重要的，先搁置意见不同的部分，稍后再做讨论，或是寻找出其他替代的方案。

（7）A，也许你的上级有更重要的事情需要处理，不如另外找时间再好好谈一谈。

五、亲和度测试

注意：做这些题时不能过多地思考，要根据第一印象在最符合自己特征的描述前画"√"。

1. 我对领导的品格有这样的看法：

   A. 佩服，尊重他，值得向他学习，愿意与他交往。

   B. 一般，尊重他，除了工作接触外，私下很少交往。

   C. 不佩服，不尊重，我看不上他，他也看不上我。

2. 比我年纪小的同事或者我的下属对我的态度是：

   A. 态度恭敬

   B. 态度一般

   C. 不恭敬

3. 当同事讲述一个我曾经听过的故事时：

   A. 我会很有兴趣地听，如同第一次听说似的。

   B. 我会敷衍地听，心里希望他赶快讲完。

   C. 我不想听，对他说，这个故事我早就知道了。

4. 尊重别人的意见，从不对他说"你错了"。

   A. 我经常是这样。

   B. 我有时能做到。

   C. 我做不到。

5. 如果你错了，能迅速承认。

   A. 完全能够做到。

   B. 吞吞吐吐，勉强承认。

   C. 做不到。

6. 同他人交往用友善的方法开始。

   A. 常常如此。

   B. 会根据自己情绪好坏而定。

   C. 做不到。

7. 我尽量不与客户争论。

   A. 完全可以做到。

B. 有时能做到。

C. 做不到。

8. 我平时从不说脏话或骂人：

A. 常常如此。

B. 偶尔能做到。

C. 很难做到。

评分标准：选答案 A 得 2 分，选答案 B 得 1 分，选答案 C 得 0 分。

自我评估：

（1）13~16 分：你是一个比较尊重同事的人，因而也是一个比较受人尊重的人。你的人缘非常好，非常有包容力，与不同个性、不同观念的同事都能和睦相处。在工作中能体验到友情带来的快乐，而且业绩非凡，是个优秀的员工。要再接再厉，在今后的工作中取得更大的成绩，获得更大的发展。

（2）8~12 分：你的亲和力属于中等，基本上是一个平易近人的人，你知道尊重同事，但不能一视同仁，或者不能始终如一。或许你过于自恋而忽视他人，或许你非常自负而轻视他人；或许你情绪易变不善于自我控制。你是一个合格的员工，但要注意提升自己，否则，你会孤立无援，工作轻松不起来。分值接近 12 分可参考（1）的评估内容；分值接近与 8 分的可参照（3）的评估内容。

（3）8 分以下：你不会尊重人，相应地也得不到同事的尊重和欢迎。这跟你的性格和礼仪、修养有关，今后不妨尝试改变自己，待人待物的方式不要太生硬、直接，学会委婉，学会站在别人的立场考虑问题，学会控制自己的情绪，注意培养同事间的友情。

这项测试只是一个大概的检测，无论分值高低，都不应放松对自己的高要求，要做一名优秀的员工，让我们现在就开始吧！

六、测试一下自己在办公室的人际关系。

注意：做这些题是不能过多的思考，要根据第一印象在最符合自己特征的描述前画"√"。

1. 新同事到公司的第一天，你会：

A. 不与他打招呼，以后再认识。

B. 等他来与你打招呼。

C. 先做完手中的工作，再去与他打招呼。

D. 立即与他打招呼并介绍自己。

2. 同事升职，你会：

A. 有妒忌心理，但不表露出来。
B. 有机会请他吃饭或喝茶，借机拉近关系。
C. 顺其自然，乐于接受他的领导。
D. 向他表示祝贺。

3. 你升职了，资历比你长的同事对你的领导不服，你会：
A. 找机会给他点苦头吃。
B. 随它去，他会自己调整好情绪的。
C. 向上级反映，请上级出面调谐。
D. 直接与他沟通。

4. 公司推行竞争上岗，你最有希望成为部门经理，但原来的部门经理是你的好朋友，你会：
A. 放弃。
B. 把自己为难之处告诉上级，请上级决定。
C. 与好朋友交流后再决定。
D. 参加竞争。

5. 作为上司，你需要裁员2人，一个是你的好朋友，另一个工作能力比你的朋友强，你会：
A. 留下好朋友。
B. 向上级反映，请上级决定。
C. 部门开会投票决定谁留下。
D. 裁减好朋友。

6. 你与某个异性同事交往较多，同事之间传出你的桃色新闻，你会：
A. 寻机报复散布流言的同事。
B. 身正不怕影子歪，与异性同事交往如故。
C. 减少与异性同事的交往。
D. 找机会向异性同事说明真相。

7. 异性上司对你有性骚扰的行为，你会：
A. 这好像不是什么坏事。
B. 不声张，内心默默承受痛苦。
C. 婉拒，不恶化与上司的关系。
D. 明确拒绝，表明态度。

8. 你在工作中得罪了上司，他找借口扣了你的奖金，你会：
A. 向同事诉苦。
B. 保持沉默。

C. 向上级报告。

D. 直接与他理论。

9. 虽然你工作努力，但公司并未用升职或加薪的方式奖励你，你会：

A. 把自己受到的不公正待遇在同事之间诉说。

B. 有点灰心，应付工作。

C. 向公司请求，要求对你奖励。

D. 若无其事，继续努力工作。

10. 公司获得很多，却没有增加员工奖金，同事们推举你为代表与公司谈判，你会：

A. 拒绝。

B. 推举其他同事。

C. 勉强应承，但不付诸行动。

D. 答应。

11. 你的好朋友想背叛公司，带走公司的商业秘密，他告诉了你，你会：

A. 为了朋友，假装不知道。

B. 劝朋友放弃想法。

C. 用匿名信的方式告发。

D. 直接向上司告发。

12. 你在工作中有失误行为，上司未察觉，你的好朋友（同事）告诉了上司，你会：

A. 与好朋友绝交。

B. 请求朋友帮忙在上司面前隐瞒情况。

C. 接受上司的处理，疏远同朋友的关系。

D. 继续保持朋友关系。

13. 公司举行业务团队活动，你与恋人有约会，你会：

A. 直接赴恋人约会，给上司打个电话说有事不能参加活动。

B. 借口身体不适，请上司许可在家休息，然后赴恋人约会。

C. 向公司说明情况，征得同意后赴恋人约会。

D. 参加团队活动，向恋人说明情况，求得谅解。

14. 当公司内部出现拉帮结派的现象时，你会：

A. 参与好朋友的帮派。

B. 离开公司。

C. 保持中立。

D. 请上级出面处理。

15. 在业务工作中，你得到了一笔回扣，公司没人知道，你会：

A. 期待下次回扣。

B. 下不为例。

C. 退还回扣。

D. 上交公司，说明情况。

评分标准：A：1分；B：2分；C：3分；D：4分。

自我评价：

（1）48～60分：你善于驾驭上下级之间、同事之间的各种复杂的关系，能够化解办公室产生的各种矛盾，你是称职的管理者，又是优秀的员工。

（2）36～47分：你可以较好地处理办公室的人际关系，但要应付复杂的人际关系，你还需要从协调能力上下功夫。

（3）24～35分：你处理办公室人际关系的能力较差。有时办公室的矛盾因你而起，你自己却不知道原因所在。你要学会理解，学会尊重，学会协调。

（4）0～23分：在办公室你经常感到无所适从。办公室人际关系恶化，大多数时候与你有关，你需要提高工作能力和协调能力，否则不适合在办公室工作。

参考文献

[1] 米青. 怎样提高交际能力［M］. 南宁：广西民族出版社，2004.

[2] 李明强. 卡耐基交际训练［M］. 北京：中国城市出版社，2008.

[3] 凡禹. 交际与应酬36计［M］. 北京：企业管理出版社，2008.

[4] 徐世明. 怎样提高社交能力［M］. 北京：民族与建设出版社，2008.

[5] 张文光. 人际关系与沟通［M］. 北京：机械工业出版社，2009.

[6] 曾仕强. 人际关系与沟通［M］. 北京：清华大学出版社，2004.

[7] 金正昆. 有效沟通：管理者的艺术［M］. 西安：陕西师范大学出版社，2011.

[8] 柳青. 有效沟通技巧［M］. 北京：中国社会科学出版社，2003

[9] ［美］莉儿·朗帝. 人见人爱96计［M］. 朝蔓，译. 北京：机械工业出版社，2009.

[10] 永星. 职场沟通术［M］. 贵阳：贵州人民出版社，2012.

[11] 鞠远华. 5分钟打动人心：善用赞美的13种方法［M］. 北京：北京大学出版社，2013.